第三届"中法文化遗产法国际研讨会"论文集

公众参与文化遗产保护的法律机制

Le Régime Juridique de la Participation du Public
à la Protection du Patrimoine Culturel

王云霞　主编

文物出版社

责任印制　张道奇
责任编辑　许海意
封面设计　程星涛

图书在版编目（CIP）数据

公众参与文化遗产保护的法律机制／王云霞主编．—北京：
文物出版社，2014.9
ISBN 978－7－5010－4085－8

Ⅰ.①公…　Ⅱ.①王…　Ⅲ.①文化遗产－保护－法律－
中国－文集　Ⅳ.①D922.164－53

中国版本图书馆 CIP 数据核字（2014）第 209718 号

公众参与文化遗产保护的法律机制

王云霞　主编

＊

文 物 出 版 社 出 版 发 行

北京市东直门内北小街 2 号楼

http：//www.wenwu.com

E-mail：web@wenwu.com

北京京都六环印刷厂印刷

新 华 书 店 经 销

787mm×1092mm　1/16　印　张：16

2014 年 9 月第 1 版　　2014 年 9 月第 1 次印刷

ISBN 978－7－5010－4085－8　定价：60.00 元

目　录

第三部分　NGO 和地方政府在促进文化和自然遗产保护中的作用

第一部分

公众参与文化和自然遗产保护的法律基础

公众和文化遗产保护：在社会组织与公私合作之间

François PRIET *

【摘要】在法国，公众是国家遗产保护的重要力量。不同公众参与的方式和力度参差不齐：在行政管理性遗产保护领域，并不是所有的主体都能参与或被邀请参与，一般只有得到国家认可的社会组织才能参与其中；但在对自然和文化遗产的维护承担责任的"遗产管理"方面，所有公众——包括企事业阶层——都可以参与到遗产的管理中。然而，遗产保护中公众参与的能力和范围等问题也受到争议。文化遗产和自然遗产保护中的公私合作是个明显的趋势。但相关措施应当做出调整：一方面，应当维持确保遗产保护质量和实效的政策；另一方面，国家公共财政的持续支持也是公众参与遗产保护的重要条件。

【关键词】遗产保护；行政性保护；遗产管理；公众参与

在法国，公众参与文化遗产保护的历史可以追溯到（法国）大革命之前。那时，遗产保护只是大贵族家庭和教会的事务，但是今日的情况却与往昔大相径庭：除了受保护遗产的范围扩展到文化遗产和自然遗产之外①，遗产保护不再仅仅是国家的责任，也越来越多地成为地方行政机构的责任。但行政机构并没有垄断文化遗产保护的职责，长期以来，一些公众对文化遗产保护的参与一直是与国家的遗产保护政策相伴相生的重要补充和辅助力量。公众的构成同样是多样化的：社会组织（例如在 Charles Beauquier 议员推动下成立于 1901 年的法国景观和美术保护协会［Société pour la protection des paysages et de l'esthétique de la France］。Charles Beauquier 也是 1906 年第一部《景观保护法》的发起人②）、基金会（例如遗产基金会）、建筑遗产或自然遗产的所有权人、文化资助企业（常常出资进行修复古迹），以及受到国家鼓励而参与遗产保护的个人。

虽然由于法律地位和政策的差异，各类参与主体呈现出很大的不同，但其参与行为在文化遗产保护事业中日益增长的重要性有利于改变"公权力机构是文化遗产保护

---

* François PRIET，法国奥尔良大学法学院教授。

① 本文的研究范围仅限于可见的物质文化遗产，有关非物质文化遗产和考古遗产中的公共参与问题在本文中暂不做讨论。

② Ph. Tanchoux, "Du contentieux à la loi de protection des sites de 1906：l'initiative militante de Charles Beauquier in S. Delbrel", P. Allorant（dir.），*Conseiller，légiférer，gouverner*：PU d'Orléans 2010, pp. 59～83.

工作的主要职能部门"这一传统观念。现实和观念的转变主要是由于以下几个方面的原因：公共财政，尤其是国家预算的缩减；公民希望更多地参与到作为城市一部分之遗产的保护当中的热切意愿；公司，特别是大公司意识到参与遗产保护不仅可以提升公司形象，而且还能对其经济效益产生积极影响；以及新出台的遗产保护政策不再将国家利益和个人利益完全区分开来等。总之，文化遗产保护中的公众参与根据其社团合作关系与合作程度的不同而呈现出多样化的形式。换言之，尽管公众参与的程度和力度不断加深，但国家对遗产保护的管理和控制依然清晰可见，在遗产保护中起着协助、指导、鼓励和协调的作用。对此，公众参与的不均衡性和国家干涉的力度是相对应的。

从这方面来看，不同公众参与的方式和力度参差不齐，但整体上可将其分为两大类：第一，在行政管理性遗产保护领域，不同的公众主体对文化和自然遗产保护中程序性的参与是不一样的。就这一点来说，并不是所有的主体都能参与或被邀请参与，一般只有得到国家认可的社会组织才能参与其中。与之相对应的是，第二类，所有公众，包括企事业阶层，都可以参与到遗产的管理中。所谓"管理"，在此处应当从广义上理解为对自然和文化遗产的维护承担责任，例如，修复国有或非国有历史建筑物、监管自然保护区等等。本文在总结国会、审计法院报告以及参与遗产管理的私人机构的活动的基础上，分析国家和公众参与遗产保护的关系，并以此为依据分析在未来的遗产保护事业中，公众参与和国家之间的关系的发展走向与趋势。

一、公众和遗产的行政保护

文化遗产和自然遗产的保护通常是通过行政手段进行，一般来说，包括分级登录制度和城市规划中的许可制度。但是这些制度并没有将私主体的参与排除在外。这些私主体可以主动采取保护措施，也可直接参与到制定保护措施的相关程序中。

（一）公众的主动参与

公众主动采取保护措施的原因可以解释为以下两个方面：第一，遗产的私人所有权。私人遗产（如城堡、庄园宅邸以及古农庄、古 矿场、古喷泉等乡村遗产），宗教遗产，或者是自然遗产的私人所有权，从逻辑上解释了所有权人主动向行政机关提出采取保护措施之要求的原因。这些主动的参与行为并不是完全没有意义的，而与后文将提到的税制优惠政策息息相关。事实上，优惠的税制是保护私人遗产和相关遗产空间的重要手段。总之，法律明确规定了在某些情况下私人物主是遗产保护的发起人（如要求对历史古建进行定级登录、设立自然保护区等）。①第二，私人组织（社团、基金会

---

① 例如《遗产法典》第 R. 621-2 条和第 R. 621-53 条有关文物分级和登录的程序的规定，以及《环境法典》第 L. 332-2-1 条和第 R. 332-30 II 条有关自然保护区的规定。

等）可以直接参与保护，因为他们不仅可以提供技术性和科学性的意见，而且可以将公众的意见传达给国家和政府机关。

显然，公众这些主动的参与行动是重要而不可取代的，很难理解国家对此会采取不支持或者不鼓励态度。在遗产保护政策的整体环境下，公众参与遗产保护有双重意义，这可以通过两个例子加以说明：

第一，在立法将遗产保护相关行政职能赋予行政机关时，所有权人和社会组织不可能替代行政部门。虽然在对文物进行保护的过程中，美学、环境、经济、财政等因素的影响常常交织在一起，但是行政部门有权自由决定是否启动遗产保护相关程序。在行政机构的决定出现明显错误的情况下，行政法官可以审查行政机构驳回私人组织要求保护某项遗产的决定，这是理论上可能出现的实例。[①]

相反地，私有遗产所有权人提起遗产诉讼则是不受限制的。相关的积极立法在不违反法国宪法或者法国签署的国际条约的前提下也总是尝试突破各种限制，为所有权人主动进行遗产保护活动和提出遗产诉讼打开方便之门。但是行政法院却拒绝承认文化遗产所有权人采取的保护措施与国家采取的保护具有一样效果。[②] 事实上，如果某个建筑在本质上具有保护的意义，寻求法律规定的保护是不容置疑的。从遗产保护的意义上来看，根本没有必要区分行政保护和建立在私人物权上的个人保护。由此，不得不怀疑未来几年内私有遗产所有权人参与遗产保护状况的发展趋势。

第二，法律赋予私有遗产所有权人排他的主动权。以自愿成立自然保护区为例：只要私人物主向相关机构提出自愿成立保护区的申请，保护区即可成立。尽管自然保护区的自愿成立因 2002 年相关法律规定的出台而失去可能性[③]，但这一制度却证明了赋予所有权人参与国家层面自然保护区保护政策之权利的有效性。[④] 毫无疑问，与法国其他相关立法通常所采取的保护方式相比，此类实例的还是非典型的，由于公众反对呼声太小，并不足以对政府取消个人成立保护区这一决策产生影响。

此外，在文化遗产保护程序中，社会公众参与的发展特征是另一个值得关注的问题。

（二）遗产保护程序中的公众参与

尽管遗产保护素来是公权力机关（国家政府或者地方政府）的职责，但公众在这

---

① 因此，政府无需根据环境保护协会的要求成立自然保护区。CE 26 mai 1995, Fédération d'intervention éco - pastorale, Soc. de protection de la nature de Midi - Pyrénées, SA « La Maison de Valérie »: Rec. CE, tables, p.916.

② Inopérance 在反对一个遗址定级的决定时提出，在认定风景区时，"以风景区优美环境归功于业主们的精心照料"作为理由是无效的。CE 26 juill. 1985, Mme Malgat: Dr. adm. 1985, comm. 510.

③ 2002 年 2 月 27 日第。n° 2002 -276 号法律。V. C. Cans, "La fausse décentralisation des réserves naturelles": Dr. env. mai 2002, n° 98, p. 113.

④ M. Durousseau, "La régionalisation des réserves naturelles, nouvelle étape dans la décentralisation de la protection de la nature", in M. - P. Camproux - Duffrène et M. Durousseau (dir.), *La protection de la nature* 30 *ans après la loi du* 10 *juillet 1976*: PU Strasbourg 2007, notamment p. 103.

些行政程序中应当扮演怎样的角色仍旧是一个重要问题。这个问题的产生是公权力机构与和公民社会之关系的理念不断发展的必然结果。公众的表现形式是多样的，但是在一定的制约机制下，其参与遗产保护是通过合作进行的。

一方面，在制定大部分自然或文化遗产保护的决策时，为广泛征集各方意见、考量拟采取的行政措施对各种不同利益的影响，行政委员会框架下的咨询磋商程序是必不可少的。虽然听证原则存在已久，但是让私人成为行政委员会的成员则是最新的发展。

从历史上看，行政委员会是由各种社会组织——最常见的是环保组织——逐渐整合而成。至20世纪60年代，行政委员会的组成除作为"有资质人员"的行政代表之外，就是特定的人员。例如，建筑师、历史学家，高等学校的教研人员也可包括在内。但市民社会的代表却被排除在外。私人加入文化遗产保护委员会的缓慢进程可以通过三个例子加以说明：

第一个例子是省级风景管理委员会。它是最先发展起来的咨询机构之一[1]，职能非常广泛。1977年政令赋予该委员会自然遗产保护的职责，并规定委员会成员必须增加两个专职人员，该成员由省长根据法律认可的社会环境和自然保护组织的提名而任命。1998年的政令规定委员会的三分之一成员是由专业人才组成，其中两人是来自社会环境保护组织的代表。第二个例子是成立于1962年的历史保护区国家委员会。根据相关规定，从2007年起，委员会成员中必须包含由国家或大区有关遗产保护和利用的社会组织代表。[2] 但是法规却没有明确规定具体的组成人数。[3] 最后，类似表述也可用于讨论负责建筑和遗产开发利用区创造和历史古迹之定级的大区遗产和风景委员会。[4]该委员会成立于1984年，其成员特别覆盖了根据其组织章程而自主提名的保护自然、建筑和城市遗产以及大区文化的社会组织的代表，在这些有权派代表参加委员会的社会组织中，至少有两个必须是根据《城市规划法典》第L160-1条的规定成立的。法定组织的数目在1999年增加到3个，至2007年又增加到5个。现在，根据相关法律和文件的规定，有权派代表参加大区遗产和风景委员会的组织无需依《城市规划法典》的相关规定成立，所有以促进遗产的知识、保护和保存为目标的社会组织都可参与其中。2013年2月8日的文化部公函规定，在所有可以派代表参加委员会的组织中，至少有一个应该代表私有历史古迹所有权人。[5]

因此，社会组织在遗产保护机构中的作用是不可否认的，最近新成立的地方遗产和建筑保护利用区委员会也可以说明这一点。根据《遗产法典》第D642-2条[6]之规定，在组成委员会的4名合格成员中应有2名来自环境和文化遗产领域，但是事实上，

---

① 1906年4月21日法律设立。

② 《城市规划法法典》第R.313-18条。

③ 根据2012年12月12日政府令，来自社会组织的代表只有一位。

④ 《遗产法典》第R.612-4条。

⑤ 第2013/001号文化部函。

⑥ 该条款源于2011年12月19日第n° 2011-1903号法规。

所有的代表都被期望来自于与环境和遗产保护相关的行业。还需要指出的是，从 2007 年开始，大区遗产和风景委员会给基金会留了一席之地，由此，我们可以看出作为文化遗产管理推动机构的基金会在遗产保护中地位的提升。上述 2013 年 2 月 8 日的文化部公函还向大区区长重点强调："建议在大区或者地方代表中为基金会——例如遗产基金会——留出应有席位。"①

更加值得注意的是，国家除了给一些专业遗产人员在咨询方面留了一席之地之外，还为其他人员预留了位置。例如在地方建筑和遗产保护利用区委员会里，《遗产法典》第 D643 - 2 条规定，委员会成员的遴选还应当以"（促进）当地经济利益"为标准。在 2012 年 3 月 2 日的政府公函中采用的这种较为模糊的表达，亦旨在为行政长官任命企业阶层的代表参加委员会提供自由裁量权，这是一个重大的创新。让商界人士参与其中的意旨在大型风景区的保护政策中也有所体现。该政策以 2010 年 7 月 12 日的《国家介入环境法》为依据。受保护的大型景区名录根据景区的社会影响力和游览人数确定（《环境法典》第 L. 341 - 15 - 1 条）。2011 年 1 月 21 日公函规定成立大风景区指导委员会对这些大型景区进行管理，并指出"私人企业亦可以与社会组织、公民团体和职业人才相同的身份加入委员会"②。

最后也是最简单的一种方式，就是普通公众参与到自然和文化遗产保护程序的制定中。这种公众参与方式广泛地存在于自然或者文化空间保护的程序中，通过传统的公众调查程序加以实现。但是，不管是在适用范围和政策完善的扩展方面还是在功能的扩张方面，公众调查只存在于政府制定决策的程序中。因此，立法者以保障公众从规划程序制定的最初阶段就能够参与其中并能够全程参与到保护规划、开发规划（依据 2005 年 7 月 28 日条例之规定）和地方建筑和遗产保护利用区规划（依据 2010 年 7 月 12 日的 Grenelle II 号法律之规定）制定的过程中为宗旨，将公众参与的范围扩大到事先协商的程序领域，是十分重要的。另一方面，社会公众参与多样化形式的不断拓展也可以促进传统的遗产行政保护理念的更新。

尽管遗产保护依然是行政机关的责任，但（通过上述一系列有关公众参与的法律规定，）这种责任的一部分被交由公众分担。尽管行政权主导的现象和趋势并不仅仅存在于遗产保护领域，但是责任的分摊证明了行政机构和公众的合作关系。公私合作的程度在不同的程序中并不相同，但一些例子确实非常有代表性：在历史街区、建筑和遗产保护利用区领域里，由专业人员和社会组织代表组成的地方委员会的作用不仅仅是参与制定保护规划，他们也通过提出关于建设或者土地治理计划的意见以及修改或更改保护范围界限和保护规划的意见等方式，监督保护区规划的正确实施。③这种公众参与机制类似于"共同管理"程序的一种形式，但是绝无以地方委员会

① 第 2013/001 号文化部函。
② 2011 年 1 月 21 日关于大风景区政策的文化部函。
③ 《遗产法典》第 L. 642 - 5 条；《城市规划法典》第 R. 313 - 21 条。

取代相关行政部门之意。①

在自然遗产保护方面，宪法和欧盟法相关规则的保障加速了公众的参与步伐，无疑也促进了公众参与的系统化。

自 2005 年起，法国将（《环境宪章》第 7 条的规定的）每个公民拥有的获知环境信息的权利和参与制定环境行政决策的权利上升到宪法权利的层面。这些权利早先通过《奥胡斯公约》在国际法领域得到确立，法国于 2002 年加入该公约。最近，有关完全或者部分属于私人所有景区分级登录制度中（公众参与的）某些程序规定成为违宪审查的对象，且此（违宪审查）案例具有典型的教育意义。②《环境法典》相关法条仅仅规定"利害关系人有权以最高行政法院相关条例规定的方式发表其意见"。在参与原则下，对该条法律的违宪审查主要集中在两个方面：第一，法律不能将参与者仅仅局限于有利害关系的人；③ 第二，有权在决策过程中发表意见并不必然意味着公众实质上参与了决策制定的过程。④ 因此，在（公众）参与这一宪法原则的指导下，2012 年 12 月 27 日法律增加了"大区绿色基础设施委员会"的组成成员。"大区绿色基础设施委员会"负责"地区生态系统纲要"（一份保护和恢复国家生态持续性所必需环境的框架性文件）的制定，并跟踪监测其实施情况。根据上述法律的规定，所有权人、自然环境资源的使用权人以及自然保护区的管理人等，都取得了加入该委员会的资格。该立法让委员会变得更加开放，而这一点也更符合公众参与的目标。虽然公众参与是借助咨询机构这一间接途径实现的。⑤

然而，在理解公众参与权时，应当避免一些误解：对影响环境之决策的参与原则，不应当仅仅表现在咨询程序这一种简单形式中。一方面，该原则不仅仅意味着在行政决策制定过程中作为参与主体的社会公众范围的扩张；另一方面，该原则只意味着行政主体对公众的意见加以考虑，但并不意味着行政机构必须采纳这些意见。

换言之，在所有上述案例中，即使有关文化和自然遗产保护的行政决定之发展出现了（公众参与的）良好转向，在责任方面却不可能有任何逆转。国家或地方政府始终拥有最终的决定权。相反地，在遗产管理方面，社会公众的作用虽然比从前更加重要，但依然处在公权力的监控之下。

---

① 在建筑和遗产保护利用区的相关事务方面，2012 年 3 月 2 日部长函指出："委员会被期望每年至少向行政部门提交一次定期报告。"（§4.1.3，最后一段）。

② 宪法委员会第 n° 2012 - 283 QPC 号判决，2012 年 11 月 23 日，M. de Mortemart：Rec. Cons. const.，p. 605.

③ 公众参与中的利害关系可以一个景区分级登录的案例加以说明：在 2003 年对位于巴黎附近的 Juine 山谷进行分级登录时，农业行会（依据《环境法典》上述条文的规定）对该分级登录的决定表达了强烈的反对。S. Ramnoux，"La vallée de la Juine enfin protégée"：Le Parisien，14 août 2003.

④ 这一方面背后的逻辑变化十分值得注意：在早先的 2005 年 2 月 23 日 "Natura 2000 生态保护区国家协调协会" 一案（req. No. 241796）中，法国最高行政法院驳回了一项以 2001 年 11 月 8 日关于 Natura 2000 程序的法规的在制定时没有征求使用权人和所有权人的意见为理由而主张该程序法规无效的上诉申请，由此可知，（当时的）最高行政法院否定行政决定中的 "公众协商原则和透明原则" 的存在

⑤ 上议院 2012 年 10 月 31 日第 n° 98 号文件，见 Mme Rossignol 报告，第 40 ~ 41 页。

二、公众和遗产管理

在自然和文化遗产管理上，公众和行政机构的关系（与上文提到的公众在相关决策中的咨询作用）有本质上的不同。由于这一方面的特权被公权力所垄断，公众参与的方式不再是在行政决策制定过程中与行政部门共同协商，制定出一套保护程序，而是采取一系列包括而不限于物质方面的主要措施（如资金协助、修复和维护工作等）来确保受保护的遗产得到妥善保存或把该遗产恢复原状。一般说来，由于财政原因，公众在这方面的参与都会得到国家的支持，他们保证了政府文化和自然遗产保护活动的接力。然而，尽管这一角色越来越重要，公众参与的能力和范围还是有争议的。

（一）公众作为接力者的作用

就公众力量参与遗产管理方面事务这一命题的由来来说，一个简单的解释值得注意：国家或是地方政府已经意识到自己不能完全保证自然和文化遗产得到管理。财政原因是主要的因素，尤其是大量具有重要美学价值的不可移动文化遗产的保护，是国家财政面临的重要挑战。在自然遗产的保护方面，财政问题没有那么尖锐，但是广阔的保护范围、自然栖息地的多样性以及生物多样性等问题所造成的保护技术性问题等，都使自然遗产的保护面临很大挑战。另外，企业、所有权人、社团或基金会等不同类型的参与主体参与文化遗产保护的动机和方式都各不相同。但是，无论是什么样的参与者，国家总是根据他们的参与目的和参与方式，采取多样和灵活的方法指引他们的行为。

一方面，虽然公众的参与多种多样，但这些参与行为在其目标和实现该目标的手段两方面必然存在某些共通之处。

探求公众参与文化遗产管理的目标时，对于"管理"一词应当做广义上的理解。公众参与的各种目标主要可以区分为以下三个方面：第一，自然空地的所有权人可以将自己的土地卖给海滨和湖岸地区保护中心。现行税法规定，所有权人可以通过抵扣转让金来支付转让税和平摊税（《基本税法典》第 1716 bis 条）。第二，从自然保护区的管理角度来说，上述自然空间的管理可以委托给社会组织或基金会承担，同样也可通过协议的方式，交给居住在保护区的土地所有人。（《环境法典》第 L－332－8 条）另外，一些位于 Natura 2002 景区的权利人（如所有权人、用益权人、租赁权人等）也可以与国家行政机关签订合约的方式保护和修复保护区（《环境法法典》第 L414－3 条）。

然而，正是在文化遗产的维护和修复方面，由于国家或地方政府不能独自承担所有费用，因此更多地需要吸引社会公众资金的支持。

在公众参与文化遗产保护的激励机制上，减免税收的方法最为广泛。出资对文化遗产进行维护和修缮的私有历史古迹所有权人可以享有某些土地税（比如古建维护和修复之费用）和收入税的减免政策（《基本税法典》第 156II 条）。一些位于遗产保护区的所有权人，虽然他们的房屋不一定都是历史古迹，但如果他们对自己的房屋进行全面的整修，也可以享有减税政策。这些税收优惠政策对于建筑遗产的保护非常有用，因为其将适用范围扩展至没有得到国家认定的遗产。对于后一点来说，税收优惠政策与国家传统的遗产保护政策相比是非典型的。1996 年，立法成立"遗产基金会"，这是一个以英国"国民信托"为样板成立的私法上的法人。遗产基金会的职责之一是通过向私人业主颁发认定书的方式保护那些国家没有认定的文化和自然遗产，得到资格认定的遗产所有权人在整修遗产后可以享有收入税的优惠政策。（《遗产法典》第 L143 - 2 条，《基本税法法典》第 156II1°ter 条）另外，为了帮助那些收入相对微薄或未达到纳税资格的所有权人，基金会可主动引入一种可由自己的作出的免税认定机制。在这种情况下，基金会可以直接承担物主整修费用的百分之十二。①

法国政府亦制定综合政策用以鼓励企业和个人对文化活动进行资助。虽然在文化遗产保护领域，文化资助也一直存在，但是它却一直没有得到认可。用 J. - P. Allinne 的话来说："法国原有的国家文化政策完全排斥文化资助。"② 但是从 80 年代起，这一情况有所改变。③此后，通过 2003 年 8 月的 Aillagon 法（n°2003 - 709 号法律），法国甚至构建起一整套更具吸引力的全面的文化资助法制框架体系。为此，国家在税制上也作出了一些有利于企业（《基本税法典》第 238a 条）和个人（《基本税法典》第 200 条）进行文化资助的变更。文化资助政策的实施对于公众参与有两个重要的后果。一方面，企业或是个人文化资助更多地将捐赠交给基金会。尽管不同基金会享有不同的法律地位（例如，公益基金、归属于公益基金并由其管理的免税基金、企业基金），但这些基金会都有一个共同特征，即都是由一个人或多个自然人、法人通过不可撤销的财产、权利、资金和其他资源的捐赠而成立，用来实现公众利益的非盈利性事业团体。④立法者还以美国捐赠基金（endowment funds）为原形，通过 2008 年 8 月 4 日法律创立了法国的捐赠基金（fonds de dotation）。它们和基金会相似，都致力于管理用于发展公益事业的无偿和不可撤销的财产捐赠，但政府对其监管更为宽松。另一方面，遗产基金会在 2002 年决定发动地方民间文化资助。其理念是吸收公众的捐赠来资助特定的项目，一般是基金会和市签署的合约里明确规定的项目。捐赠者也会享有税收上的优惠政策（《基本税法法典》第 200 条）。

另一方面，近几年来，公众成了遗产保护的重要参与者。没有公众的参与，遗产保护不可能得到良好的发展。

---

① 从 2000 年起，以此规定获得遗产基金资助的人数逐年增长。至 2010 年，已有 238 位参与主体获得过遗产基金的资助。见 2010 年遗产基金会报告，第 13 页。

② J. - P. Allinne, "Trois idées reçues sur le mécénat", in J. - P. Allinne et R. Carrier (dir.), *La culture au risque du marché. Le mécénat face à ses acteurs*: Paris, L'Harmattan 2010, p. 17 s.

③ 1987 年 7 月 23 日《文化资助发展法》（第 n° 87 - 571 号法律）。

④ 上述法律第 18 条。

这不意味着排除国家或是地方行政机构对自然和文化遗产的管理权。一些人认为，政府对文化和自然遗产的管理超越了自身职权，而事实上，根据遗产类型和重要性程度的不同，政府的管理行为可以借助多种形式进行。

被国家广泛应用于各种文化遗产保护的税收制度并不对资金进行直接分配，而只是一种调控手段。在缺乏全面统计和研究的情况下，本文难以估计税金支出的多少。但税制手段确实减少了国家在遗产修复方面的预算分配。

作为另一种重要机制，遗产基金会被看做是国家政府的一个重要组成部分。首先，它可以通过其认定机制让文化遗产和自然空间的所有权人享有税收优惠。其次，虽然税务部门不能对其进行监控，但是文化部门却可以监管其对每一项认定申请的处理：当基金会审核每一个认定要求时，法国建筑师必须根据建筑遗产的利益、维修技术和原材料应用等具体情形出具同意的意见。再次，在基金会的运作方面，政府通过在基金会内部设立某些国家部委的代表（例如分别来自生态、文化和内务部的 3 位政府官员）的方式实现对基金会的监管和干预。最后，即便审计法庭认为基金会的大部分预算是来自私人捐赠，基金会还是要直接（无人认领遗产所得款项的一部分）或间接（通过税收减免）依靠一些国家预算。[1]

作为一种用以保护自然遗产的（公私）协议程序，（基金会从理论上来说）是一种介于直接干预和间接调控（放松管制）之间的方法。然而，现实状况却不尽如此。

以自然保护区的管理为例，国家代表会选择一个管理人员并和他签订一份合约。管理人的任务除了国家通过 2010 年 9 月 30 日生态部公函的明确规定而委任给他的公共服务性职能[2]之外，另一部分则是《环境法典》规定的法定职责。同时管理者必须制定保护区的管理方案，并由省长最后签署。必须承认，在这样的合作协议中，双方在主体地位上确实是不平等的。为了弥补协议双方在事实地位上的差距，还可以根据当地情况签订一份不算严格的附属合约，即由管理保护区的社会组织和周边的土地所有权人签订协议。这些协议规定了周边土地的管理，例如水管理和入侵物种的管理等。[3]

Natura 2000 生态保护区系统的例子则具有复杂性，进一步证明国家行政机关和管理者在保护区的相对自治关系并不像理论上那么分明。在保护区内，自然生态的保护和恢复也是通过国家与不动产和动产所有权人签订的合同来进行的。签订合同的自由虽然存在[4]，但是事实上，这种自由也受到了欧盟法和国内法的限制。现实中，所有权人接受的合约必须和一份《目标文件》规定的方针和内容相符合。该文件的内容含有预先制定好的招标材料和合同义务。从本质上来说，该合同的订立，至少从现实上来看，

---

①　2013 年审计法庭公开报告第 5 章，第 528 页。

②　2010 年 9 月 30 日生态部函，第 35 页：http://circulaires. legifrance. gouv. fr/pdf/2011/01/cir_ 32379. pdf.

③　M. Bonnefond, "Les modes de régulation des usages des espaces naturels en France et au Mexique", *Thèse Tours*, 2009, p. 392.

④　L. Bodiguel, "Comment construire la règle ensemble? Les documents d'objectifs Natura 2000", Brière et Grand Lieu *in* N. Hervé – Fournereau (dir.), *Les approches volontaires et le droit de l'environnement*：PU Rennes 2008, p. 275.

是在行政意见主导之下的。总之，在现实中，一切都取决于该文件本身的制定和文件中设立的目标。在这一方面，《环境法典》还设立了"指导委员会"，并规定其组成成员包括农业、狩猎业、捕捞业、自然遗产保护和环境保护组织的代表。（《环境法典》第 R. 414-8 条）此外，合约中规定的措施的制定必须与"相关地方政府、地方协会以及保护区内土地的所有者和经营者"协商。（《环境法法典》，第 L. 414-1 条）另外，积极立法的激增还加剧了对 Natura 2000 保护区管理合同的严格限制，通过模糊条款弱化附属于该类合约的相关合同的效力。

总之，在试图总结公众在自然保护区的协议化合作管理中地位和作用时，一位地理学家对自然保护区管理模式的评论十分具有启发性：这种情形"既不同于国家行政机构强制征收地方私主体保护区，也不同于地方私主体动员和寻找中立政府作为保护工具"，这"既是一个自上而下也是一个自下而上的过程，每一主体类型都在积极合作和保护制度化中寻求自己的战略目标"。①

然而，遗产保护中的公众参与也存在一定的问题。

（二）公众参与的能力和范围有所争议

公众参与处在复杂的法律环境之下，因此，轻易得出总体结论是十分危险的。事实上，公众参与可以从两方面来探讨：一是效力；二是国家机构和公众间的相互平衡。

从参与效力方面来说，在法国，公众参与国家政策的管理时常遭到质疑，因为国家机构有促进公共利益实现的基本职能。在某些情况下，这是不争的事实，因为公众参与遗产保护的某些行为确实值得怀疑。

批评常常存在于某些保护地区，例如历史街区保护的公众参与中。在了解 2012 年 12 月 29 日的财政法（第 n°2012-1509 号法律）关于"家庭收入高于 10000 欧元的家庭也可享有在文物保护的税制优惠政策"之规定存在的"税收漏洞"的基础上，税制优惠能为某些已有可观收入的所有权人创造暴利。更有甚者，还存在不道德经营者的欺诈性经营活动。某些经营者通过就遗产维护工程申请税收优惠的手段欺诈遗产所有人的钱财，而这些工程却没有真正得到实施。② 当然，这样的例子还是比较少见的。另外，更让人担忧的是，尽管免税政策促进了文物修复工程，这也只针对那些商业活动繁荣，人口众多且资金充裕的极具吸引力的保护区而言。③ 对于那些在物质上、经济上、社会上不断衰退的历史保护区来说，由税收激励带来的遗产修复的良性循环对穷人是没有任何激励作用的。

在受到保护的遗产范围之外，遗产基金会为未受保护的遗产进行的认定确实较有实效。根据审计法庭的报告：即使是未获得税收减免的情况下，有一些房屋所有权人

---

① 前注 M. Bonnefond 论文，第 396 页。

② Florence Evin, "Malraux, reviens, ils sont devenus vieux!" *Le Monde*, 17 nov. 2012.

③ Y. Dauge 的采访, *Le Monde*, 17 nov. 2012.

（占总案例的 25%）亦对其无人居住的房屋进行了修复。在房屋所有人开展修复工作所获得的直接利益不断减少的情况下，税收优惠的激励作用更加凸显。但这种无人居住的遗产（农业用地，小教堂等等）是非常脆弱的。此外，即使以所有涉及该类项目的总额来看，通过税收减免或者基金会得到的资助数额仍旧十分有限。在遗产基金会推动下发展起来的民间文化资助下，公众变得更具活力，能被明确鉴别的遗产也因此得到了公众的保护。① 此外，文化资助机制还提升了公众对那些以前不受关注的遗产的关注。

企业提供的文化资助被用于许多项目，有些还是大项目。但企业的参与也是参差不齐地。根据国会的报告，中小企业几乎没有参与的能力②，其在参与过程中也存在问题；而对那些大公司而言，他们捐出资金之后，通常会寻求等价交换。而这些等价交换让文化资助变成了文化交换。③ 对于另一种技能型文化资助，他们直接以自己的实物或实际能力进行资助（例如人力，建筑原材料等等），但这也可能产生实际问题，因为超出了的职权范围。④

但是，我们并不能因为这些行为的存在而置疑公众参与原则的意义。相反，至少在遗产管理的某些方面，这些行为在客观上造就了政府和公众间一种更平衡的关系。

从不同保护主体之间的平衡方面来说，公私主体间关系问题根据保护的遗产类型不同而各异。

就自然遗产保护来说，由于政府的干预不多，公众参与状况是让人满意的，这一点可以通过以下实例得到证明：与遗产基金在文化遗产领域的资助力度相对较小形成对比的是，但其对土地治理规划和自然保护区恢复进行的资助优先于《环境法典》下对保护区的保护活动。⑤ 2010 年 7 月 2 日的法律表现出对地区性自然遗产保护私人机构的信任，认可了根据 1901 年的《组织法》成立的大区自然保护区管理所，该管理所管辖了大量的自然保护区。但是国家也有一定程度的介入，在涉及国家资产的情形中尤为如此。例如在 Natura 2000 生态保护区的管理合同中，订约者在履行一些合同责任时是由国家支付费用的。⑥

就文化遗产保护来说，公众参与依然受到政策上很多方面的严格限制。因此，构建一整套更好的文化遗产保护的公众参机制更加受到期望。对于修复那些尚未在国家法律认定的保护范围内的遗产，审计法庭指出，国家预算——包括税收减免机制——对于遗产基金会的运作来说是十分重要的，因此遗产基金会的职能应该写入国家保护非认

---

① 审计法庭公开报告，第 536 页。

② 4358 号国会信息报告第 4358 号，2012 年 2 月 15 日，第 41s 页。

③ 同上，第 35~37 页。

④ 同上，第 39~40 页。

⑤ 遗产基金会活动报告，第 25 页。

⑥ 2012 年生态部关于签订合同管理 Natura 2000 景区函重点批示道："在生态部部长提供部分资助的管理合同中，双方责任必须列于生态部部长已经确定的列表中。"

定遗产的政策目标当中。^① 在文化资助方面，国会在一份报告中指出，为了防止公司要求回报，要推广文化资助"伦理章程"，规定什么是正当的行为，以便更好地平衡文化机构和捐助企业间的关系。在税制优惠政策方面，当捐赠被授予那些拥有完善的章程的和被文化部认可的机构时，应该提高减税税率。

文化遗产和自然遗产保护上的公私合作是个明显的趋势。通过以上阐述不难看出，相关措施应当做出一些调整：一方面，为公益之必须，应当维持保证遗产保护质量和实效的政策；另一方面，国家公共财政的持续支持也是一个重要条件。^②

Acteurs privés et protection patrimoniale :
Entre association et partenariat

François PRIET

Professeur à l'Ecole de droit d'Orléans

Université d'Orléans（France）

Laboratoire Collectivités publiques EA 2080

S'interroger sur le rôle des acteurs privés en matière de protection patrimoniale peut apparaître comme une sorte de retour aux sources puisque, avant la Révolution française, la question était l'affaire des grandes familles patriciennes et du clergé. Mais le contexte d'aujourd'hui est évidemment tout autre. Outre que la notion de patrimoine digne d'être protégé s'étend au patrimoine tant culturel que naturel[3], la politique de protection patrimoniale demeure en France une responsabilité publique, principalement de l'Etat, mais de plus en plus souvent des collectivités territoriales. Il ne s'agit pas toutefois d'un monopole. L'action d'un certain nombre d'acteurs privés existe depuis longue date soit en complément soit en accompagnement de la politique de protection patrimoniale. Ces acteurs privés se sont eux – mêmes

---

① 审计法庭公开报告，第531页。

② 有关公共财政持续性面临的威胁的研究，V. J. – M. Pontier, "Le partage du financement de la protection du patrimoine entre l'État, les collectivités territoriales et les personnes privées"：*Rev. fr. finances publiques* 2013, n° 122, p. 53.

③ Dans le cadre du présent article, seul sera traité le patrimoine matériel et visible ; les patrimoines immatériel et archéologique ne seront pas abordés.

diversifiés: si l'on connaît le rôle des associations (qu'on songe aux grandes associations telles que la Société pour la protection des paysages et de l'esthétique de la France, fondée en 1901 à l'initiative notamment du député Charles Beauquier, qui fut par ailleurs à l'origine de la première loi de protection des sites en 1906①), il faut mentionner également les fondations, telle que la Fondation du patrimoine, les propriétaires privés d'immeubles bâtis ou d'espaces naturels, les entreprises – dont l'action en matière de mécénat a permis de financer certaines restaurations particulièrement emblématiques –, mais aussi les simples particuliers, dont l'intervention est encouragée par les pouvoirs publics.

Ces différents acteurs sont marqués par une grande hétérogénéité tant en termes de statut juridique que de stratégie, mais le poids croissant de leur intervention contribue à infléchir la conception traditionnelle selon laquelle la puissance publique prendrait en charge l'essentiel de la protection du patrimoine. Il en est ainsi pour des raisons qu'il peut être difficile de hiérarchiser: baisse régulière des financements publics, en particulier ceux de l'Etat, volonté des citoyens de s'investir davantage dans la protection du patrimoine, considéré comme un élément de la ville, prise de conscience par les entreprises, en particuliers les grands groupes, des retombées économiques positives pour leur image d'une intervention en matière patrimoniale, « gouvernance » de la politique de protection patrimoniale qui entend dépasser une séparation rigide entre l'intérêt public et les intérêts privés, etc. Quoi qu'il en soit, il apparaît que les différents acteurs privés participent à la protection selon des degrés qui varient de l'association au partenariat. Autrement dit, s'il existe bien une implication croissante des acteurs privés en la matière, celle-ci se fait dans un cadre qui reste sous la maîtrise de la puissance publique qui associe, oriente, incite, coordonne. A l'hétérogénéité des acteurs privés correspondant une hétérogénéité des situations susceptibles d'être rencontrées.

A cet égard, les modalités et l'intensité des interventions des acteurs privés sont bien différentes selon que l'on distingue deux grandes situations. Il convient en premier lieu de rendre compte de l'intervention des acteurs privés dans le domaine de la protection administrative du patrimoine (I). Ce premier aspect vise à étudier comment les différents types d'acteurs privés sont associés aux procédures mêmes de protection du patrimoine, tant culturel que naturel. Ce n'est pas ici n'importe quel type d'acteur privé qui intervient ou qui est invité à intervenir: les associations, parfois bénéficiaires d'un agrément, ainsi que le public, jouent le rôle essentiel. En revanche, et en second lieu, c'est bien l'ensemble des acteurs privés, y compris le monde de l'entreprise, qui participe à la gestion patrimoniale (II). Par cette dernière expression, on entend l'activité qui consiste à prendre en charge l'entretien lato sensu des biens com-

---

① Ph. Tanchoux, "Du contentieux à la loi de protection des sites de 1906: l'initiative militante de Charles Beauquier", in S. Delbrel, P. Allorant (dir.), *Conseiller, légiférer, gouverner*: PU d'Orléans 2010, pp. 59~83.

posant le patrimoine culturel ou naturel, qu'il s'agisse de travaux de restauration de bâtiments protégés ou non, de remise en état ou de surveillance d'espaces naturels, etc. Cette présentation – qui s'appuiera notamment sur des sources telles que des rapports parlementaires, de la Cour des comptes, ou des bilans d'activités de certains organismes privés intervenant en matière de protection du patrimoine, conduira à s'interroger sur le caractère équilibré ou non des relations entre la puissance publique et les acteurs privés, et sur les évolutions qu'on peut raisonnablement envisager.

I Acteurs privés et protection administrative du patrimoine

Le fait que les différents éléments composant le patrimoine culturel et naturel fassent l'objet d'une protection par des mesures administratives – généralement des décisions de classement générant un régime d'autorisation préalable – n'a jamais exclu l'intervention des personnes privées en la matière. Celles – ci peuvent prendre l'initiative de mesures de protection (A), mais surtout elles sont amenées à participer à l'élaboration des procédures correspondantes (B).

A. L'initiative des acteurs privés

1. Le fait que des acteurs privés puissent prendre l'initiative de mesures de protection s'explique pour deux raisons très simples.

En premier lieu, les éléments du patrimoine dont la qualité est de nature à justifier une protection, qu'il s'agisse de patrimoine civil (châteaux, manoirs, éléments de patrimoine rural tels que anciennes fermes, lavoirs, fontaines, etc.), de patrimoine religieux, ou de patrimoine purement naturel, appartiennent largement à des personnes privées. Il est donc logique qu'un certain nombre de propriétaires sollicitent directement l'autorité administrative pour qu'elle engage une procédure de protection. De telles initiatives ne sont pas totalement désintéressées puisque, comme on le verra plus loin, à la protection est souvent attaché un régime fiscal avantageux. En réalité la critique est peu pertinente dès lors que les avantages fiscaux sont l'une des clés essentielles de la protection des biens et espaces concernés. Au demeurant le droit positif prévoit expressément dans un certain nombre de cas (classement ou inscription d'un édifice en tant que monument historique, création d'une réserve naturelle) que les propriétaires peuvent être à l'origine de la procédure. [1] En second lieu, un certain nombre de groupements de statut privé (associations, fondations) peuvent décider d'intervenir. Ce type d'intervention est même doté d'une efficacité certaine en raison de l'expertise technique et/ou scientifique dont savent faire preuve ces groupements, et de leur capacité importante de *lobbying* auprès des services de

---

[1] V. par ex. art. R. 621 – 2 et R. 621 – 53 C. patrimoine pour les procédures de classement et d'inscription en tant que monument historique; art. L. 332 – 2 – 1 et R. 332 – 30 II C. env. en matière de réserves naturelles régionales.

l'Etat et des collectivités territoriales.

Ces différentes initiatives sont évidemment irremplaçables et on comprendrait mal que les pouvoirs publics ne les soutiennent pas, voire ne les encouragent. Lorsqu'on les replace dans le contexte global de la politique de protection patrimoniale, elles demeurent marquées par une certaine ambivalence.

2. Deux hypothèses peuvent illustrer notre propos.

Lorsqu'une procédure de protection est confiée par le législateur à une autorité administrative, propriétaires ou groupements privés n'ont pas vocation à se substituer à cette dernière. Dans un domaine aussi sensible que la protection patrimoniale, où les considérations esthétiques, environnementales, économiques et financières sont le plus souvent mêlées, l'administration dispose d'un pouvoir discrétionnaire pour engager la procédure, et le juge administratif ne serait amené à censurer le rejet d'une demande de protection présentée le cas échéant par une association qu'en cas d'erreur manifeste d'appréciation, hypothèse qui apparaît assez théorique. [1]

Inversement, l'engagement d'une procédure de protection patrimoniale ne saurait être conditionné par l'initiative des propriétaires privés. Bien au contraire, le droit positif permet toujours de surmonter d'éventuelles résistances de ces derniers, moyennant bien entendu les garanties indispensables pour que le droit français soit en harmonie avec ses propres exigences constitutionnelles ainsi qu'avec les engagements internationaux de la France. La jurisprudence administrative a en outre toujours rejeté l'argument selon lequel la gestion effective d'un bien par son propriétaire présenterait les mêmes garanties qu'une protection par l'administration. [2] En réalité, dès lors qu'un bien est intrinsèquement doté d'un intérêt appelant une protection, le recours à la procédure prévue par la loi devient incontestable; il n'y a pas lieu de procéder à une sorte de bilan entre une protection de nature administrative et une protection fondée sur la propriété privée au regard de l'intérêt patrimonial du bien considéré, et on peut sérieusement douter que des évolutions interviennent sur ce point dans un avenir proche.

Une seconde hypothèse mérite d'être citée: c'est celle selon laquelle la loi prévoit l'exclusivité de l'initiative des propriétaires privés. Tel était le cas des réserves naturelles volontaires: il suffisait que le propriétaire de l'espace à protéger présente une demande d'agrément auprès du représentant de l'Etat pour que la réserve soit créée. Mais cette possibilité a disparu en

---

① Ainsi le gouvernement n'est pas tenu, à la demande d'une association de protection de l'environnement, de créer une réserve naturelle: CE 26 mai 1995, Fédération d'intervention éco-pastorale, Soc. de protection de la nature de Midi-Pyrénées, SA « La Maison de Valérie »: Rec. CE, tables, p. 916.

② Inopérance du moyen tiré, à l'encontre d'une décision de classement d'un site, du fait que les qualités propres au site sont dues « aux soins dont il fait l'objet de la part de ses propriétaires »: CE 26 juill. 1985, Mme Malgat: Dr. adm. 1985, comm. 510.

2002, à la suite d'un contexte législatif pour le moins confus. [1] Elle avait pourtant fait la preuve de son efficacité, en responsabilisant des propriétaires qui étaient ainsi associés à une politique de préservation des espaces naturels définie au niveau national. [2] Sans doute une telle hypothèse était – elle (trop) atypique au regard des modes de protection auxquels le droit français est habitué, et la voix des protestataires contre cette disparition était trop faible pour susciter des réactions capables d'infléchir la volonté des pouvoirs publics.

Toute autre est l'évolution qui caractérise la participation des acteurs privés aux procédures de protection.

B. La participation des acteurs privés aux procédures de protection

Dès lors que les procédures de protection patrimoniale demeurent de la responsabilité de la puissance publique (Etat ou collectivités territoriales), la question se pose de savoir quelle place ménager aux acteurs privés dans le processus proprement administratif. Une telle place ne saurait être déterminée a priori; elle résulte essentiellement de l'évolution des conceptions touchant aux rapports entre les collectivités publiques et ce que l'on peut appeler de manière générique la société civile. Les types d'acteurs privés se sont diversifiés, mais dans certaines limites, et ils interviennent de plus en plus dans une logique coopérative.

1. Lors de l'élaboration ou de l'instruction de la plupart des décisions de protection de biens relevant du patrimoine culturel ou naturel, une procédure consultative est organisée dans le cadre de commissions administratives afin de recueillir un certain nombre d'avis et ainsi de prendre en compte les différents intérêts affectés par la future mesure. Si le principe d'une consultation est ancien, l'ouverture de la composition des commissions à des personnes privées ne s'est faite que très progressivement.

Historiquement ce sont les associations qui ont été peu à peu intégrées dans le fonctionnement des commissions compétentes, le plus souvent les associations agréées de protection de l'environnement. Jusque dans les années soixante – dix, les commissions ne comprennent en dehors des représentants de l'administration que des « personnalités qualifiées »: il s'agit de faire appel à des architectes, des historiens, des universitaires, mais non à des représentants de la société civile. Le cas des trois principales commissions compétentes en matière de protection du patrimoine montre que ces évolutions ont été très lentes.

S'agissant de la commission départementale des sites, qui est l'une des plus vieilles instances

---

① L. n° 2002 –276, 27 fév. 2002. Sur la question, V. C. Cans, "La fausse décentralisation des réserves naturelles": Dr. env. mai 2002, n° 98, p. 113.

② En ce sens, M. Durousseau, "La régionalisation des réserves naturelles, nouvelle étape dans la décentralisation de la protection de la nature", in M. – P. Camproux – Duffrène et M. Durousseau (dir.), *La protection de la nature 30 ans après la loi du 10 juillet 1976*: PU Strasbourg 2007, notamment p. 103.

consultatives①, et dont les compétences sont particulièrement étendues, il faut attendre 1977 pour qu'un décret prévoie que la commission siégeant « dans la formation dite de protection de la nature » s'adjoigne « deux personnalités désignées par le préfet sur la proposition des associations agréées qui exercent leur activité dans le domaine de la protection de la nature et de l'environnement », et 1998 pour qu'un autre décret porte au tiers de la composition de la commission le nombre de membres du collège des « personnalités qualifiées » (soit six membres au total), dont « deux représentants d'associations agréées de protection de l'environnement ». En matière de secteurs sauvegardés, la commission nationale créée en 1962 ne comprend que depuis 2007② des « représentants d'associations nationales ou régionales agréées au titre de la protection et de la mise en valeur du patrimoine » : encore le texte ne fixe-t-il aucun nombre précis de membres à ce titre. ③ Des remarques analogues peuvent être faites à propos de la commission régionale du patrimoine et des sites (CRPS), compétente en matière de création d'aires de mise en valeur de l'architecture et du patrimoine (AVAP), de classement et d'inscription de monuments historiques④ : lors de sa création en 1984, elle comprend notamment « des représentants d'associations se proposant par leurs statuts d'agir pour la sauvegarde des sites, du patrimoine architectural et urbain, des cultures régionales. Deux de ces associations au moins doivent être agréées au titre de l'article L. 160 - 1 du code de l'urbanisme ». Ce nombre passe à trois en 1999, puis cinq en 2007. Il n'est plus seulement question d'associations agréées, le texte mentionnant sans autre précision celles qui ont « pour objet de favoriser la connaissance, la protection et la conservation du patrimoine ». A ce titre, une circulaire du 8 février 2013 du ministre de la culture recommande « que, parmi les associations choisies, l'une au moins représente les propriétaires privés de monuments historiques ». ⑤

La place des associations dans les instances patrimoniales n'est donc plus contestée, et la dernière commission à avoir été créée, la commission locale de l'AVAP, ne fait pas exception à la règle : si l'article D. 642 - 2 C. patrimoine⑥ mentionne la présence de quatre personnes qualifiées, « dont deux choisies au titre du patrimoine culturel ou environnemental », il est clair que les représentants d'associations ont tout à fait vocation à en faire partie. Il convient de noter par ailleurs que les fondations ont fait leur entrée en 2007 au sein des CRPS, ce qui montre la montée en puissance, comme on le verra plus loin, des fondations en tant qu'institutions

---

① Elle fut créée par la loi précitée du 21 avril 1906.

② C. urb., art. R. 313 - 18, rédaction D. n° 2007 - 452, 25 mars 2007.

③ Et de fait, il n'y a qu'un représentant d'association agréée au sein de la Commission dans sa composition issue de l'arrêté du 12 déc. 2012 (JO 19 fév. 2013).

④ C. patrimoine, art. R. 612 - 4.

⑤ Circ. 2013/001 : BO Culture n° 219, fév. 2013, p. 38, fiche 1, § A. 4.

⑥ Créé par le décret n° 2011 - 1903 du 19 déc. 2011.

d'impulsion et de gestion du patrimoine culturel. La circulaire précitée du 8 février 2013 souligne d'ailleurs à l'attention des préfets de région qu' « il est (⋯) conseillé d'offrir un siège à une fondation, qui pourra être la Fondation du patrimoine, dans sa représentation régionale ou locale ». ①

Plus remarquable encore est de signaler que les pouvoirs publics entendent ouvrir certaines instances consultatives au – delà des seuls spécialistes du patrimoine. Parmi les personnes qualifiées qui siègent dans chaque commission locale de l'AVAP, l'art. D. 642 – 2 précité C. patrimoine mentionne les personnes qui doivent être choisies « au titre d'intérêts économiques locaux ». La formule, qui n'est pas autrement explicitée par la circulaire du 2 mars 2012, est volontairement vague pour donner au préfet toute latitude pour désigner des représentants du monde de l'entreprise, ce qui est une nouveauté considérable. On retrouve la même volonté d'associer le secteur économique à propos de la politique dite des « Grands sites », mise en place par la loi du 12 juillet 2010 portant engagement national pour l'environnement. A l'intérieur de cette variété de site classé, caractérisé par une grande notoriété et une forte fréquentation (C. env., art. L. 341 – 15 – 1), la doctrine administrative (circulaire du 21 janvier 2011) prévoit la mise en place d'un « comité de pilotage », chargé d'accompagner la démarche du Grand site, et indique à cette occasion que les entreprises ont vocation à participer à ce comité, au même titre que les « associations », les « collectifs citoyens ou professionnels ». ②

Ce peut être enfin, et plus simplement, le public « ordinaire » qui est amené à participer à l'élaboration des procédures de protection. Il l'est assez largement pour les procédures de protection d'espaces naturels ou comprenant des biens culturels, au travers de la classique procédure d'enquête publique. Mais, quelles que soient l'extension de son champ d'application et l'amélioration, bien réelle, de son fonctionnement, l'enquête publique n'intervient qu'en fin de processus décisionnel. Aussi est – il très significatif que le législateur ait étendu le champ d'application de la procédure de *concertation préalable* – laquelle a vocation à associer le public dès le début de l'élaboration de certaines procédures de planification et pendant toute sa durée – à l'établissement des plans de sauvegarde et de mise en valeur au sein des secteurs sauvegardés (depuis l'ordonnance du 28 juillet 2005), ainsi que des AVAP (depuis la loi Grenelle 2 du 12 juillet 2010).

2. L'extension et la diversité croissante des acteurs privés susceptibles d'intervenir renouvellent la conception de la protection administrative du patrimoine.

Cette protection reste de la responsabilité de l'administration, mais cette responsabilité est désormais partagée. Le monopole a vécu, et cette tendance, qui n'est pas propre au domaine

---

① Circ. préc., eod. loc.

② Circ. Culture 21 janv. 2011 relative à la politique des Grands sites: BO Culture 2011/3, 25 fév. 2011.

de la protection du patrimoine, témoigne de rapports de type « coopératif » entre les différentes autorités administratives et la grande variété des acteurs privés intéressés. Cette caractéristique ne présente pas la même intensité suivant les procédures. Mais certains exemples nous semblent particulièrement emblématiques. Ainsi en matière de secteurs sauvegardés et d'AVAP, le rôle de la « commission locale » – composée de « personnes qualifiées et notamment d'associations – ne se borne pas à suivre l'élaboration du plan de sauvegarde et de mise en valeur ou de l'AVAP, il consiste également à suivre de manière permanente la mise en œuvre des règles applicables à l'intérieur de ces espaces protégés, ce qui peut la conduire soit à émettre un avis sur des projets d'aménagement ou de construction, soit à proposer la modification ou la révision du périmètre et/ou des règles applicables. On se rapproche ainsi d'une forme de « cogestion » des procédures, sans aller évidemment jusqu'à une substitution de la commission locale à l'autorité administrative compétente. ①

Dans l'hypothèse propre à la protection du patrimoine naturel, ce sont désormais les règles constitutionnelles et européennes touchant à l'environnement qui contribuent puissamment, et à un rythme accéléré que l'on ne soupçonnait sans doute pas, à systématiser l'intervention du public.

Depuis 2005, la France a consacré au plan constitutionnel (article 7 de la Charte de l'environnement) le droit de *toute personne* d'accéder aux informations relatives à l'environnement et de participer à l'élaboration des décisions publiques ayant une incidence sur l'environnement; ces droits avaient déjà été consacrés par le droit international par la Convention d'Aarhus, à laquelle la France est partie et qu'elle a ratifiée en 2002. Un aspect du régime de la procédure de classement d'un site appartenant en tout ou partie à des personnes privées a ainsi fait l'objet d'une récente censure constitutionnelle très « pédagogique ». ② Un article du code de l'environnement se contentait de prévoir dans cette hypothèse que « les intéressés (étaient) invités à présenter leurs observations selon une procédure fixée par décret en Conseil d'Etat ». Le double fondement de la censure au regard du principe de participation est très significatif: d'une part la loi ne pouvait pas réduire la participation aux seuls « intéressés »; ③ d'autre part, présenter des observations, comme l'indique le commentaire officiel de la décision, n'implique pas forcément une procédure de participation à

---

① En matière d'AVAP, la circulaire précitée du 2 mars 2012 indique qu' « il est souhaitable que la commission soit réunie au moins une fois par an pour lui présenter un bilan périodique » (§ 4. 1. 3, dernier alin.).

② Cons. const. , déc. n° 2012 – 283 QPC, 23 nov. 2012, M. de Mortemart: Rec. Cons. const. , p. 605.

③ On mesure rétrospectivement l'intérêt que peut revêtir la participation par exemple en matière de classement de site. V. à cet égard la très vive hostilité de la profession agricole qui s'était exprimée à propos du classement en 2003 de la vallée de la Juine près de Paris: S. Ramnoux, "La vallée de la Juine enfin protégée": *Le Parisien*, 14 août 2003.

l'élaboration de la décision. ① C'est par ailleurs la mise en œuvre du principe constitutionnel de participation qui a conduit la loi du 27 décembre 2012 à étendre la composition des « comités régionaux trames verte et bleue », chargés d'assurer l'élaboration et le suivi des « schémas régionaux de cohérence écologique », documents – cadre destinés à sauvegarder et à remettre en état les milieux nécessaires aux continuités écologiques. En y incluant de nouvelles personnes (notamment les propriétaires, usagers de la nature, gestionnaires d'espaces naturels), le législateur a entendu « donner un caractère plus ouvert aux comités régionaux (···), plus conforme à l'objectif de participation du public qui, de manière indirecte, s'effectue par le biais d'organismes consultatifs ». ②

Il ne faut toutefois pas s'y tromper : le principe de participation aux décisions intéressant l'environnement ne saurait être un simple avatar de la procédure consultative. Le principe n'est pas uniquement satisfait en raison de l'extension des personnes associées à l'élaboration d'un acte administratif ; il ne peut l'être que si l'autorité administrative tient compte des opinions émises par ces personnes, ce qui ne veut pas dire non plus que les avis formulés s'imposeraient à celle – ci.

Autrement dit, dans toutes les hypothèses précédemment évoquées, s'il y a bien renouvellement dans la conception de l'élaboration des décisions administratives touchant à la protection du patrimoine tant culturel que naturel, il ne saurait y avoir d'inversion dans les responsabilités en la matière : c'est bien à l'Etat et/ou aux collectivités territoriales qu'il incombe d'arrêter en définitive les décisions correspondantes. En revanche, le rôle des acteurs privés en matière de gestion patrimoniale apparaît plus étendu, mais toujours sous le contrôle de la puissance publique.

II Acteurs privés et gestion du patrimoine

En matière de gestion du patrimoine tant culturel que naturel, les rapports entre l'autorité administrative et les acteurs privés sont d'une nature différente. Il ne s'agit pas ici de collaborer à l'élaboration d'une procédure de protection, c'est – à – dire à une prérogative de puissance publique, mais de prendre une série de mesures principalement, mais non exclusivement, matérielles (concours financiers, travaux de réhabilitation, d'entretien, etc.) afin d'assurer la conservation voire la remise en état d'un bien patrimonial protégé. Le concours des acteurs privés est encouragé par les pouvoirs publics, souvent pour des raisons financières, dont ils as-

---

① Le changement de logique est donc considérable : dans un arrêt du 23 fév. 2005 (*Asso. Coordination nationale Natura* 2000, req. n° 241796), le Conseil d'Etat avait rejeté le recours contre le décret du 8 nov. 2001 relatif à la procédure de désignation des sites Natura 2000 qui ne prévoyait pas la consultation des usagers et propriétaires. Il avait alors notamment dénié l'existence « d'un prétendu principe général de concertation et de transparence des décisions administratives ».

② Sénat, doc. n° 98, 31 oct. 2012, rapport Mme Rossignol, pp. 40 ~ 41.

surent le relais（A）. Un tel rôle revêt une importance croissante, mais sa portée reste discutée（B）.

A. Le rôle de relais des acteurs privés

A l'origine de toutes les hypothèses d'intervention des acteurs privés en matière de gestion patrimoniale, un constat simple s'impose à l'observation : la puissance publique, Etat ou collectivités territoriales, est consciente qu'elle n'est pas en mesure d'assurer à elle seule la gestion d'un patrimoine monumental ou d'éléments de patrimoine naturel. Les raisons financières sont les plus évidentes, en particulier pour le patrimoine culturel immobilier dont la richesse tant sur le plan esthétique que quantitatif constitue un défi majeur pour les finances publiques. Si le patrimoine naturel soulève des problèmes financiers moins aigus, sa protection pose des difficultés techniques en raison de l'étendue des espaces concernés（de quelques hectares à plusieurs dizaines de kilomètres carrés）, de la diversité des habitats naturels et de la variété des milieux biologiques intéressés. Par ailleurs les motivations des acteurs privés et leurs moyens d'intervention ne peuvent évidemment pas être identiques selon qu'il s'agit d'entreprises, de propriétaires, d'associations ou de fondations. Dans tous les cas l'Etat, principalement, cherche à orienter l'action des acteurs privés en fonction de certaines finalités, selon des modalités plus contraignantes ou au contraire plus souples.

1. Les différentes interventions des acteurs privés se situent au croisement de deux ensembles de considérations : celles relatives aux objectifs poursuivis, et celles qui concernent les moyens pour y parvenir.

Afin de déterminer les objectifs susceptibles d'être poursuivis par les acteurs privés, il faut entendre la notion de gestion au sens large du terme. Trois grands objectifs peuvent être distingués. En premier lieu les propriétaires d'espaces naturels peuvent contribuer à *l'acquisition* de tels espaces par une instance spécialisée, le Conservatoire de l'espace littoral et des rivages lacustres. Le droit fiscal permet en effet aux personnes propriétaires de s'acquitter de leurs obligations fiscales concernant le paiement des droits de mutation ou du droit de partage par le mécanisme de la dation en paiement, qui est une forme de paiement en nature（CGI, art. 1716 bis）. En second lieu, la *gestion proprement dite* d'espaces naturels peut être confiée à certains acteurs privés. Ainsi des associations, des fondations, mais également les propriétaires de terrains classés dans les réserves peuvent par voie de convention assurer la gestion des espaces concernés（C. env., art. L. 332 – 8）. De même les titulaires de droits réels et personnels（propriétaires, usufruitiers, titulaires de baux ruraux）portant sur les terrains compris dans un site Natura 2000 peuvent se voir confier également par voie de convention passée avec l'autorité administrative de l'Etat la conservation et la restauration du patrimoine de la réserve（C. env., art. L. 414 – 3）.

Mais ce sont surtout les*travaux d'entretien et de restauration* du patrimoine qui donnent lieu aux dispositifs les plus nombreux pour attirer les financements privés, en raison des coûts considérables de ces travaux, coûts que ni l'Etat, ni les collectivités territoriales ne peuvent assumer seuls.

Le procédé de la défiscalisation est le plus largement employé. Il peut bénéficier aux propriétaires privés de monuments historiques classés ou inscrits, qui peuvent déduire un certain nombre de charges foncières (dépenses d'entretien, dépenses de réparation, etc.) de l'impôt sur le revenu: CGI, art. 156 II). Peuvent également bénéficier de certaines réductions d'impôt les propriétaires d'immeubles situés dans des espaces protégés (secteurs sauvegardés, ZPPAUP, AVAP) à raison des dépenses qu'ils supportent en vue de la restauration complète d'un immeuble bâti (CGI, art. 31 et 199 tervicies), sans donc qu'il soit nécessaire que ces immeubles bénéficient d'une mesure de classement ou d'inscription. Ces mécanismes qui ont des effets très bénéfiques pour la sauvegarde du patrimoine immobilier ont été étendus au patrimoine non protégé, mais selon des modalités assez atypiques par rapport à la politique de protection patrimoniale longtemps privilégiée par les pouvoirs publics. En 1996, le législateur a en effet créé la Fondation du Patrimoine, personne morale de droit privé, en s'inspirant du modèle du *National Trust* anglais. La Fondation a reçu notamment mission d'aider à la sauvegarde du patrimoine tant culturel que naturel ne bénéficiant pas de mesures administratives de protection (essentiellement le patrimoine rural, propriété de personnes physiques et d'un certain nombre de petites communes) en délivrant un *label* permettant aux propriétaires personnes physiques de déduire les dépenses de travaux de restauration de l'assiette de l'impôt sur le revenu (C. patrimoine, art. L. 143 – 2; CGI, art. 156 II 1° ter). Elle a également instauré, mais cette fois de sa propre initiative, un mécanisme de label non fiscal à l'intention des personnes à faibles revenus et non soumises à l'impôt: en ce cas, l'octroi du label conduit la Fondation du patrimoine à attribuer directement une subvention pour les travaux envisagés par les propriétaires, qui couvre en moyenne 12 % de leur coût. [1]

Mais les pouvoirs publics français se sont également engagés dans une vaste politique destinée à encourager le mécénat tant de la part des entreprises que des particuliers. Le développement du mécénat a pu susciter des réactions paradoxales: s'il ne s'agit pas d'une pratique inconnue en matière de protection du patrimoine culturel, « l'ancienneté du modèle culturel français à direction publique », selon l'expression de J. – P. Allinne[2], a pu longtemps

---

[1] Si le nombre de personnes aidées à ce titre croît régulièrement chaque année depuis 2000, seuls 238 particuliers ont pu bénéficier d'une subvention en 2010: Fondation du patrimoine, rapport d'activité 2010, p. 13.

[2] J. – P. Allinne, "Trois idées reçues sur le mécénat", *in* J. – P. Allinne et R. Carrier (dir.), *La culture au risque du marché. Le mécénat face à ses acteurs*: Paris, L'Harmattan 2010, p. 17 s.

faire croire qu'un tel modèle était résolument fermé à toute idée de mécénat. Mais cela n'est plus vrai depuis les années quatre – vingt[①], et la France s'est même dotée d'un dispositif législatif d'ensemble sur le mécénat beaucoup plus attractif avec la loi n° 2003 – 709 du 1er août 2003 dite « loi Aillagon ». A cette fin la fiscalité a été aménagée pour favoriser le mécénat des entreprises (réduction de l'impôt sur le revenu ou sur les sociétés : CGI, art. 238 bis) et des particuliers (CGI, art. 200). La mise en œuvre d'une politique de mécénat a elle – même entraîné deux conséquences importantes sur l'intervention des acteurs privés. D'une part, les entreprises mécènes, mais aussi les particuliers, se sont surtout tournés vers les fondations pour recevoir les dons. Si le législateur a diversifié les statuts de ces fondations (fondations reconnues d'utilité publique ; fondations dites « abritées », accueillies au sein de fondations reconnues d'utilité publique et gérées par elles ; fondations d'entreprise), elles ont toutes comme point commun d'être des groupements issus d'un « acte par lequel une ou plusieurs personnes physiques ou morales décident l'affectation irrévocable de biens, droits ou ressources à la réalisation d'une œuvre d'intérêt général et à but non lucratif ». [②] Le législateur est même allé très loin en ce sens puisque la loi du 4 août 2008 de modernisation de l'économie a créé en s'inspirant des *endowment funds* américains des *fonds de dotation* qui, s'ils se rapprochent des fondations dès lors qu'ils gèrent les biens et droits qui leur sont apportés à titre gratuit et irrévocable, utilisent les revenus de capitalisation au service de la réalisation d'une œuvre ou d'une mission d'intérêt général, et font l'objet d'un encadrement minimal par l'Etat. D'autre part, la Fondation du patrimoine a spontanément à partir de 2002 décidé de lancer des souscriptions locales de « mécénat populaire » : l'idée consiste à susciter des dons de la part du public sur des projets « fléchés », lesquels sont identifiés dans le cadre de conventions passées entre la Fondation et généralement des communes qui souhaitent engager des travaux sur leur patrimoine. Ces dons ouvrent également droit à des réductions d'impôt, à la suite d'une modification en ce sens de la législation fiscale (CGI, art. 200).

2. Les personnes privées sont devenues en l'espace de quelques années des acteurs majeurs de la protection patrimoniale sans lesquels cette politique d'intérêt général n'aurait aucune chance d'être menée à bien.

Cela ne signifie pas que l'Etat ou les collectivités territoriales se seraient retirés de la gestion des biens relevant du patrimoine culturel ou naturel. On est passé à une logique où la puissance publique fait faire plutôt qu'elle ne fait elle – même. Les méthodes d'encadrement public empruntent toutefois des formes variées en fonction des enjeux et des types de patrimoine.

A propos de l'outil fiscal, largement utilisé par l'Etat quel que soit le type de patrimoine

---

① Loi n° 87 – 571 du 23 juillet 1987 sur le développement du mécénat.

② Loi n° 87 – 571, 23 juill. 1987 précitée, art. 18.

comme on l'a vu précédemment, on peut parler d'intervention médiate puisque cet outil ne se traduit pas par un décaissement direct. Il est difficile d'estimer la part de ces dépenses fiscales, dès lors qu'il n'existe pas d'étude d'ensemble en la matière. Mais cela relativise la diminution, bien réelle, des crédits budgétaires affectés à la restauration du patrimoine.

A l'autre extrémité des dispositifs utilisés, l'existence même de la Fondation du patrimoine peut apparaître comme une forme de démembrement de l'Etat, dès lors que la Fondation instruit et délivre un label fiscal qui a pour conséquence d'alléger les obligations fiscales des propriétaires de biens culturels et d'espaces naturels. Toutefois si l'administration fiscale n'exerce pas de contrôle en la matière, l'administration de l'Etat chargée de la culture intervient lors de l'instruction de chaque demande de label : l'architecte des bâtiments de France doit émettre un avis favorable portant à la fois sur l'intérêt patrimonial du bâtiment et sur la compatibilité des techniques et des matériaux avec la préservation du patrimoine. Quant au fonctionnement de la Fondation, l'Etat reste présent dans ses instances grâce à la présence de trois hauts fonctionnaires « commissaires du gouvernement » représentant les trois ministères intéressés (Ecologie, Culture, Intérieur). La Fondation reste enfin tributaire de l'effort budgétaire de l'Etat, direct (une fraction du produit des successions en déshérence) ou indirect (par le jeu des déductions fiscales), même si, comme l'a reconnu la Cour des comptes, « la ressource privée reste majoritaire dans le budget de la fondation ». ①

Reste le procédé conventionnel, utilisé en matière de protection du patrimoine naturel, qui peut apparaître comme une sorte de voie moyenne entre intervention directe et déréglementation. La réalité est assez nuancée.

En matière de gestion des réserves naturelles par exemple, c'est le représentant de l'Etat qui choisit le gestionnaire et qui passe une convention avec lui. Outre que les missions qui lui sont dévolues, expressément qualifiées de missions de service public par la circulaire du 30 septembre 2010②, sont définies dans la partie réglementaire du code de l'environnement, le gestionnaire est également tenu d'établir un plan de gestion de la réserve, arrêté par le préfet. Mais à ce conventionnement de type hiérarchique peut s'ajouter, en fonction des situations locales, un conventionnement plus souple : ainsi une association de gestion d'une réserve naturelle a pu passer des conventions avec les propriétaires privés de terrains périphériques, conventions qui ont fixé les conditions de gestion de ces terrains (gestion de l'eau, gestion d'espèces animales invasives, etc.). ③

---

① Cour des comptes, rapport public 2013, chapitre V, p. 528.

② Circulaire Ecologie, 30 sept. 2010, p. 35 : http : //circulaires. legifrance. gouv. fr/pdf/2011/01/cir_ 32379. pdf.

③ M. Bonnefond, "Les modes de régulation des usages des espaces naturels en France et au Mexique", *Thèse Tours*, 2009, p. 392.

Le cas des sites Natura 2000, au régime remarquablement complexe, montre également que l'autonomie respective de l'autorité administrative de l'État et des gestionnaires de sites ne saurait être appréciée de manière tranchée. A l'intérieur de ces sites, c'est également par contrat passé entre le représentant de l'Etat et les titulaires de droits réels et personnels que la conservation et la restauration des sites doivent être assurées. La liberté contractuelle n'est pas inexistante, et la pratique tend à le montrer. ① Elle n'en demeure pas moins fortement encadrée par le droit de l'Union européenne qui en constitue la matrice, et par les dispositions du droit interne chargées d'en assurer la mise en œuvre: en effet tous les engagements contractuels acceptés par les gestionnaires de sites doivent être conformes aux orientations et aux mesures définies par un « document d'objectifs ». Au sein de ce document doivent figurer des modèles de cahiers des charges type qui prédéterminent largement, voire plus, la nature des engagements contractuels, du moins selon la lecture qu'en fait la doctrine administrative. En réalité tout dépendra vraisemblablement de la façon dont le document d'objectifs sera conçu et élaboré. Sur ce point, le code de l'environnement prévoit la mise en place d'un « comité de pilotage » comprenant notamment des représentants d'organisations professionnelles dans le domaine agricole, de la chasse, de la pêche, d'organismes exerçant leurs activités dans le domaine de la préservation du patrimoine naturel et d'associations agréées de protection de l'environnement (C. env., art. R. 414 – 8). En outre les mesures prévues aux contrats doivent être établies en concertation avec « les collectivités territoriales intéressées et leurs groupements ainsi qu'avec des représentants de propriétaires et exploitants des terrains inclus dans le site » (C. env., art. L. 414 – 1). Le droit positif s'efforce en quelque sorte de lisser en amont ce que les contrats Natura 2000 pourraient avoir d'excessivement contraignant, de telle sorte que l'aspect « contrat d'adhésion » des contrats Natura 2000 tend à s'estomper.

En définitive, pour essayer de caractériser la place et le rôle des acteurs privés dans les hypothèses de gestion conventionnelle des espaces naturels, on peut sans doute généraliser une remarque faite par un géographe à propos de la gestion des réserves naturelles. Il ne s'agit ni d'une situation où l'administration de l'Etat chercherait « à imposer une zone protégée à des acteurs locaux », ni d'un cas de figure où des groupes locaux (publics comme privés) « mobiliseraient auprès d'un Etat 'neutre' des outils de protection ». On aurait plutôt affaire à « une double dynamique *bottom up/top down*, chacun des niveaux cherchant à répondre à ses objectifs stratégiques en s'inscrivant dans une dynamique collective de localisation, de construction et d'institutionnalisation des mesures de protection ». ②

---

① L. Bodiguel, "Comment construire la règle ensemble? Les documents d'objectifs Natura 2000", Brière et Grand Lieu *in* N. Hervé – Fournereau (dir.), *Les approches volontaires et le droit de l'environnement*: PU Rennes 2008, p. 275.

② M. Bonnefond, thèse préc., p. 396.

L'intervention des acteurs privés en matière de gestion du patrimoine n'en pose pas moins un certain nombre de questions.

A. La portée discutée de l'intervention des acteurs privés

L'intervention des acteurs privés s'effectue dans des contextes juridiques très hétérogènes, au point qu'il pourrait sembler hasardeux d'en tirer des conclusions globales. En réalité, cette intervention peut être appréhendée selon deux approches, en termes d'efficacité d'une part ; en ce qui concerne les équilibres respectifs entre les collectivités publiques et les acteurs privés d'autre part.

1. En France l'intervention des acteurs privés en matière de gestion d'une politique publique est souvent susceptible de générer une certaine suspicion, au nom de l'idée que ce sont les collectivités publiques qui ont fondamentalement la charge de l'intérêt général. Dans certaines hypothèses il est vrai, le comportement de certains acteurs privés dans le domaine de la protection du patrimoine culturel est de nature à alimenter ce sentiment.

La critique est récurrente à propos de certains espaces protégés, tels les secteurs sauvegardés. La défiscalisation peut au mieux susciter un effet d'aubaine pour des propriétaires – contribuables disposant déjà de revenus confortables, sachant par ailleurs que la défiscalisation au titre de la protection du patrimoine historique n'est pas concernée par le plafonnement des « niches fiscales » à 10 000 euros par foyer fiscal qui a été décidé par la loi n° 2012 – 1509 du 29 décembre 2012 de finances pour 2013. Au pire, on a pu constater des opérations frauduleuses montées par des opérateurs indélicats qui ont abusé de certains propriétaires en leur proposant de financer des travaux en défiscalisation, sans que ces travaux soient effectivement réalisés.[1] Il semble bien néanmoins que ces dérives aient un caractère marginal. Au surplus, et cela est par contre infiniment plus préoccupant, la défiscalisation ne joue un rôle réellement incitatif pour engager des travaux de restauration que si le quartier concerné connaît lui – même une certaine attractivité, lié à la présence de commerces, d'une population diversifiée dotée de revenus corrects. A contrario, si le quartier est dégradé physiquement, socialement et économiquement, comme le montrent certains secteurs sauvegardés[2], le cercle vertueux de la restauration patrimoniale ne pourra pas être enclenché par des propriétaires paupérisés.

En dehors des espaces protégés, le bilan du « label fiscal » délivré par la Fondation du Patrimoine pour le patrimoine non protégé paraît satisfaisant. Comme le note la Cour des comptes, s'il apparaît que les propriétaires auraient engagé les travaux même en dehors de la déduction fis-

---

[1] Florence Evin, "Malraux, reviens, ils sont devenus vieux !" *Le Monde* 17 nov. 2012.

[2] Interview d'Y. Dauge, ancien président de la Commission nationale des secteurs sauvegardés: Le Monde 17 nov. 2012.

cale, « pour les biens non habitables (25 % des dossiers), la déduction fiscale constitue une in-citation bien réelle puisque l'intérêt direct du propriétaire à réaliser les travaux est moindre ». Or ce dernier type de patrimoine (bâtiments agricoles, petit patrimoine religieux) est particulièrement vulnérable. En outre, et même si les sommes en cause demeurent encore modestes, le développement du « mécénat populaire » à l'initiative de la Fondation du patri-moine a su créer une dynamique de la part du public au profit d'éléments de patrimoine claire-ment identifiés; ① plus largement le mécanisme a permis une appropriation par le public d'un patrimoine jusque – là négligé.

Quant au mécénat pratiqué par les entreprises, il a contribué à financer de très nombreux projets, parfois spectaculaires. Il n'est pas toutefois pratiqué de manière homogène, et un rap-port parlementaire proposait d'impliquer davantage les petites et moyennes entreprises (PME), restées globalement à l'écart du phénomène. ② Il peut aussi être mis en œuvre de manière dis-cutable. C'est ainsi qu'il n'est pas rare que les grandes entreprises cherchent à obtenir des contre-reparties au regard des sommes qu'elles versent, contreparties qui peuvent apparaître comme ex-orbitantes et qui font dériver le mécénat culturel vers le parrainage publicitaire. ③ Quant au mécénat dit « de compétences », qui consiste pour une entreprise à apporter son concours en nature (sous forme de mise à disposition de main d'œuvre, de matériels de chantier, etc.), il peut aussi donner lieu à des pratiques contestables, consistant en l'attribution biaisée de marchés publics. ④

Ces comportements ne sauraient conduire à remettre en cause le principe de l'intervention des acteurs privés dans la gestion lato sensu du patrimoine. Il s'agit plutôt de parvenir, au moins dans certains aspects de cette gestion, à des relations mieux équilibrées entre acteurs privés et puissance publique.

2. La question des relations entre acteurs privés et collectivités publiques ne se présentent pas de la même façon selon qu'est en cause la protection du patrimoine naturel ou culturel.

En matière de patrimoine naturel, la protection peut se satisfaire d'un encadrement limité de la part de l'administration, ainsi qu'en atteste plusieurs exemples. La Fondation du patri-moine développe, même si c'est de manière moins visible qu'en matière de patrimoine culturel, son soutien financier à des projets d'aménagement ou de restauration d'espaces naturels, en priorité s'agissant des espaces protégés au titre du code de l'environnement; ⑤ l'importante loi Grenelle 2 du 12 juillet 2010 a manifesté sa confiance à ces institutions originales que sont les

---

① Rapport préc. Cour des comptes, p. 536.

② Assemblée nationale, rapport d'information n° 4358, 15 fév. 2012, p. 41 s.

③ Assemblée nationale, rapport préc. , pp. 35 ~ 37.

④ Assemblée nationale, rapport préc. , pp. 39 ~ 40.

⑤ Rapport d'activité de la Fondation du patrimoine, préc. , p. 25.

conservatoires régionaux des espaces naturels (CREN), constitués sous la forme d'associations de la loi de 1901, en leur donnant un fondement législatif officiel, et ces conservatoires assurent la gestion d'un grand nombre de réserves naturelles. L'Etat par contre entend défendre fermement sa présence lorsque des fonds publics sont en jeu. Tel est le cas des engagements souscrits par les titulaires de contrats Natura 2000, lorsque ces engagements font l'objet d'une rémunération par l'Etat. [1]

C'est sans doute cette fermeté qui fait défaut s'agissant de certains aspects de la politique de protection du patrimoine culturel. Plus exactement un meilleur encadrement de l'intervention des acteurs privés apparaît souhaitable. En matière de restauration du patrimoine culturel non protégé, la Cour des comptes fait remarquer que l'effort budgétaire de l'Etat, notamment par le jeu des déductions fiscales, reste important dans le fonctionnement de la Fondation du patrimoine, et qu'il conviendrait que l'action de cette dernière s'inscrive plus clairement dans les objectifs de la politique nationale du patrimoine non protégé. [2] Dans le domaine du mécénat culturel, afin d'éviter les dérives de certaines contreparties exigées par les entreprises, un rapport parlementaire propose de généraliser la pratique des « chartes éthiques du mécénat », chargées de définir un certain nombre de « bonnes pratiques » dans les relations entre certaines institutions culturelles publiques et les entreprises donatrices, grâce à un « bonus fiscal »: le taux de réduction d'impôt sera alors augmenté lorsque les libéralités seraient consenties à des structures dotées d'une telle charte, et que cette dernière serait agréée par le ministère de la culture.

*

* *

Le caractère beaucoup plus partenarial des relations entre acteurs privés et puissance publique est une tendance puissante qui gouverne la politique de protection du patrimoine tant culturel que naturel. On vient de voir que certaines adaptations pouvaient être proposées pour conserver à cette politique le caractère public indispensable à sa qualité et son efficacité. Le maintien du financement public en constitue l'autre condition nécessaire. [3]

---

[1] La circulaire (Ecologie) du 27 avril 2012 relative à la gestion contractuelle des sites Natura 2000 utilise un ton ferme : « ces engagements doivent s'inscrire dans la liste des mesures validées par le ministère en charge de l'écologie pour les mesures cofinancées par ce ministère ».

[2] Cour des comptes, rapport préc., p. 531.

[3] Sur les menaces qui pèsent sur la pérennité des financements publics, V. J. - M. Pontier, "Le partage du financement de la protection du patrimoine entre l'État, les collectivités territoriales et les personnes privées": *Rev. fr. finances publiques* 2013, n° 122, p. 53.

法律和制度视角下的文化遗产保护公众参与

刘爱河*

【摘要】保护文化遗产不仅需要政府的高度重视，也离不开广大民众的支持和参与。目前，我国文化遗产保护公众参与的整体水平还比较低，在很大程度上与相关法律法规和制度不够完善有关，因此，应通过完善法律法规，健全相关制度，并逐步加大引导和扶持力度，使公众参与有法可依、有章可循，运行更加顺畅，效果更加明显，逐步由非制度化向制度化方向转变。

【关键词】文化遗产；公众参与；法律法规；制度

"人类文化遗产是过去很多代人馈赠给现在和未来的珍贵礼物，它帮助后人去识别对与错、好与坏、事物的相关性和不相关性，以及时间的有限性和无限性。享受这一礼物对于世界的每一位公民来说，都是不可剥夺的权利，无论他（她）的地理位置、性别、教育，以及社会经济地位是怎样的。"[①] 作为人类的共同财富，文化遗产保护不仅需要政府的高度重视，也离不开广大民众的支持和参与。长期以来，我国的文化遗产保护基本上是政府主导的"自上而下"的模式，参与主体主要为专家学者和业内人士，公众参与的范围和规模都十分有限。近年来，随着文化遗产在社会生活中地位的凸显，党和政府对文化遗产事业的重视程度不断提高，进一步认识到动员更多社会力量参与文化遗产保护的重要性和必要性，已经在重要文件中明确强调要充分调动各方面的积极性来参与文化遗产保护，国家文物局已经出台《关于进一步发挥文化遗产保护志愿者作用的意见》（2010 年），对新形势下各级政府在组织、鼓励、尊重和服务文化遗产保护志愿者等方面提出了明确要求。随着文化遗产宣传普及工作的渐趋深入，越来越多的人开始关注文化遗产，对文化遗产的价值和文化遗产保护的重要性有了更深刻的认识，开始有了参与的愿望和热情。而且，随着民众个体意识的增强，必然要求在公共事务上具有更多的知情权与参与权，这无疑是公众参与文化遗产保护的必要前提。

---

* 刘爱河，中国文化遗产研究院副研究员，主要研究方向：文化遗产保护理论。

① ［加拿大］D. 保罗·谢弗（D. Paul Schafer）：《经济革命还是文化复兴》，高广卿、陈炜译，北京：社会科学文献出版社，2006 年，第 501 页。

但不容置疑的事实是，当前，我国文化遗产保护公众参与的整体水平还比较低，还不能适应文化遗产保护工作的整体需求。之所以如此，既有我国政治、经济、社会发展等多方面的因素，也有思想认识、制度建设、技术设计等方面的因素。其中，相关法律法规还不够完善、制度还不够健全、渠道还不够畅通是制约公众有效参与文化遗产保护的重要因素，对此进行深入剖析，有助于准确认识我国文化遗产保护公众参与的现状和面临的问题，从而有针对性改进加强，逐步提高我国文化遗产保护公众参与的制度化水平。

一、制约公众参与的法律和制度因素

《中华人民共和国文物保护法》（2002 年）第八条规定："国务院文物行政部门主管全国文物保护工作。地方各级人民政府负责本行政区域内的文物保护工作。县级以上地方人民政府承担文物保护工作的部门对本行政区域内的文物保护实施监督管理。县级以上人民政府有关行政部门在各自的职责范围内，负责有关的文物保护工作。"也就是说，各级人民政府、文物行政部门和有关行政部门是文物保护的主体。虽然第七条规定："一切机关、组织和个人都有依法保护文物的义务"，但对其权利没有明确的规定，这就意味着，公众在文物保护中的主体地位没有在法律上得到明确，这在很大程度上影响了公众参与文物保护积极性和主动性的发挥。而且，具体到诉讼的权利请求，一旦请求得到支持即具有强制执行力这一公众参与文物保护的有力手段而言，由于目前我国尚无专门的有关公众参与文物诉讼的规定，现行《民事诉讼法》、《行政诉讼法》又都要求原告与诉讼事由具有"直接利害关系"，阻滞了公众参与上述诉讼的通道。其中，《民事诉讼法》于 2011 年修订后，新增第 55 条有关公众参与民事公益诉讼的规定，但参与主体仅限于"法律规定的机关和有关组织"，公民个人暂无作为原告参与文物民事公益诉讼的资格；而其参与行政诉讼，则仍然受制于"具体行政行为相对人"（《行政诉讼法》第 41 条规定）这一资格规定，公众作为原告参与文物行政公益诉讼的大门尚未开启。

在我国环保领域，相关法律法规较为完善。《中华人民共和国环境保护法》（1989 年）规定："一切单位和个人都有保护环境的义务，并有权对污染和破坏环境的单位和个人进行检举和控告。"从权利和义务两方面明确了公众参与环境保护的法律地位。《国务院关于环境保护若干问题的决定》（1996 年）规定："建立公众参与机制，发挥社会团体的作用，鼓励公众参与环境保护工作，检举和揭发各种违反环境保护法律法规的行为。"进一步强调了公众在环境保护工作中的地位和作用。

在文化遗产保护领域，我国目前还没有公众参与的专项法规和地方性法规，有的地方性保护条例中虽有公众参与的相关条款，但还是一些原则性的规定，参与者享有的权利没有得到明确，条例中也没有具体的参与程序、途径、形式等较为详尽的说明，因而可操作性不强。在环保领域，2006 年，环保总局发布《环境影响评价公众参与暂行办法》，详细规定了公众参与环评的权利，规定了参与环评的具体范围、程序、方式和期限，保障了公众的环境知情权，有利于调动各相关利益方参与的积极性。有的省市已经出台了环境保护公众参与办法，如，沈阳市出台《沈阳市公众参与环境保护办法》（2005 年），山西省出台《山西省环境保护公众参与办法》（2009 年），昆明市出台《昆明市环境保护公众参与办法》。

动员更多社会力量关注和参与文化遗产保护，既需要法律法规的引导和支持，也需要相关制度的保障。制度滞后或缺失是造成目前公众参与水平较低的主要原因之一。目前，我国文化遗产领域立法的公众参与制度、保护规划的公众参与制度、政府信息公开制度、经济激励制度、举报投诉处理制度、业余文保员制度、社会组织和志愿者的组织管理制度等还不够健全，需要在今后的实践中不断建立健全。

二、提高公众参与水平的制度化途径

从现状来看，我国公众参与文化遗产保护制度化程度远远低于参与的制度化要求，因此迫切需要开辟制度化途径、提高制度化水平。政府的组织引导是提高公众参与水平的首要条件。从目前文化遗产事业与民众的关系以及民众日益增强的精神文化需求和参与社会事务的意识看，文物行政部门唱独角戏已经难以适应事业和社会发展需求，转变观念是形势所迫，大势所趋。当前，公众已经有了一定的参与愿望和参与基础，需要政府充分发挥主导作用，通过完善法律法规、健全相关制度等多种方式，不仅要明确公众参与文化遗产保护的权利和义务，还需要进一步明确参与的形式和途径，通过行之有效的规章制度逐步将公众引导到文化遗产保护的队伍中来，一方面可以使文化遗产保护的力量逐步壮大，另一方面也可以将公众参与向规范化方向引导。

（一）完善法律法规

完善的法律法规是公众依法参与文化遗产保护的重要依据。2011 年 6 月 1 日起施行的《中华人民共和国非物质文化遗产法》第 9 条明确指出："国家鼓励和支持公民、法人和其他组织参与非物质文化遗产保护工作。"第 14 条、20 条、36 条分别指出："公民、法人和其他组织可以依法进行非物质文化遗产调查"；"可以向省、自治区、直辖市人民政府或者国务院文化主管部门提出列入国家级非物质文化遗产代表性项目名录的建议"；"国家鼓励和支持公民、法人和其他组织依法设立非物质文化遗产展示场所和传承场所，展示和传承非物质文化遗产代表性项目"。这些条文有力地保障了公众依法参与非物质文化遗产保护。

为确保公众依法全面参与文化遗产保护，《中华人民共和国文物保护法》应确立"国家保护为主、社会共同参与"的文化遗产保护新体制，明确公众在文化遗产保护中的法律地位，对其权利和义务都应有明确的规定，而且要明确参与的途径和方式，确保公众在立法、调查、认定、监督、保护规划和设计等方面的知情权和参与权。条件成熟时制定文化遗产保护公众参与专项法规或条例，对公众参与文化遗产保护的权利、义务、范围、方式、程序、激励机制等做出全面系统的规定，确保公众参与权落到实处。各级政府和文物行政部门在制订或完善涉及文化遗产保护的法律法规时也应增加关于公众参与的相应条款，并做出具有可操作性的程序性规定。此外，在《民事诉讼法》、《行政诉讼法》等涉及公众参与包括环境保护、文物保护在内的公益诉讼的规定中，也应在就相关主体参与公益诉讼对司法的影响进行定量、定性分析的前提下，逐步放宽公众参与文物民事、行政公益诉讼的门槛，为个人和社会组织参与文物公益诉讼创造良性的法律环境。

（二）健全相关制度

"制度性参与是我国公民参与公共政策过程的主要途径，也是人民群众稳定、有序、有效地参与改革发展历史进程，发挥自身积极性和创造性的制度安排。因此必须研究和规范人们的参与行为，完善我们的参与制度。我们只有顺应人民群众参与积极性的不断提高，增加制度性参与的途径，创新制度性参与的方式，提高制度性参与的效率，才能满足人民群众的参与要求。"① 健全的制度则是公众有序参与文化遗产保护的有力保障，不断完善相关制度，拓宽参与渠道，可以有效促进公众参与水平的提高。

1. 建立文化遗产保护立法公众参与制度

《中华人民共和国立法法》（2000 年）第 5 条规定："立法应当体现人民的意志，发扬社会主义民主，保障人民通过多种途径参与立法活动。"因此，在文化遗产相关法律法规的制定过程中，应将公众参与作为其中一个必要环节。在前期调研中要充分了解民意，在编制过程中要充分吸纳民意，在试行过程中要广泛征集民意。只有开门立法，才能最大限度将公众的意见体现在法律法规中，提高立法的科学性、合理性和可行性；只有开门立法，才能使所立之法得到更多民众的支持，确保所立之法得到有效施行。

2. 完善保护规划公众参与制度

有明确目的和有针对性的参与是公众易于接受、而且能够取得实效的参与。保护规划的最终目的是要促进当地的文化遗产保护，促进当地居民生活的改善和提高，促进当地经济社会的发展。因此，应在历史文化名城（镇、村）保护规划、遗址保护规划等的编制和实施过程中全面引入公众参与，尤其是当地民众和利益相关者的参与。目前，有的地区在保护规划中已经引入公众参与机制并且取得了较好的效果，但大部分保护规划还处于封闭状态，因此，应将规划编制和实施中的公众参与以制度形式确立下来，并明确参与的程序，确保公众的知情权、参与权和监督权落到实处。

3. 建立社会组织培育制度

社会组织的发育和成长需要宽松的法律环境和良好的制度环境。各级政府应正确

---

① 李拓：《中外公众参与体制比较》，北京：国家行政学院出版社，2010 年，"导言"，第 8 页。

认识社会组织在文化遗产保护中的积极作用，把社会组织看作重要的合作伙伴，通过出台有利于社会组织健康、有序发展的相关政策，制定社会组织发展的目标和规划，拓展社会组织的活动领域与发展空间，建立政府与社会组织之间的沟通、协调与合作机制等措施，积极引导和扶持社会组织的成立和发展。各级文物行政部门要进一步转变政府职能，将部分职能转交给社会组织。社会组织既可以弥补政府力量的不足，降低政府工作成本，同时也是对政府部门工作的有力监督和促进，可以促使政府工作更加高效，有效地弥补"政府失灵"。政府应加大对文化遗产领域社会组织的财政支持力度，通过直接资助、项目资助、税收优惠等多种方式，支持社会组织更好地参与文化遗产保护。

对由政府部门成立的社会组织，要给予其更大的自由度和发展空间，只要有利于文化遗产的保护和利用，有利于调动广大人民群众的积极性，尽量放手社会组织去做，管得太多太死会限制其自由成长，久而久之社会组织便会失去活力，无法发挥其作为政府和公众之间桥梁和纽带的作用。对由民间力量创办的社会组织，政府一方面应通过表彰奖励等方式予以肯定和鼓励，另一方面应给予政策、制度、资金、技术、工作场所等必要的支持和帮助。在我国公民社会整体发展水平较低的现状下，这些组织的生存非常不易，但它们往往具有很大的发展潜力，其发起人及会员基本上都是对文化遗产高度热爱、有高度责任感的有识之士，他们为了保护文化遗产的共同目标走到一起，如果能给予一定的支持，定能更大地激发起他们保护文化遗产的热情，发挥社会组织更大的作用。另外，要大力鼓励和支持新组织的成立和发展，因为我国文化遗产领域社会组织的数量还很少，而大量的社会组织是文化遗产事业健康持续发展的重要基础和必要条件。

4. 建立文物保护员制度

文物保护员是很多省市已经在采用的一种弥补专业人员不足的重要方式，已经取得了不错的效果，有的省、市、县已经建立起了文物保护员（或业余文保员、义务保护员）制度。如，浙江省宁波市鄞州区早在 1976 年就在全国首创建立了业余文保员制度。河北省有近三十个县区建立了较完善的文物义务保护员制度，而且运行顺畅、行之有效。① 山东省枣庄市加大资金投入，组建文物保护员队伍，并将补助经费纳入市级财政预算。山东省日照市为全市所有市级以上无专门机构管理的文物保护单位依法聘用了文物保护员，逐步走上了规范化管理的轨道。2012 年，甘肃省文物局出台《甘肃省文物保护员管理办法（试行）》，为更好地发挥文物保护员的作用提供了重要的制度保障，专业管理与群众管护相结合的管理体制更加完善。目前，甘肃省共有各级群众文物保护小组 1500 多个，文物保护员 10000 名。省财政和部分市县财政每年拨出专款，用于解决省级文物保护单位文物保护员的报酬。

如果该项制度能得到普遍推广，逐步形成全国性的文物保护员制度，将热爱文物

---

① 毛保中：《第三次全国文物普查河北省工作一点体会和建议》，《中国文物报》2011 年 12 月 2 日。

事业、有志于为文物保护做出贡献的人员吸纳到文物保护的队伍中来，则可以构建起一个严密的保护网络，及时掌握各地保护和管理状况，尽早发现问题所在，以便及时上报，及时处理，这样可以大幅度提高各地文化遗产保护工作的透明度、群众的满意度和参与度。"为此，应由国家财政设立文物保护员补助专项经费，用于文物保护员的生活补助和工作条件改善；考虑到一些地区自然环境极其恶劣、破坏文物的违法犯罪形势严峻，也应当考虑为这些地区的文物保护员购买人身意外保险。为加强文物保护员队伍管理，提高文物保护员的荣誉感和责任感，由国家文物行政部门监制统一的文物保护员证照，各地文物保护员持证开展巡查工作。各级文物行政部门把文物保护员队伍的组建和管理工作作为日常工作认真开展。国家文物行政部门应当对各地文物保护员制度的落实情况予以指导、监督和检查。对在文物保护工作中业绩突出、事迹感人的文物保护员，国家文物行政部门应当建立荣典制度，加大宣传力度，定期予以表彰奖励。"①

5. 建立志愿者培育制度

志愿者是文化遗产保护中不可或缺的重要力量。目前，我国文化遗产领域的志愿者总体数量偏少，其中相当一部分为博物馆志愿者。为此，一方面应在全社会倡导志愿精神，另一方面应在加强文保理念的宣传，从政策、制度等方面给予志愿者一定的保障和激励。我国公民社会的建设是一个长期的过程，因此志愿者的培育也是一个渐进的过程。

国家文物局发布的《关于进一步发挥文化遗产保护志愿者作用的意见》对于志愿者来说是一个莫大的鼓励和支持。各级文物行政部门应以《意见》的发布为契机，充分肯定志愿者的工作成绩和重要作用，在全社会营造尊重和关爱志愿者的舆论环境；为志愿者提供更多学习、交流和沟通的机会，给予志愿者更多的业务培训和技术指导；为志愿者提供更多发挥作用的机会，将更多有志之士吸纳到文化遗产保护志愿者队伍中来；加强对志愿者的组织管理，使志愿者工作逐步向制度化、规范化方向发展；完善激励机制，如，把在文博行业志愿服务时间作为文博专业学生毕业考核的一个指标，或作为文物部门招聘工作人员的必需经历，以此来鼓励更多公众从事志愿服务。志愿服务对志愿者来说是学习和提高的过程，对行业来说是传播保护理念、培育后备队伍的过程，如果能通过合理的机制为志愿者搭建起有效的参与平台，志愿者队伍一定会不断壮大，成为文化遗产保护的重要力量。

6. 完善经济激励制度

资金不足一直是文化遗产保护面临的瓶颈问题，国家财政支持虽然有了大幅度增加，但仍远远无法满足实际需求，因此通过合理有效的机制将社会资金引入文化遗产领域是急需探讨解决的一个重大问题。完善经济激励制度或许是比较有效的举措。首

---

① 参见《关于落实文物保护员制度的提案》，2010 年 3 月 10 日，www. sach. gov. cn/tabid/1130/InfoID/23489/Default. aspx。

先应在全社会营造良好的舆论环境，对在文化遗产领域做出重大贡献的民营企业家或个人给予表彰和奖励。其次，应尽快制定相关的配套政策。对投资文化遗产保护的企业或个人、向国家捐赠文物者、民办博物馆的创办者等应给予税收、贷款、补贴等方面的优惠。此外，还可以借鉴各国经验，在某些领域实行免税政策，如"一些博物馆的房产税、土地税，遗产单位进口一些保护所需的建设物资时的进出口税、车船使用税，以及遗产地各种经营所得的营业税等，都应该在可以考虑免除的范围内"①。对保护和维修非国有文物保护单位者给予一定的经济补贴，以此来调动公众积极性，使更多的非国有文物保护单位也能得到妥善保护。

7. 建立信息公开制度

信息公开是公众参与的前提和基础，知情的程度在很大程度上决定着参与的质量。"公众参与本质上可以被理解为利益相关者和公众向行政过程输入信息的活动。这一活动的有效则需要涉及一系列的变量，如公众所输入信息的质量、可靠性、针对性、相关性等，这些变量均会对参与的效果产生影响。参与者在行动过程中，通过话语和行动向行政过程输入信息的质量，取决于其所获得的信息的广度和深度，因为在现代社会中，政府所管理的事务高度专业和复杂，同时政府又是相关信息的主要控制主体，因此如果政府信息不具有开放性，公众在很大程度上将失去参与的能力。"②

只有充分知情，公众才能决定何时参与，以何种方式参与；只有掌握了充分信息资源，公众才能准确了解政府的意图，从而有的放矢地参与，在深入思考的基础上为政府决策提供合理化建议。相反，如果没有充分的政府信息资源，公众参与只能流于形式，不会取得任何实效。久而久之，公众便会对政治冷漠，对参与社会事务失去信心，进而影响政治文明的进程和和谐社会的构建。因此，应增强文化遗产保护工作的透明度，及时、准确公开相关信息，提高公众参与的可能性、针对性和有效性。

由于公众对文化遗产的关注度明显提升，对文化遗产相关信息的需求日益旺盛，因此，各级文物行政部门及与文化遗产相关的行政部门应及时将各类信息，尤其是与人民群众生活密切相关的信息通过政府公报、政府网站、新闻发布会以及电视、广播、报刊、微博等便于公众知晓的方式公开，也要公布近期人们普遍关心的热点和焦点事件，以引起公众对文化遗产的关注，以点带面，逐步形成全民关注文化遗产的良好氛围。法律、法规授权的具有管理文化遗产公共事务职能的组织和与人民群众利益密切相关的文化遗产企事业单位也应参照《条例》第9条将相关信息向社会公开。

为更好地引导公众关注并参与文化遗产保护，各级文物行政部门不仅要及时发布政务信息，而且要开展网上交流，增强政府与公众的沟通和互动，有条件的文物行政部门要提供网上服务，提高网上办事效率。各级文物行政部门对公众的意见要积极回

---

① 任思蕴：《建立有效的文化遗产保护资金保障机制》，《文物世界》2007 年第 3 期。

② 王锡锌：《公众参与和行政过程：一个理念和制度分析的框架》，北京：中国民主法制出版社，2007 年，第 118 页。

应、及时反馈，让公众感觉到自己的意见得到重视，才会有参与的热情，才会表达自己的真实想法，否则，如果政府部门对公众的意见置若罔闻，使参与流于形式，公众必然会失去参与的兴趣和积极性，其结果只能是公众对社会事务的冷漠和对政府的抵触，这样，既不利于政令的推行，也不利于社会的和谐。

8. 完善举报投诉处理制度

随着人们文化遗产保护意识的提高，近年来，各级文物行政部门接到群众举报、投诉的违法违规案例逐年增加。为鼓励公众参与文物安全监督管理的积极性，应逐步完善举报、投诉处理制度。

首先，各级文物行政部门要设立举报、投诉电话和传真，并将电话号码和通讯地址向社会公开，使公众遇到违法违规情况时能及时与文物行政部门取得联系。

其次，文物行政部门对公众的举报、投诉信息应做详细记录，并根据举报、投诉者提供的信息及时组织调查，如果情况属实，要及时处理，并将处理结果反馈给举报、投诉者。

再次，要根据举报、投诉者提供信息的真实性，违法违规行为后果的严重性，举报、投诉人在案件处理过程中发挥作用的大小，酌情给予举报、投诉者一定的物质或精神奖励。

公众的监督是最好的监督。完善举报、投诉制度可以有效调动公众的积极性，使之真正发挥主人翁的精神，视文化遗产保护为己任，勇于与各类破坏文化遗产的行为做斗争，及时制止违法违规行为。相反，如果文物行政部门对公众的举报或投诉不闻不问，势必会影响公众参与的积极性，对文化遗产保护极其不利。

三、结语

当前是文化遗产事业发展的黄金机遇期，党和政府给予了前所未有的重视，地方各级政府对文化遗产保护的重视程度日益提高，各级文物行政部门在强力推进文化遗产保护工作，人民群众的保护意识也在逐步增强。公众参与文化遗产保护逐步成为自上而下的需求和自下而上的愿望。公众参与文化遗产保护的领域越来越广，形式越来越多，无论是哪种形式的参与，都显示出民众的文保意识在渐渐觉醒，参与社会事务的愿望渐趋强烈，这是社会发展的必然趋势，也是社会进步的重要表现。对文物行政部门来说，公众参与可以弥补人力和财力的不足，减轻政府压力；为决策者提供更加全面的信息，降低工作成本；使公共决策更加科学、合理，减少决策失误；提高公众对政府的信任度，缓解社会矛盾，促进社会和谐。对公众来说，参与本身就是一种美德。作为利益相关者参与，通过参加相关座谈会、听证会等，可以了解遗产保护相关政策和决策过程，及时发出自己的声音，维护自己的权利，同时还可以积累参与经验，提高参与技能，培养民主意识，提高民主能力。作为志愿者参与，则意味着无私的奉献和付出，"赠人玫瑰，手留余香"，通过参与，可以更深入地了解文化遗产的内涵和价值，感受文化遗产的魅力，从而激发起更强烈的责任意识和更大的参与热情；通过参与，可以充分施展个人才华，发挥个人作用，更好地实现人生理想和价值。

为确保公众参与健康、有序发展，各级文物行政部门应顺应文化遗产事业发展的趋势和公众的参与需求，逐步完善相关法律法规，确保公众可以依法参与文化遗产保护；健全各项相关制度，使公众参与逐步向制度化方向发展；针对不同领域不同需求提供不同的参与形式，设计不同的参与程序，而且要及时跟踪问效、及时反馈，确保参与取得实效；在文化遗产保护重大事项中全面引入公众参与机制，使各类决策更为科学，公众对文化遗产保护的认同度更加提高；从政策、资金、信息、技能等多方面给予支持，使公众参与的积极性更加提高，参与渠道更加顺畅，参与效果更加明显；努力搭建便捷、高效的参与平台，使公众和政府能够及时沟通、有效互动，政府的需求为公众所了解，公众的愿望为政府所知情，通过有效参与实现政府和公众双赢。

在文化遗产保护领域，政府责任固然重要，公民责任亦不可少。当前，已经有不少有识之士意识到公民在文化遗产保护中的责任并勇于担当，而且，随着全社会民主意识和文化自觉的提高，必定会有越来越多的人自发地加入到保护文化遗产的行列中来，因此，我国文化遗产保护正在迎来一个"公众参与时代"。

文化遗产保护公众参与是一项系统工程，需要诸多方面的配合。公众的保护意识和民主意识是参与实现的基础条件，政府的引导和支持是参与实现的关键因素，法律法规和制度的完善是参与实现的可靠保障。公众参与的发展和完善是一个循序渐进的过程，与社会政治、经济、文化的发展密切相关，需要长期的引导、支持、鼓励和规范，倘若政策合理、制度健全、措施得力，定能获得长足发展，产生良好影响。从长远考虑，公众参与文化遗产保护可以在很大程度上提高国民的文化素养，增强文化自觉和文化自信，从而提升国家的文化软实力，促进国家综合实力的提升。在当前文化大发展大繁荣，文化遗产事业蓬勃发展，人民的精神文化需求日趋旺盛的形势下，引导更多公众参与文化遗产保护无疑具有重要的现实意义和深远的战略意义。

La réflexion sur la participation du public à la protection du patrimoine culturel en Chine

Liu Aihe

Résumé：La protection du patrimoine ne relève pas seulement de la responsabilité du gouvernement, elle dépend également du soutien et de la participation du grand public. A l'heure actuelle, une législation incomplète freine le développement de la participation du public à la protection du patrimoine en Chine. Afin de légaliser et de développer la participation du grand public, il faut améliorer la législation existante et renforcer le soutien d'Etat.

Mots clés: le patrimoine culturel, participation du grand public, législation, régime

浅谈公众参与文化遗产保护的重要性及权利基础

张英琦*

【摘要】文化遗产是一个地区乃至国家文明发展的重要见证。其既是对历史的继承，也是不同历史阶段中人类活动所形成的文化多样性的重要记录载体。人在不同阶段的参与活动直接影响到文化遗产的形成及保存状况。本文先就文化遗产保护、公众参与等概念进行了阐述，并对国内外公众参与文化遗产保护的法律法规及具体情况进行简述。继而通过对我国文化遗产保护的一些事件的梳理，归纳出公众直接参与、公众间接参与这两种普通民众参与保护文化遗产的方式，并论述了公众参与文化遗产保护的必要性，及在其保护过程中所扮演的重要角色。通过对其重要性的认识，探讨了如何完善相应的法律法规以保障公众参与文化遗产保护的权利，并呼吁政府及遗产管理相关单位对公众的参与采取一种更为积极与民主的态度，在制定保护规划的策略时能够允许民众参与，并逐步建立成熟的公众参与机制。

【关键词】公众参与；文化遗产；保护；参与方式；法律保障

随着近年来经济发展以及城市化进程的加快，人们对于文化遗产保护及其重要性的认识也不断加深。对于其保护的形式，由来已久的模式是由政府作为主导者，自上而下地进行分配及引导各项保护工作的开展。而应当贯穿整个保护工作过程的公众参与及监督这一重要部分，却往往被忽视。

一、公众参与和文化遗产保护

何谓"公众参与"？"公众参与"泛指社会群众、社会组织、单位或个人作为主

* 张英琦，女，1984年生，天津大学建筑学硕士，现就职于中国建筑设计研究院建筑历史研究所。主要工作方向：文化遗产保护规划、申报世界文化遗产项目、遗址公园保护规划等。主要项目：1. "丝绸之路：起始段与天山廊道"申遗系列管理规划，2012年；2. 汉长安城未央宫片区遗址公园详细规划，2012年；3. 良渚遗址总体保护规划，2011年；主要成果：1.《市井中的人文景观——明清过街牌坊文化探赜》，收录于《纪念中国营造学社成立80周年国际学术研讨会会议论文集》，2009年；2.《建筑遗产保护中几个重要概念考辨》，硕士毕业论文，2010年；3.《保护与修复？——试论〈威尼斯宪章〉中译本对核心概念理解上的偏差》，收录于《中国建筑文化遗产2》，天津大学出版社，2011年。

体，在其权利义务范围内有目的的社会行动。从法律层面来看，其源自西方，指在涉及公共利益的社会经济活动中，公众应在享受法律保障的基本权利（如：平等权、知晓权、处置权等）的基础上更广泛地行使民主权利（如：决策权等）。① 可以说，从政治、文化、经济等社会的方方面面来看，公众参与的普及性及其过程中享受到的民主待遇和基本权利的保障程度，亦可以反映出一个国家文明发展的高度和民主化进程的深度。

在《保护世界文化和自然遗产公约》中，"文化遗产"被定义为：从历史、艺术或科学角度看具有突出的普遍价值的建筑物、碑雕和碑画、具有考古性质成分或结构、铭文、窟洞以及联合体；从历史、艺术或科学角度看在建筑式样、分布均匀或与环境景色结合方面具有突出的普遍价值的单立或连接的建筑群；从历史、审美、人种学或人类学角度看具有突出的普遍价值的人类工程或自然与人联合工程以及考古地址等地方。扩展开来，与居民活动关系更密切的可能是一个村落、一段历史街区、一个遗址公园，或者一座古城，这些饱含文化特征的建筑群及构筑物在承担着持续其功能使命的同时，也正遭受着城市化进程中的一些新政策的冲击。显而易见的是，在进行文化遗产保护规划，实施保护措施的过程中，政府及相关文物管理部门担当主要执行者，公民的知情权和舆论舆情都被束之高阁。

二、国内外公众参与文化遗产保护概况

马克思说："没有无义务的权利，也没有无权利的义务。"对于文化遗产来说，公众不仅仅是创造者，更应该积极参与到其保护传承活动中，他们既应该有参与有关政策制定的权利，还应有对危害文化遗产的行为进行监督和制止的义务。缺少人类活动参与的不可移动文化遗产，诸如历史街区及古城，都会失去其本身作为历史文化载体及传承人类文化多样性的意义。

（一）国外公众参与文化遗产保护的情况

公众参与到文化遗产保护活动中，不仅需要积极性与自发性，更需要有相关法律法规的支撑及基本权利的保障。就相应的法律而言，国内外的情况有着不小的差别。在国外，尤其是西方诸多国家，在民主自由思想的长久影响下，公民对参与遗产保护活动的重要性，可见于诸多法律中。如《西班牙历史遗产法》中序言部分便提及"在民主国家，国家遗产应由公众适当使用……"；其在第 9 条中明确规定"……是不可移动财产的，有关部门应了解开始阶段的公众舆论，有关的市议会亦应听取这方面的反映。"在日本的《文化财保护法》中，同样存在关于"公众参与"的规定，如第三部分提及"如果保护组织在其保护范围之内对重要文化财产进行修补，应事先听取该财

---

① 方可：《当代北京旧城更新调查研究探索》，北京：中国建筑工业出版社，2000 年，第 114 页。

产所有人（所有人下落不明的除外）或占有人关于修补方法和修补时间的意见。"日本古都的一般居民也具有很强烈的保护意识，在当地专家的协助、政府的支持以及各种保护组织、团体机构的号召下，更主动地参与到文化遗产保护过程中。在美国，文化遗产保护运动具有更曲折的历史，但近两个世纪以来，总体遵循了两条独立的发展之路——民间组织路线与政府机构路线：[1] 民间组织的工作是筹款来保护独立的重点地标建筑；政府主要工作则是保护国家公园、自然景观及地形地貌。其民间非政府组织的行动能够得到从当地政府、州政府到联邦政府的各级政府机构彼此的相互协同工作及支持配合。[2]

（二）国内公众参与文化遗产保护的情况

我国由于近现代社会局势动荡，政权更迭，政体多变，对文化遗产的保护主要依靠有思想及主动性的民间团体及个别学者。而政府作为执行主体而有所作为，并真正对文化遗产实施官方性、系统性、大规模的保护工作还是在改革开放之后。鉴于其起步较晚，时间较短，对比诸多西方国家在法律中关于公众参与文物保护的程序的明确规定，在我国大部分相关法律中，有关公众参与的表述较为笼统，而且并未明确赋予公众相关的权利。与公众参与文化遗产保护最直接关联的是 2007 年第二次修正后的《文物保护法》，其中一笔带过公民对于保护文化遗产的义务："一切机关、组织和个人都有依法保护文物的义务。"（第七条）只提及义务，而对于具体权利的赋予，没有提及只字片语。

在与城市发展建设相关的《城乡规划法》中，我们却可以找到有关公众参与的章节，如第 2 章第 26 条规定："城乡规划报送审批前，组织编制机关应当依法将城乡规划草案予以公告，并采取论证会、听证会或者其他方式征求专家和公众的意见。公告的时间不得少于三十日。组织编制机关应当充分考虑专家和公众的意见，并在报送审批的材料中附具意见采纳情况及理由。"另外，在第 4 章第 46 条中指出："省域城镇体系规划、城市总体规划、镇总体规划的组织编制机关，应当组织有关部门和专家定期对规划实施情况进行评估，并采取论证会、听证会或者其他方式征求公众意见。组织编制机关应当向本级人民代表大会常务委员会、镇人民代表大会和原审批机关提出评估报告并附具征求意见的情况。"由此可见，《城乡规划法》中提升了公众参与规划编制的地位，但更多时，也仅停留在做城市总规时向公众征询意见，而在诸如古城保护、历史街区保护项目实施阶段以及后期管理过程中，鲜有公众参与的机会。法律中较为笼统的条文及程序的不完整性制约了公众参与活动的深入开展。

---

① Norman Tyler. *Historic preservation: an introduction to it's history, principles, and practice*, New York: W. W. Norton &Co., 2000, p. 33.

② 汪丽君，舒平，侯薇：《冲突、多样性与公众参与——美国建筑历史遗产保护历程研究》，《建筑学报》（北京）2011 年第 5 期。

其外，在国内相关的行业准则中，权威性高、影响力大的是由国际古迹遗址理事会中国国家委员会制定，国家文物局推荐的《中国文物古迹保护准则》，其开宗明义，于第一章总则中指明"保护必须按程序进行。所有程序都应符合相关的法律规定和专业规则，并且广泛征求社会有关方面的意见……"（第5条）而且在《关于〈中国文物古迹保护准则〉若干重要问题的阐述》第2-4-4条中，更具体提及"应当加强对公众的宣传教育，动员全社会参与保护文物古迹。鼓励、引导建立群众性保护组织，制订保护本地文物古迹的乡规民约"。这条的阐述明确指出公众参与的必要性，并提倡政府对民间保护组织进行正确引导，但纵览全文，主旨还是着眼于对于文物古迹的修缮原则和保护工程的操作流程，尚缺少公众参与的形式构想。

三、公众参与是文化遗产保护的重要组成部分

事实上，尽管我国的法律法规需不断完善，政治文明建设也有待加强，但长久以来，居民早已以各种方式参与过或正在参与文化遗产的保护。其主要参与方式大体可分为直接参与与间接参与两类。

（一）公众直接参与文化遗产保护

直接参与是指公民长久以来生活在如历史古城、历史街区中，或其主要生活行为会干预某处遗址或者建筑遗存。我国是有悠悠历史的文明古国，各个时期遗留下来的文化遗存遍及华夏各地，祖祖辈辈生活在这些地域上的人，世世代代守护传承着具有当地特色和华夏民族特色的文化。

2008年入选《世界遗产名录》的世界文化遗产福建土楼，其是世界上独一无二的集居住和防御功能于一体的山区居民建筑，不仅体现了聚族而居的根深蒂固的中原儒家传统观念，更体现了聚集力量、共御外敌的现实需要。自成功申遗后，土楼的知名度得到显著提升，从而加快了当地旅游业的发展，带来了显著的经济效益。但随着社会的发展，国力的强盛，土楼已失去抵御外敌的作用，并且家族聚居的形式已经不为现代人所留恋，特别是年轻一代，喜欢大家庭的生活方式的人更是凤毛麟角。对诸如土楼这类的文化遗产保护，不仅是要保护其建筑主体，它所承载的历史积淀，代表的生活生产方式作为一种附加的非物质文化遗产，同样需要关注。而这种非物质文化遗产的传承，更需要居民的参与行为。福建省政府在近日公布了土楼相关的保护规划，也为土楼今后的保护和利用提供更具实际操作性的依据。[1] 公众的直接参与，是规划得以顺利执行的必要条件：对于民俗活动，民间非物质文化技艺，鼓励原住民进行传承及传播；在传统节日能够延续举行节庆、婚嫁、祭祀等公共活动；提高居民的参与性

---

[1] 张甜甜：《福建规划保护土楼鼓励原居民住户留在土楼内生活》，载中国新闻网站 http://big5. china. com. cn/gate/big5/culture. henan. china. com. cn/focus/201303/P71285QZEX. html，2013年3月1日访问。

与文化认同感，加强居民的使命感，逐渐形成自觉保护的意识和氛围，无形中成为了文化遗产最重要最直接的保护者。

同样作为世界文化遗产，容纳大量原住民直接参与的，还有安徽西递、宏村徽州古村落、丽江古城、平遥古城等，申遗之后带来更多旅游业的冲击，使得诸多居民开始做店铺生意。严格意义上讲，这可能使得部分古建筑性质产生改变，原本的传统内部空间环境也遭到破坏甚至消亡，但其之所以较完整保留下来也大多因为地处偏僻，经济相对落后。如果过分限制了百姓的收入模式，那会使得大量居民荒弃或者变卖老宅，外出至规模较大的县城或城市谋求发展。会迫使政府对文化遗产的保护另需寻求人力，并投入专门看护建筑遗存的财力。而若能够在政府部门对文化遗产不断投入保护专项资金的条件下，鼓励原住民以开旅馆、农家乐、售卖特产及做导游等各种方式留在遗产地成为遗产守护者，并增加收入、有效地控制其过度开发，则可改善其生活质量，实现双赢。同时能及时听取居民的意见，建立反馈机制。对于住宅影响到遗址，需要拆迁以便考古及后续保护工作更好开展的，在对居民进行物质补偿的同时，提供就业机会，让居民守护家园，继续作主人公，让文化遗产在人的活动下时时充满生机，而不是仅仅是冷寂的空建筑，这也许是现阶段对文化遗产最好的保护方式。

（二）公众间接参与文化遗产保护

如果说公众直接参与文化遗产保护是在政府的引导下进行的一种保护行为，那么间接参与则更多地需要公民自我行为的约束与自身素质的提高。我们最常见的能够影响到文化遗产的间接参与方式有短时间影响和长时间影响两种。短时间影响是指旅游观光之类的行为，在文化景点可能做短暂停留，对其影响较小。但鉴于文化遗产种类繁多，在对诸如石窟、壁画类文化遗产景点，或珍藏字画等文物的博物馆进行参观时，闪光灯的光波波长会对壁画、丝帛、彩漆等材质的高分子结构造成破坏，因此很多景点规定禁止使用闪光灯对文物拍照。若公众在参观中能够遵循规定，不碰触珍贵的塑像，有意识地爱护祖先留下的珍贵财产，自觉地去减小对文物的影响，对延长其寿命是多有裨益的。

对于短暂停留的游客，由于停留时间短，对文物的潜在破坏较小。更多的威胁存在于长期活动于文化遗产地范围内的公众。北京是个饱含文化底蕴，拥有众多文化遗产的古都，但譬如晨练之类日益密集的活动影响到文化遗产的保护是个不争的事实。笔者曾在世界文化遗产天坛公园看到，从清晨开园始，晨练健身的人络绎不绝，戏曲声、歌声、舞曲声此起彼伏。公园中的红墙、青砖都属于文化遗产，而古树也属于文物保护的范畴。公众能够积极健身原本无可厚非，但有些活动已经干预到遗存本身：有对着祈年殿红墙打壁球的，也有对着古柏拍打健身的，还有在从东门进入通往祈年殿最主要的一条浏览通道——长廊里唱歌跳舞的，其声音之巨大、时间之持久，对遗存造成一定的负面影响，也破坏了天坛原本肃穆、静谧的环境，使游人来此地已无法体会到天坛本身庄严的历史氛围。尽管为疏导此类晨练健身者，并妥善解决此类现象，公园管理人员曾劝导公众到东北处修整过的外坛活动，其略远离主要参观景点祈年殿，并配好了公众休息的设施，但由于执法权的缺失，劝导结果收效甚微。

在其他文化遗产地也有类似不文明事件频频发生，如几个月前发生的故宫博物院清代铜缸被刻"到此一游"事件，无独有偶，更有甚者，还发生了颐和园南湖岛涵虚堂云龙望柱被盗的案例。对于世界文化遗产，保证其整体性的延续是最重要的一点，而构成其整体性的部分，不仅包括庙堂大殿，精心保存的字画塑像，更包含了殿外风吹日晒的那些不可或缺的构筑物。仅是在世遗范围内就曾发生过诸多不文明的破坏现象，而对于国家级文保单位甚至更低一级的更多遗存的保护状况则更令人担忧。由此可见，公众的间接参与并不像直接参与那样认为自己的生活与文化遗产的保护息息相关，而多是以看客和旁观者的身份忽视了自身的行为对遗产保护产生的影响。而其实，不去破坏，即为保护。从道德层面约束自己，从法律层面完善奖惩制度，更好地对公众进行宣传教育，让"人人都是文保者"的意识深入人心。

四、充分保障公众参与文化遗产保护的权利

（一）完善法律法规，加强政府及遗产管理者的引导

从我国现状出发，未来的文化遗产保护工作仍需要更多公众的参与，而提升公民参与的法律地位及权利是亟待解决的问题。逐步完善法律程序，从而赋予并保障公众在文化遗产保护中能够行使参与权、知情权等各种权利，并对破坏文保工作的情况有检举权。在文物部门进行管理规定、制定保护规划时，应该建立在一种民主的背景下，全面了解公众的想法及提议，而不仅仅是走形式。在各类法规与计划的制订中，应逐步建立公众参与的具体步骤，完善方式方法。如建设单位计划在文物古迹周边的建筑控制范围内建设新项目，在其向规划主管部门申请规划许可证前，应该主动请规划主管部门主持开展座谈会，邀请有关利害人，特别是附近居民群众与会进行讨论，悉心征询并参考公众的意见。规划审批阶段的评审过程需要公开透明，并及时在媒体公示，以接受社会监督。

如在历史文化街区进行保护更新的过程中，任何保护规划、设计、措施在实施前都必须得到原住民和相关利益群众的首肯。北京老城区已启动了类似的试点项目，在胡同改造中，只要是居住在社区的居民都有发言权。规划师及建筑师也会参与到每个街区改造中，但其只起咨询、保证建筑安全的作用，至于房子的装修样式及用途，均仍遵循居民意见。①

（二）培养保护意识，提升民间组织的重要地位

在生活水平普遍提高的今天，对于物质的热衷追求往往造成人们的传统文化修养有

---

① 陈斯：《胡同改造需居民投票拍板》，载北青网站 http：//fzwb. ynet. com/3. 1/1302/22/7841505. html，2013年2月22日访问。

所欠缺，从学校的教育体制来看，也存在弊端。如何加强不同年龄阶段公民的保护意识，提高人们的觉悟，需要学校在课程设计中融入并普及保护知识，并通过媒体的影响力，加强宣传，及时报道有关文化遗产保护的政策新动态，引起社会全方位的共同关注。

同时，政府应对 NGO 采取更积极肯定的态度，提升其影响力，NGO 作为民意的传声筒，是值得推崇的机构形式。其应主要吸纳热衷文化遗产保护事业的社会各方人士，在得到政府扶持和引导的前提下起到向社会的宣传作用，通过其号召力为文化遗产保护募集社会资金，并作为公众的文保"先锋队"，实时监督政府有关文保活动的各种新动态，加强与政府间的交流，在政府与公众间建起沟通的桥梁。

文化遗产保护是一项漫长而持续的事业，仅靠城镇文保及规划部门的保护及管理是不够的，"众人拾柴火焰高"，我国的文保事业应在政府的正确调控及引导下，以及 NGO 及普通公众的共同努力下，不断寻求具有中国特色的公众参与遗产保护的新模式。只有在一个法制健全、政府倡导、言论相对自由的环境下，公众才能更主动、更深入、更积极地参与到文保事业中。

La participation du public à la protection du patrimoine culturel

Zhang Yingqi

Résumé：Le patrimoine culturel est le témoignage de la civilisation d'un pays ou d'une région. L'action humaine infuence directement la formation et la conservation du patrimoine. Après une brève présentation de la notion de patrimoine culturel et de patricipation du public et des législations national et étrangères, cet article présentera les patricipations directe et indirecte du public à la protection du patrimoine afin de réveler leur importance. Reconnaitre le role important du public permet d'améliorer la législation existante pour garanitr les droits du public dans la protection du patrimoine. Il faut aussi prévoir la consertation lors de la conduite du projet d'aménagement et de protection.

Mots clés：patricipation du public, patrimoine culturel, protection, modalité de patricipation, garantie juridique

论自然遗产保护中的相邻权

马明飞 *

【摘要】 自然遗产保护中的相邻权问题与传统相邻权相比，其内涵和外延都呈现出了扩大化的趋势。自然遗产保护中相邻权的冲突主要表现在资源利用、经营权、土地权属等方面。我们可以借鉴其他国家相关制度来解决这一冲突，同时，近年来出现的社区参与管理模式也为我们解决冲突提供了一个新的思路。

【关键词】 自然遗产；相邻权；法律保护；社区参与管理

自然遗产保护与当地原住居民之间的矛盾冲突，一直是困扰保护行动的重要问题之一。相邻权是民法上的一项重要制度，自然遗产保护区与原住居民之间的相邻关系，是否属于民法上相邻权的调整范围？我们能否用相邻权制度来解决自然遗产保护与原住居民之间因相邻关系而产生的矛盾？从目前各国的立法实践来看，当原住民的建设或开采活动对自然遗产保护区构成潜在威胁时，通常有相关的法律、法令对此进行规制。然而，在自然遗产的保护过程中，经常为了保护自然遗产而不得不牺牲当地原住居民的合法利益，这个时候如何来补偿原住居民的损失，却在立法上无章可循。保护自然遗产固然重要，但原住居民的合法权利同样值得关注和保护。近年来，一些国家越来越意识到这一问题的重要性，由原住居民参与管理的社区经营模式得到蓬勃发展，相关的补偿机制也得到确立。处理好自然遗产保护区与原住居民的相邻关系，不仅是自然遗产保护可持续发展的需要，也是构建和谐社会所必须面对的命题。

一、自然遗产保护中相邻权的界定

相邻关系源于古罗马法中的地役权。在古罗马时代，土地最初为公有，后归家庭

---

* 马明飞，男，1980 年 7 月生，辽宁丹东人，中美联合培养博士，法学、管理学双硕士，国家公派留学人员。2010 年毕业于武汉大学国际法研究所，曾先后获奖学金赴美国杜克大学法学院、荷兰海牙国际法学院、荷兰阿塞尔国际法研究所、德国马克斯·普朗克国际私法与比较法研究所、国际统一私法协会（罗马总部）、"台湾"东吴大学法学院研究和学习。现为大连海事大学法学院副教授、硕士生导师。主要从事自然遗产保护法、海洋法研究。

基金项目：教育部人文社会科学研究青年项目（11YCJ820078）

私有。为了实现土地的使用价值，所有者需要利用相邻的土地，相邻关系由此产生。传统意义上的相邻关系指的是相互毗邻的不动产之间的相邻关系，即两个或者两个以上的相互毗邻不动产使用人或所有人，在行使不动产的所有权或者使用权时，因相邻各方应当给予便利和接受限制而发生的权利义务关系。① 相邻关系从权利的角度，又可称为相邻权，即不动产的所有人或使用人在处理相邻关系时所享有的权利。在处理相邻关系时，相邻各方应本着方便生活、有利生产、团结互助、公平合理的原则，协商解决、互谅互让。

　　然而，经济的不断发展、社会的不断变迁，使得自然遗产保护中的环境污染问题日益突出。与自然遗产相邻的居民或工厂，带来了很多垃圾、噪声、灰尘、工业废物等，这些都对自然遗产的生存带来了严重的威胁和挑战。与此同时，为了保护自然遗产，当地政府经常通过颁布法令，对周围的居民住房或工厂进行拆迁，虽然这一行为的目的旨在保护自然遗产，但与此同时也使得周围的原住居民失去了家园或工作，周围被拆迁的工厂遭受经济损失。对这些利益受到侵害的居民或企业进行合理的安置和补偿，既关系到社会秩序的稳定，也关系到自然遗产保护的效果。虽然传统意义上的相邻权在自然遗产保护过程中发挥着重要的作用，但是随着新的经济行为和法律关系的出现，传统意义上的相邻权已显得力不从心。

　　随着环境问题的日益突出，相邻权制度也开始朝着有利于环境保护的方向来发展。传统意义上的相邻权在自然遗产保护领域，无论是内涵还是外延都发生了变化。首先，相邻范围扩大。在自然遗产保护中，由于地理的整体性、环境的生态性，自然遗产保护区的生态环境，与周围的区域息息相关，"相邻"的内涵也得到了扩展。依照德国法学者 Herschel 的观点，由于不可量物侵入的到达距离延长，凡其侵入领域均被认为是相邻。随后修改的《德国民法典》也规定不可量物侵害确定是相邻关系上的问题，体现了相邻概念已被扩大。其次，调整范围的扩大。传统意义上的相邻权仅调整相邻不动产之间的经济关系，然而在自然遗产保护过程中，除了经济关系以外，还涉及自然遗产的环保权、原住居民的安宁权、居住居民的舒适权等与环境和人身密切相关的非经济关系。可以说自然遗产保护中的相邻权是经济关系与和人身关系的复合，是法律价值与道德价值的双重体现。在环境保护相邻权中，主要考虑的不是怎样利用环境要素才更具有经济效益，而是怎样才能满足人类生存的基本需求。② 再次，权利侵害行为的多样性。随着经济的发展、科技的进步，侵害相邻关系的行为也更加复杂，既可能是直接侵害行为，也可能是间接侵害行为；既可能是生产经营活动，也可能是日常生活行为，既可能是一次污染所致，也可能是复合污染所致，这就使得侵害行为更加隐蔽、更加难以判断。最后，停止妨害请求权内涵更为丰富。传统意义上的停止妨害请求权主要是要求对方为一定行为或不为一定行为。而在自然遗产保护相邻权中，请求

① 王利明：《民法》，北京：中国人民大学出版社，2000年，第203页。
② 吕忠梅等：《环境资源法学》，北京：中国法制出版社，2001年，第132页。

权的内涵更加丰富，既可以要求侵害行为人为一定行为或不为一定行为，也可以要求行为人恢复原状、迁移、赔偿损失或采取补救措施等。传统意义上的妨害请求权以当事人民事权益遭受侵犯为产生的前提，而自然遗产保护相邻权中的请求权则则往往以妨害超过或可能超过忍受限度为前提，而无论其行为是否合法。

可见，在自然遗产保护中，相邻权的内涵和外延都已发生了变化，其扩张是源于环境权的产生和加入，在自然遗产保护相邻权中，关注的不仅仅是经济关系，更重要的是环境保护、人与环境的和谐相处以及自然遗产保护的可持续发展。

二、自然遗产保护中的相邻权冲突

由于自然遗产相邻权除了涉及经济利益外，还涉及人身利益、环境利益，不同的利益主体有着不同的利益诉求。而在现实生活中，这些不同的利益诉求存在着矛盾和冲突。自然遗产的保护要求保持遗产的原真性与完整性，因此任何影响自然遗产生存的行为都是被禁止的。而与自然遗产相邻的原住居民为了生存，需要利用自然遗产保护区内的自然资源，例如需要打井取水、伐木生火、开采矿石、狩猎动物等；对于有些原住居民，特别是土著居民，可能打猎和采摘是他们最主要的生活方式。具体而言，自然遗产保护相邻权的冲突表现为以下几个方面：

（一）原住居民资源利用与自然遗产保护区的冲突

许多自然遗产保护区建立在当地原住居民祖祖辈辈赖以生存的土地之上，他们在这里垦山种茶、采伐开矿、采药捕猎、挖沙取土，这些经济活动已成为原住居民日常生活的重要组成部分。然而为了自然遗产，管理机构颁布了许多禁止性规定，例如《湖南省武陵源世界自然遗产保护条例》第 12 条规定："禁止采伐、损毁保护区内的林木植被。"第 17 条规定："在保护区内，禁止开山、采石、采矿、挖沙、烧砖瓦、烧石灰，禁止围堵填塞河流、溪流、湖泊、山泉、瀑布，禁止采集化石、抽取地下水以及其他可能损害地质地貌的行为。"为了保护自然遗产，这些禁止行为固然重要，但是生活在武陵源地区的居民世世代代都是过着靠山吃山的生活，可以说这一保护自然遗产的法规是以牺牲原住居民的一定利益为代价的。原住居民的这些生活方式，在自然遗产保护规定颁布之前是合法的，而出于保护自然遗产的需要，这些行为却被法律所禁止，因此就这造成了双方的现实冲突。

保护自然遗产虽然无可厚非，但是，是不是为了保护自然遗产就一定要禁止所有相邻原住民的相关经济活动呢？考察国外相关立法，我们可以发现，虽然这些立法无一例外地禁止上述经济活动，但是这些禁止并不是绝对的，也就是说，这些立法都规定了例外的情形，即根据动植物的生长或生产周期，允许原住居民在特定的时间、特定的地点，对特定的动植物物种进行采伐或捕猎。这一举措既保护了自然遗产，又在一定程度上满足了原住居民基本的生活需要，可以说是一举两得。就特定时间而言，以《美国阿肯色州自然保护区 2009 – 2010 狩猎规定》为例，该规定对捕猎的时间作出了严格的限制，规定"在日出 30 分钟前，日落 30 分钟后，禁止任何打猎行为"，"禁止在 4 月 1 日至 5 月 15 日期间，利用猎犬进行打猎"，"禁止在 3 月 1 日至 5 月 31 日期间对鱼类进行捕捉"。这些日期上的规定，都是根据动物的作息规律和生长周期来制定的，具有科学性，在立法上更具有指导性。就特定地点而言，该规定"禁止在距离城市或乡村边界 150 英尺内进行狩猎活动"，"禁止在距离住宅 50 码内进行狩猎"。同时该规定还制定了许可制度，即狩猎者必须拥有颁发的许可证，如果违反上述规定，将会被扣以相应的点数，例如在禁止期内使用猎犬将被扣除 9 点，捕捉濒临灭绝的物种将被扣除 30 点。而任何人如果累积扣除 30 点时，将被吊销许可证，并且 3 年之内不许重新申请。可以说，这些规定既保护了自然遗产，又满足了居民生活的需要，达到了双赢的目的。

（二）原住居民与自然遗产保护区经营权的冲突

由于自然遗产的权属大多归为国有，在经营方式上多采用所有权与经营权相分离的模式，虽然各国普遍采用承包租赁、特许经营等方式，由私人来进行经营，但这些私营者往往并不是当地的原住居民，而是来外来的投资者，甚至可能是国外的投资者。这些外来投资者的加入使当地的原住居民的利益受到了挑战，许多当地居民经营的旅馆、餐厅等经济实体面临着竞争，甚至排挤，当地居民非但没有从中获利，利益反而蒙受损失。以加拿大国家公园为例，加拿大国家公园周边地区的旅游服务设施大多为外地商人投资修建，一些大型饭店的工作人员也大部分聘请外地人而非当地人，许多消费品一般也直接从外地采购。因此，当地原住居民不一定能从经营活动中获得期待的经济收益，国家公园周边旅游服务的经济收益中相当大的一部分流入到外地人而非当地人的手里。① 以武陵源自然遗产保护区为例，1992 年武陵源区主要街道武陵大道的 40 平方米左右的商业铺面租金不过 3000 元/月，随着外来投资的不断涌入，商业铺面的租金也随之越炒越高，1995 年升至 5000 元/月，1998 年升至 6000 元/月，而 2003 年刚升至 8000 元/月，许多当地居民对此价格望而生畏。

构成保护区与原住居民经营权上冲突的根本原因是保护区的管理机构同时拥有管理权与经营权，尽管管理机构经常采用管理权与经营权相分离的模式来进行经营，但势必会维护其所选定的经营者。保护区的管理机构与经营者实际上是处于同一个利益集团，与原住居民站在同一起跑线上竞争。管理机构既是规则的制定者，同时其所选定的经营机构在经济实力上又具有明显的优势，这就造成了不公平的竞争结果。相同的经营项目，保护区选定的经营者有很多的优惠，而原住居民则处于弱势，经营权的不公平，是自然遗产保护区与原住居民相邻关系冲突的一个焦点。

---

① 王连勇：《加拿大国家公园规划与管理》，重庆：西南师范大学出版社，2000 年，第 123 页。

（三）原住居民与自然遗产保护区因搬迁而产生的冲突

在自然遗产被认定前，许多居民祖祖辈辈已经在此生活了百年，甚至几个世纪，而一旦被联合国教科文组织认定为自然遗产，为了保护的需要，许多原住居民不得不面临着需要搬迁的境遇。这一情况尤其是在东南亚地区更为明显，许多自然遗产或备选的自然遗产都已经有人居住的历史，如何有效地解决原住居民的搬迁问题，是主管部门面临的最棘手的问题之一。例如在泰国的 Ranong 红树林保护区①，有 3 万多人口居住在该保护区周围，并环绕着保护区形成了农业区、渔业区和其他生产区，为了保护红树林保护区，政府下令要求部分居民进行搬迁。同样的情况还存在于越南 Can Gio 红树林保护区，居住在 Can Gio 保护区的人口估计有 58000 人，他们主要以农业、渔业、水产业和盐业为生，这些居民也同样需要搬迁。原住居民因搬迁问题而与当地政府产生利益冲突，使自然遗产管理部门无力招架。

更为重要的是，搬迁问题还会引发一连串需要解决的社会问题：1. 被迫搬迁的居民如何安置；2. 被要求搬迁的居民的损失如何进行补偿；3. 搬迁后的就业问题如何解决，因为大部分居民都是以保护区作为生存基础，过着靠山吃山、靠海吃海的生活。如果仅依靠政府的行政命令或强制措施，非但不能有效地解决问题，反而会激化矛盾。因此，搬迁问题应建立在平等协商的基础之上，通过有效的补偿机制来弥补原住民的损失，同时对于搬迁后的生活区建设应进行合理规划，对于搬迁后的生产生活应进行帮助或有效引导，否则将会引发许多社会问题。以北京潭柘——戒台风景名胜区为例，该保护区为了保护自然景观的需要，对部分居民实施了搬迁，在搬迁过程中进行了小城镇建设为主的安置措施，实现了城镇建设与自然遗产资源相协调发展。在城镇化建设过程中，一方面实行基础设施和公共设施建设先行，在改变农村旧的生产生活方式的同时，强调环境保护和节约能源；另一方面，对搬迁居民的生产生活方式进行引导，改变了原住民原有的生活方式。

（四）原住居民与自然遗产保护区因土地权属而产生的冲突

原住居民与自然遗产保护区的土地纠纷主要表现为权属不清。虽然大部分国家法律规定，自然遗产保护区归国家所有，但也有部分自然遗产保护区归集体或私人所有。例如美国的国家公园大多数属于国家所有，也有部分的自然保护地和历史纪念地为私人所有。在成立自然遗产保护区时，许多土地的使用权拥有者全部或部分地放弃了自己的权利，将这部分权利交给国家或地方政府，由自然遗产保护区管理主体代表国家或地方政府来行使管理权。由于土地权属的不清，在自然遗产保护区内又含有集体所

---

① Ranong 红树林保护区拥有一个面积达 30000 公顷的沿海红树林区和海洋生态系统，该区与两个国家公园连在一起，形成了一个连续的包括从山区生态系统到沿海海洋生态系统的生物栖息地保护区。该区于 1999 年被列入生物圈保护区计划，它拥有 75740 公顷重要的红树林保护区，包括淡水和海水种类。

有的土地,而这些土地的使用权又是由自然遗产的管理机构来行使的,这就导致了土地权属的纠纷。例如,广西贺州市滑水冲自然保护区,缓冲区与实验区山林权属为居民组所有,社区居民在区内进行种植、开矿、砍伐等活动,与保护区管理目标背道而驰,但在目前情况下保护区又无力制止。锡林郭勒国家级草原自然保护区同样因为没有土地使用权证,以至于无法建立足够面积的核心区,保护区实际管理面积仅占保护区总面积的1.7%。

而在加拿大阿尔伯塔省的"野牛跳"自然遗产保护过程中,因土地权属产生的冲突却因为双方达成共识而化解。阿尔伯塔省的"野牛跳"遗址于1981年被联合国教科文组织授予自然遗产的称号,该遗址的所有权归卡尔德伍兹和德尔斯奇斯两大家族所有。两大家族的族长认为,保护这些自然遗产是他们的神圣使命,因此他们不愿意开发这些考古资源。然而"野牛跳"对于研究土著人几百年前的生活方式,却有着重要的科研价值,许多科学家对此很感兴趣。后来卡尔加里大学的考古研究机构向阿尔伯塔省政府提出建议,希望政府利用其宪法权力对该遗址进行保护。最后省政府同意了这一主张,并和两大家族进行了协商,最后达成了共识,并颁布了相应的法案。该法案对两大家族的所有权进行了限制,使得"野牛跳"遗址在最大保护的前提下,得到了最大限度的开发。

三、自然遗产保护中相邻权冲突的法律救济

自然遗产保护中相邻权的冲突严重影响了自然遗产保护与当地原住居民的和谐发展,给自然遗产保护带来了很多的隐忧。自然遗产保护立法中存在的最主要的问题就是保护区与社区居民协调发展的问题。① 在国外的立法中,已有一些成文的法律制度可以用来解决自然遗产保护过程中的相邻权冲突。

(一) 美国的妨害制度

在美国环境法领域中,妨害行为是最常见的侵权行为。根据《布莱克法律词典》里的解释,妨害是由于相邻人无根据地、不合理或不合法地使用其不动产或动产,而导致其他人的权利或公共利益受到妨碍,或因此而产生损害而带来实质上的不便、烦扰或伤害的侵权行为的集合。在种类上,妨害可分为公共妨害和私人妨害。两者区别的依据是所影响的是公共利益还是私人利益。

当自然遗产保护区侵犯到当地原住居民的合法利益时,原住居民可以请求法院发布永久性禁止令或中间性禁止令来停止侵害行为,保护自己的利益。在决定是否发布禁止令时,法院会将双方的利益进行比较来裁量。由于原住民受到的损失要比排除自然遗产保护区所造成的社会效用的损失要小,因此法院一般不会支持原住居民要求发

---

① 王曦,曲云鹏:《简析我国自然保护区立法之不足与完善对策》,《学术交流》2005年第9期,第50页。

布禁令的请求，但在有些情况下法院仍会发布禁令。美国的一条基本理念是：如果认定存在妨害请求，一方当事人证明造成了重大损失，法院就应该批准禁止令。① 当原住居民的利益因为自然遗产保护区的建设蒙受损失时，如果要自然遗产保护区停止建设，可能会造成更大的损失，这时如果颁布禁止令，显然在利益上无法平衡。因此在美国的妨害制度中，法院通常倾向于采用"代替性赔偿"或"部分排除侵害"等具有调解性质的新型责任制度，而允许继续经营，但前提是在不涉及重大生态环境利益和受害人生命健康的情况下，目的是为了尽量保护产业的发展，同时又不失社会的公平和正义。但是，当相邻者为企业而并非个人时，可能双方的利益都是巨大的，牺牲任何一方都可能使其遭受巨大损失，在此情况下，保护自然遗产的公共利益显然要重于私人利益。例如，1978 年美国田纳西流域管理局诉希尔案，根据《濒危物种法》的规定，最高法院为了保护濒危的蜗牛鱼而最终停止了已经耗费数百万美元巨资的特立特水坝工程。

（二）补偿机制的建立

无论是自然遗产保护区因经营权与原住居民产生的冲突，还是因搬迁权与原住居民产生的冲突，原住居民的利益都无一例外地受到了严重的损失。随着整个社会法律体系的完善和公民法律意识的增强，遗产地的土地所有者和土地占用获利者之间因占地补偿的经济纠纷便不断产生，甚至有愈演愈烈的趋势。② 因此，应当在立法中，建立相应的补偿机制，来平衡双方的权利与义务。

在美国的国家公园法律体系中，就建立了明确的补偿机制。在《阿拉斯加国家利益土地保护法》中规定："当非联邦土地已经确定需要获取，管理局将通过各种努力与土地所有者在购买价格上达成协议。如果达不成协议，管理局将按照权威机构和国会对该单位的决定，进一步采取措施。但不论怎样，这种情况时应对土地所有者采取补偿措施。"同样，在我国台湾地区也有相应补偿机制的建立，由于一些矿业开发公司在玉山国家公园瓦拉米地区进行爆破、修路等活动，影响了该地区生物多样性的保持，破坏了生态平衡。为了实现保护国家公园的目标，确保自然资源的永续利用，玉山国家公园管理处与矿区主管机构和矿主协调，依法将瓦米拉地区的矿区划定为禁采区，并对矿主进行适当补偿。通过立法的方式，明确补偿机制，可以有效地弥补原住居民利益上的损失，化冲突为和谐、和解与合作，实现自然遗产保护的可持续发展。

（三）公力救济

当自然遗产保护区与当地原住居民因相邻关系产生纠纷时，以平等协商的方式解

---

① ［美］约翰. E. 克里贝特等：《财产法：案例与材料》，齐东祥等译，北京：中国政法大学出版社，2003年，第576页。

② 张晓等：《自然文化遗产对当地农村社区发展的影响》，《旅游学刊》2006 年第 2 期，第 17 页。

决纠纷既省时又节约经济成本。然而，相对于自然遗产管理机构，原住居民无论是在经济上，还是政治地位上都属于弱势群体，为了更好地保护其利益应赋予其公力救济的权利。

在美国的国家公园的相关法律体系中，就有相应的诉讼制度，为美国公民维护其权利提供了一条公力救济的途径。该诉讼制度规定如果任何美国公民或机构，根据国家公园体系的相关法律，认为国家公园管理局的某项管理行动是错误的并侵犯了其合法权益或在应该采取行动的时候未采取行动，他们都可以对美国国家公园管理局提起诉讼。例如在保护红杉树国家公园（Red - wood National Park）的行动中，相关的利益团体认为该国家公园所做出的规定超出了其在自然资源保护方面的权限，其禁止狩猎、捕鱼的措施违反了法律规定，牺牲了该团体的利益，于是该利益团体提起了诉讼。

四、解决自然遗产保护中相邻关系的新模式——社区参与管理

法律救济虽然可以补偿利益受损害者的损失，但都是事后救济，而且法律救济会消耗双方当事人大量的时间和经济成本，可能会导致双方关系的僵化。因此，法律救济虽然可以亡羊补牢，但却不能防患于未然。近年来，欧美国家开始尝试一种新的自然遗产管理模式——社区参与管理模式，来对自然遗产进行经营和管理。社区参与管理是以社区的资源、需求和决策为基础的一种管理模式，是自然资源保护和可持续利用的关键。所谓社区管理，即社区居民以管理者的身份参与到自然遗产的管理当中，形成政府、自然遗产管理机构和社区居民三方共同管理、互相监督的管理模式。而这一模式当中，最重要的就是社区居民与政府、经营者之间的利益分配问题，社区参与管理试图实现三方利益的均衡，相互制约，避免矛盾和冲突的产生。

学者们也对这一管理模式进行了研究，研究最多的是美国，其次英国和德国。在2007 年召开的世界自然保护联盟大会上，也将社区管理作为一个主题进行专门讨论。社区管理模式试图在政府与经营者之间，寻求第三方利益主体的介入，从而约束政府与经营者的过度开发、忽视当地居民的行为。于是欧美学者开始构建自然遗产保护区所在居民共同参与的社区经营模式，Martin Cihar 和 Jinriska Stankova 将社区居民作为利益相关者之一，与政府、经营者等其他利益相关者进行了比较，分析了不同利益相关者的利害关系，并得出结论，认为社区居民是介于政府与经营者之者的利益相关者，可以起到监督的作用。[①] Jeffery M·Sanders 分析了纪念碑谷部落公园（Monument Valley Tribal Park）与钦利——绮丽峡谷国家遗迹（Cany de Chelly National Monument）在规划和管理上的不同。前者面向社区居民积极推行特许经营权，注重社区居民的需要，将社

---

① Martin Cihar and Jinriska Stankova, "Attitudes of Stakeholders Towards the Podyji/ThayaRiver Basin National Park in the Czech Republic", *Journal of Environmental Management*, 2006, p. 273 ~ 285.

区居民纳入到员工的名册之中，而后者则是一个失败的例子。① Ryan L·Marone 认为，社区居民接受管理措施的前提是必须让他们获得实际利益。William M·Adams 和 Mark Infiel 讨论不同利益主体对自然遗产旅游项目收入的争夺，提倡将自然遗产旅游收入的一小部分分给当地的社区民众，以满足他们的需要和需求，弥补他们因国家公园创建而受到的经济损失。

社区参与管理模式的产生使得自然遗产的管理在决策的制定、利益的分配、责任的承担等方面都发生了变化，这一模式也对增加就业，解决原住居民与自然遗产保护区因相邻关系而产生的冲突提供了新的方法和思路。

Les droits liés aux zones adjacents au patrimoine naturel

Ma Mingfei

Résumé：Le conflit entre la protection du patrimoine naturel et les habitants qui vivent dans la réserve naturelle pose un grand problème de la réalisation de l'action de protection du patrimoine naturel. Les droits liés aux zones adjacents aux immeubles sont un régime important dans le droit civil, la relation entre l'espace naturelle protégée et les habitants qui y vivent est – elle régie par ce régime? On peut l'utiliser pour résoudre les confits nés de cette situation?

Ces droits concernent les intérêts économiques, les intérêts personnels et les intérêts environnementaux. Il existe d'une contradiction entre ces différents intérêts. La protection du patrimoine naturel doit respecter le principe de l'authenticité et de l'intégralité du site, donc toutes les activités humaines nuisent le patrimoine naturel sont prohibées. Les habitants qui vivent dans la réserve naturelle pour s'alimenter doivent utiliser les ressources situées dans les zones de protection. Par exemple, creuser un puits, abattre les bois pour avoir le feu, exploiter les mines et faire la chasse etc. La chasse et la cueillette constituent la principale mode de vie pour les habitants, spécialement pour les habitants autochtones. De manière générale, le conflit se manifeste de manières suivantes: le conflit entre l'utilisation des ressources et la protection du patrimoine naturel, le conflit entre la gestion de l'espace naturelle protégée et les habitants, le conflit né de déménagements des habitants pour la protection du site naturel, ainsi que le droit de propriété à

---

① Jeffery M Sanders, "A Comparative Study of the Planning and Management of Monument Valley Tribal Park and Canyon de Chelly National Monument", *Landscape and Urban Planning*, 2006, p. 171 ~ 182.

l'égard des habitants et la réserve naturelle.

Ces droits liés aux zones adjacents au patrimoine naturel posent un grand problème à l'égard de la relation harmonieuse entre les habitants qui y vivent et le site naturel, ils nuisent aussi la protection du patrimoine naturel. La législation sur la protection du patrimoine naturel doit accorder la priorité pour trouver un équilibre entre la protection de la réserve naturelle et le développement des communautés locales. Dans les législations étrangères, certaines ont prévu des régimes pour résoudre ces confits.

L'assistance juridique peut indemniser les dommages, mais elle n'est pas préventive. Elle est aussi gouteuse. Ces dernières années, les pays occidentaux ont trouvé un nouveau moyen de gestion – la participation des communautés locales à la gestion – – pour administrer le site. La participation de la communauté locale est une gestion basant sur les ressources, les besoins et les décisions de la communauté locale, elle est la clé de la protection des ressources naturelle et de maintenir leur utilisation durable.

原创条例、 部落治理与文化发展

蔡志伟*

【摘要】台湾《原住民族基本法》建立的与现代政府治理体系平行的特殊原住民族自治和特殊权利法制在提升原住民族对其文化的主体自觉方面做出了贡献，但如何在现代法制社会与原住民族传统社会之间找到适当的衡平，如何有效实践原住民族自治，赋权原住民族建构以传统文化为核心的部落模式，并支持原住民族传统世界观与习惯法及部落组织的法制化，仍然是需要研究的课题。在这一方面，《原住民族传统智慧创作保护条例》的出台是一个有益尝试，其所保护的文化成果之表达，依靠部落治理的运作得以获得维续；此外，该条例所保障的传统智慧创作内容是原住民族文化权的载体，理解该条例中赋予原住民族的一系列文化权利的及其对于原住民族文化发展的意义，必须在纳入作为原住民族核心价值及其世界观的两项基石——身份与文化的基础上进行，只有这样，才能真正确立原住民族的文化主体性，真正促进传统文化的保存与发展。

【关键词】《原住民族传统智慧创作保护条例》；原住民族；部落治理；文化主体性

前　言

　　台湾原住民族过去在历经两代时间的"民族同化"与"社会融合"之"山地平地化"的发展，已经"暂时性地"遗忘依据传统文化以及据此发展政治组织的能力，同时反而习惯资本主义自由市场经济的竞争模式。[①] 如何使原住民族再次慎思其自身发展的主体性思考，以及以"传统文化与习惯规范"为核心价值的原住民族部落治理建构，《原住民族基本法》建立了与既有现代政府治理体制平行的特殊原住民族自治法制的典范。[②] 在原住民族特殊权利（sui generis）法制与固有权原则下，本研究以为，如何有

---

　　*　蔡志伟（Awi Mona），台北教育大学教育经营与管理学系暨文教法律硕士班副教授。

　　①　廖文生：《台湾山地社会经济结构性变迁之探讨》，硕士学位论文，台湾大学社会学研究所，1984 年，第215 页。

　　②　黄居正：《传统智慧创作与特殊权利——评析"原住民族传统智慧创作保护条例"》，《台湾原住民族研究季刊》2010 年第 3 卷第 4 期，18 ~ 24 页。

效实践原住民族自治赋权其建构以传统文化为核心的部落模式，并支持原住民族传统世界观与习惯法及部落组织的法制化，换言之，如何赋权原住民族传统组织制度文化的民主本质，明确原住民族部落治理权力建构与经济发展机制之权能的界限，是构建部落作为文化经济自治体实践之关键。

复以，为保护原住民之传统智慧创作，促进原住民文化发展，台湾"立法院"于2007 年 12 月 7 日完成《原住民族传统智慧创作保护条例》（下称原创条例）的"立法"。该条例确立原住民族传统文化与智慧创作表达成果之法律保障，并创设一项特殊权利类型与内容，以作为原住民族传统文化与经济发展的基础。再者，原创条例第 7 条规定，智慧创作专用权人依认定标准定其归属，或为特定部落、或为特定原住民族、或为全体原住民族。因此，本条例所保障之原住民族传统智慧创作权利的使用、收益、管理与授权等各事务，既系以原住民族或部落为其治理范畴，重新回复蕴之于原住民族内部的秩序与确认其主体文化之意涵为目的，实在有必要在《原住民族基本法》与《原住民族传统智慧创作保护条例》的架构下，以原住民族传统智慧创作之管理作为实践范例，建构部落自主管理文化经济资源之治理模式，以作为原住民族文化经济自治体之部落内部实践。

一、原创条例与部落治理

从原住民族传统习惯法律与部落治理的关联性来说，原住民族传统文化与习惯法律形构本有传统部落治理的规范制度，其内涵系植根于部落社会和政治组织互动和控制的历史模式。① 这些规范系统通常包括几个世纪以来，渐次形成与发展的社会运作模式与议决机制，以及一般行为的传统准则，确认原住民族维续并发展本有系统之部落治理。

原创条例第 6 条与第 7 条之规范架构，确认智慧创作专用权人之权利主体，按其传统智慧创作内容，可分别由部落、原住民族或全体原住民来取得。其次，原创条例第 10 条第 3 项针对智慧创作专用权之行使规定，强调应以特定民族、部落或全部原住民族名义，专有使用及收益其智慧创作之财产权。再者，关于智慧创作财产权之授权，原创条例第 13 条亦系以智慧创作专用权人——部落、原住民族或全体原住民作为授权主体。综合前开各项条文之说明，原住民族传统智慧创作的权利本质，系以集体权的形态而存在当无疑义。本条例所保障之原住民族传统智慧创作权利的使用、收益、管理与授权等各事务，既系以原住民族或部落为其治理主体，重新回复内蕴之原住民族内部秩序与确认其主体文化之意涵当为主要目的。

传统智慧创作之内容，按原创条例第 3 条所例示，包括原住民族传统之宗教祭仪、

---

① 以排湾族为例的说明，请参见童春发：《探讨排湾族习惯法中有关正义的概念与实践》，《台湾原住民族研究季刊》2003 年第 6 卷第 4 期，3～8 页。

音乐、舞蹈、歌曲、雕塑、编织、图案、服饰、民俗技艺或其他文化成果之表达。为能探究原创条例与部落治理之互动关联性，本文意欲证立原住民族传统文化成果表达，实系作为部落治理主体之体现。论者有谓，原住民族传统智慧创作与现代智慧财产之基本差异仅具"年代"上的差异，指出原住民族传统智慧创作与现代的创作具有相同的本质，只是因其年代久远，无法受现行法制保护，故必须特别予以保障而已。持此论点者的主要问题在于，如果二者的本质并无差异，那么特殊的保护将失其正当性，只是"权宜"，无法为特殊制度的建立提供完整的说理基础。

从原住民族人权的国际建构来看，联合国《原住民族权利宣言》第 11 条确认："原住民族有权信守和振兴其文化传统与习俗。这包括有权保留、保护和发展其文化过去、现在和未来的表现形式，如古迹和历史遗址、手工艺品、图案设计、典礼仪式、技术、视觉和表演艺术、文学作品等。"宣言第 31 条亦确立："原住民族有权保存、掌管、保护和发展其文化遗产、传统知识和传统文化的表现形式及其科学、技术和文化的表现形式，包括人类的遗传资源、种子、医药、有关动植物群特性的知识、口授传统、文学作品、设计、体育和传统游戏、视觉和表演艺术。他们也有权保存、掌管、保护和发展自己对这些文化遗产、传统知识和传统文化表现形式的智慧财产权。"前开两项条文所揭示的规范价值，即在肯认尊重和增进原住民族因其政治、经济和社会结构及其文化、精神传统、历史和思想体系而拥有的固有权利，系以原住民族社群文化、信仰和社会身份认同之生存与永续发展为导向。[①] 换言之，原创条例所保护之文化成果之表达，依靠部落治理的运作得以获得维续；部落治理架构的正当性，透过传统智慧创作的文化镶嵌，得以获得证立。

本研究透过田野工作的执行，以拉劳兰部落小米祭仪文化复振，理解部落治理建构的设计原则，包括：网络治理模式、传统习惯领导统御和代表系统的正当性、阶层化决策、事权与责任、内部文化治理、共享治理、制度与规则的文化正当性。小米的种植巩固了部落的社会阶层性。头目是部落重要的领导者，在小米的各种岁时祭仪中，头目都扮演重要的角色。在前祭时，头目必须在家中祭祀诸神，而部落小米的收成皆要纳贡给头目，头目再将小米给予部落中需要的族人，其过程中的祭仪大多由头目与祭司一同主持，而族人必须听从头目的指示，此亦反映出在部落中社会地位的不同。小米所有代表的不只是温饱的意义，亦是拉劳兰部落文化的基础。Sakinu Tepiq 的研究中写道：

> 小米从 2 月初播种到结穗、采收，为期将近 100 天左右的时间内，部落男人垦地、守护部落、部落头目祝祈，妇女则播种并照顾小米，妇女间还会因此形成互相帮忙农事的工作团队。到小米可以采收的季节，不分男女一起采收小米……该

---

① 林柏年：《论原住民族智慧权保障机制之建构——以"原住民族传统智慧创作保护条例草案"为例之探讨》，《原住民教育季刊》2004 年第 35 期，58~60 页。

采收后的小米要举行入仓仪式，先送到田里的工寮，再送到祖灵屋，祭拜完后，才可以拿回家储放，等到隔年开始使用。忙完小米采收后，部落男人集中到男子会所，开始进行过去一年以来的训练成果验收，也为即将来临的小米收获祭开始进行准备工作。①

从前述的说明中，我们可以理解拉劳兰部落早期生活以小米为中心，进而发展出配合小米的相关活动，并建立了部落里的部落组织、性别、年龄层的工作分工，各扮演其角色与地位，彼此进退有节、相互扶持、形成延绵不绝的循环体系。

以赛德克族传统部落的世界观（worldview）为例，说明传统智慧创作作为集体权性质与部落治理之关联。传统部落表达族人所拥有的广泛世界的认知，是源于族人长时间对于这个世界所累积的独特经验，因此这个世界观其实是会跨越政治、经济、语言、社会与文化等的藩篱，即指的是一个"广泛世界的观念"。透过它，部落成员可以理解这个世界并且与它互动。因此传统赛德克族部落的世界观，即与其所认知的世界相关，即包含人与天、地、人的三种关系，而人跟天、地、人的关系，则仰赖部落成员所遵循的 Gaya 来维系，Gaya 之所以形成皆与 Utux 的灵力有关，而 Gaya 也是把人导向正面发展的一个力量，这个力量源自于 Utux。②

天机指人与 Utux（祖灵）的关系，赛德克族人相信世界万物是由专门织造万物的织神（Utux Tmninun）所织出来的，因此织神（Utux Tmninun）将人织到什么时候，人的生命就到什么时候，不会多也不会少，人得善终死即回到祖灵的家。人生命的延续完全由 Utux 掌控，猎物也是由 Utux 赐予的，所以赛德克族人是一个敬天畏神灵的民族。

地则指人与土地环境的关系，耕作采烧垦轮耕的方式，不过度开发山林资源，是与山林相互依存的关系，另外土地的界限是部落族人相当严守的分际，不会超越界限，因为 Utux 时时照看大地。人不能贪心越界，否则 Utux 必会惩罚，这也是族人要遵守的 Gaya。

人与人之间的关系维系，在于 Utux 的教导，人必须敬畏神灵，因此祖先所教导的话语即成为族人必须遵守的 Gaya，Gaya 规范了所有的亲属关系、姻亲关系、与朋友关系，人如果违犯了 Gaya，必受 Utux 的惩罚。Gaya 也规范了人如何守护家园，所以男人有严谨的狩猎 Gaya，而女人也知道该如何照顾家庭。

复以赛德克族传统文化组织及其运作方式来看，传统部落的文化组织，主要以仪式、狩猎、技艺的学习与传承为主。仪式可分为传统祭仪、生命礼俗、治病仪式等。传统祭仪大都是由家族传承的祭奠，其组织皆是百年来固有的组织与传承方式，主要

---

① Sakinu Tepiq（戴明雄）：《从拉劳兰部落总体营造探讨社区宣教事工》（拉芬兰小米田复原与小米文化产业发展计划书），校范学博士班论文，台南神学院，2008 年，第 25～26 页。

② Awi Mona（蔡志伟），《从传统技艺、历史记忆的田野调查初探赛德克族文化权的未来发展》，《原住民族文化传播学刊》2011 年第 1 期，82～83 页。

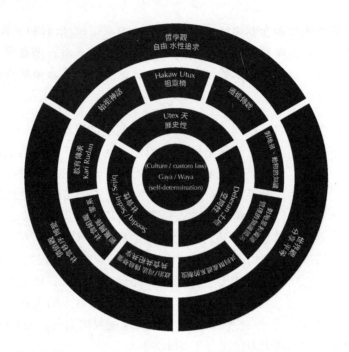

是以家族的老人来决定其成员及其继承的方式，其运作的方式则是由部落族人邀请仪式家族来进行，仪式家族认为可以进行仪式，则会进行准备及施行仪式。在狩猎文化上，传统猎团的组织是以仪式语言以及饲养猎狗的团体，或者按照个人意愿作为可能的猎团组织成员，其传统的运作的方式是在农闲时期组织召集猎团成员，决定参加这次狩猎的成员，以及决定狩猎的时间，由猎团的老人经过占卜之后即成行。占卜的仪式行为，分别由老人的占卜决定重要之事；另外也有个人的占卜行为，以求判断这次狩猎的吉凶丰收等。再者，技艺的传承上，传统藤编及织布等行为模式，其传承的方式皆是由老人的实际经验来教授。[①]

前揭文化部落文化组织的内涵，延伸说明传统赛德克族部落公共事务运作方式，是以家为单位，家中长者则是决定是否参与公共事务处理的重要决定者，决定之后再由家中的长者指派参与公共事务的家族成员，或者是对公共事务提出意见。其次，传统部落公共事务争议纠纷解决之机制，以意见领袖带领相关人员的讨论为主要的方式，而且这个机制不是以多数决，或是举手表决的现代方式议决，而是只要尚未达成共识，或是有人反对，即表示这样的争议与纠纷仍不能达到妥善解决的状态，因此必须继续讨论这个争议与纠纷，直到任何一方均无争议。对于违反 Gaya 的纷争，只要是事实确凿，部落任何一个人都可以议论，或者是要求其他有力人士一起议论此事并要求赔补，直到违反 Gaya 的人愿意对部落做赔补的仪式。[②]

---

① 邱韵芳，《狩猎、山林与部落"产业"：走进一对赛德克父子的生命史》，《民俗曲艺》，第 169 期，2010 年，53～59 页。

② Awi Mona（蔡志伟），《从传统技艺、历史记忆的田野调查初探赛德克文化权的未来发展》，84 页。

从前述有关排湾族与赛德克族传统社会文化与部落组织的田野调查资料来说，原住民族集体性的特征显现在部落具有共同的历史经验、亘古以来的领域连接、共享的族群认同或起源、文化同质、语言类同、共同的宗教信仰或精神传统与世界观、共享的政治、社会与经济属性，以及主观上作为一个独特群体共享未来而存在的共同信念，并凭借传统智慧创作的文化成果表达而外显。

二、原创条例与文化发展

原创条例第 1 条确立该法之目的在保护原住民族之传统智慧创作，促进原住民族文化发展，条文内容明确揭示传统智慧创作与文化发展之关联，惟吾人又该如何理解？本研究提出再次深究原住民族之定义的方法，作为论证原创条例与文化发展相关性的起点。

Jose Martínez Cobo 凭借理解原住民族过往被侵略与被殖民的历史为研究发端，对于"原住民族"的概念提出下列的阐释。

> 原住民族社群（communities）、部族（peoples）与民族（nations）系指在被侵略和殖民地化以前于其领域上发展的社会，而目前在该领域中不同于处在支配地位的社会阶层或其一部分的其他阶层者。他们在现时点上未居于统治阶层，但有其固有文化模式、社会制度及法律体系，并依此作为民族存在的基础，且决意保全、发展其祖先的领域及种族认同，并将其传承给将来的世代者。[1]

申言之，"原住民族"的概念具有历史面向，因此强调与前侵略（pre - invasion）和前殖民（pre - colonial）社会的历史延续（historical continuity）；其次，"原住民族文化具有显著性，"原住民族"由于前揭二项特征，导致成为国家社会结构中，未居于统治阶层的被支配社群（non - dominant sectors of society）；此外，"原住民族"概念的理解，特别强调集体性与主体性的建立，显现在其特殊的世界观（worldview）与社群认同（ethnic identity），并受到原住民族多元的集体文化系统所规范，在传递原住民族传统文化与世界观的同时，伴随着保护文化完整性之义务。另外，Erica - Irene A. Daes 亦从集体权与原住民族文化发展的观点，在其有关"原住民族及其与土地之关系"的研究报告中，对于原住民族的内涵作了如下的归纳：（1）原住民族与其土地、领域以及自然资源有着深厚密切的关系；（2）这种关系具有重要的集体意义；（3）这些关系的世代传递攸关着原住民族的认同、生存以及文化命脉，[2] 换言之，原住民族与土地及所有生命有机体的关系，所形成之传统智慧创作内容，是原住民族社会存在的核心。

---

[1]　U. N. Comm'n on Human Rights, Study of the problem of discrimination against indigenous populations, U. N. Doc. E/CN. 4/RES/1986/35（Mar. 11, 1986）（by José R. Martínez Cobo）.

[2]　UN Sub - Commission on the Prevention of Discrimination and Protection of Indigenous Peoples and Minorities, Indigenous Peoples and Their Relationship to Land, E/CN. 4/Sub. 2/2001/21（June 11, 2001）（by Erica - Irene A. Daes）.

其次，本研究将原创条例所保障的传统智慧创作内容视为原住民族文化权的载体，提出欲对于原住民族所提出的"文化权利主张"得其全貌，必须凭借检视该项权利主张所附着之文化表现内涵，以及理解对其文化侵权所造成伤害之文化本体。① 从国际法与国内法相关法制规范对于文化存续与发展的允诺与肯认，赋权原住民族在当代多元社会中，作为文化与政治的独特实体，并据以主张特殊权利（sui generis）。对于原住民而言，"文化"是一项动态发展与生成的活化资产系统，包括了许多丰富的资讯，像是传统艺术、工艺、舞蹈与文化成果表达、信仰系统、习惯法律、环境知识等整体世界观，并是维续原住民族作为文化与政治独特实体的根本。因此，任何形式对于部族"文化"的侵害或伤害，都被视为对于部族生命存续与文化永续发展的直接侵害。在私领域所呈现的文化侵害或伤害争议，即如所谓的"文化侵占"（cultural appropriation）。在最基本的意义上来说，文化侵占（cultural appropriation）指涉一方对于他方的文化具有掌控与支配权。② 举例而言，隶属于一个文化社群的符号、名称或仪式，遭到另一文化社群所侵占或挪用，并且赋予不同的意义与价值。

综言之，讨论原创条例与文化发展之相关议题，必须纳入作为原住民族核心价值及其世界观的两项基石：身份（identity）与文化（culture）。在原住民族传统文化与习惯法律规范下，传统智慧创作的保有者可以是单一个人、单一家庭或整体社群，而对于此项传统智慧作的分享与传递，系受到原住民族多元复杂的集体文化系统所规范，在传递原住民族传统文化知识的同时，同时伴随着保护部落文化完整性之义务。从此间存在于原创条例与文化发展的紧密关联性而言，原住民族传统智慧创作申请、登记、证书之核发、换发、注销及认证标记之授予、撤销、废止办法（草案）第8条规定智慧创作说明书之内容，即应说明：智慧创作之历史意义、现存利用方式与未来发展、智慧创作与申请人原住民族或部落之社会，文化关联，包括身份关联、习俗及禁忌等，以及与智慧创作申请人原住民族或部落社会脉络密切关联，不宜公开之内容。前开条文之规范架构，即说明传统智慧创作确系原住民族文化之本体。

本研究以赛德克族传统古调与族人的意涵为例做进一步阐释，赛德克族过去本有的传统古调种类相当多元，每一首古调都是即兴的，同样的旋律吟唱者的歌词都不同，过去族人不太会用言语表达自己的想法，即用吟唱的方式，填词的内容是依据当时的心情，过去赛德克族人皆透过即兴的吟唱反映出当时的生活、当下的心情；而在旋律上，男女的旋律是有区别的，于不同的旋律有其传达的心情与意思，如当你要唱这首歌时，而你尚未即兴填词，但听到歌的旋律就知道你的心情状态为何，每首古调的旋律的意境都不同；过去族人要打猎时，男人会吟唱"狩猎"歌曲，透过歌曲吟唱告诉族人"男人要准备出去打猎"，并期待去狩猎时有好的收获；同时，男人在出草前会吟

---

① Julie Cassidy, "The Legacy of Colonialism", *The American Journal of Comparative Law*, Vol. 51, 2003, pp. 409 ~ 55.

② 详见 James O. Young, *Cultural Appropriation and the Arts*, Blackwell Pub., 2008, pp. 5 ~ 8.

唱"出草歌"，只有要出去出草的男性才可以唱，表彰出草的信心与勇敢；而，族人亦会透过吟唱的方式宣扬祖先或前人的功绩，凭借吟唱来表达一个人的生命史。①是故，古调即为生活方式的呈现，有其传达讯息与教育的功能，透过歌曲告诉下一代的族人什么是正确的、什么是不正确的，反映当时的社会脉络之功能。

传统古调的旋律与歌词都有其族人的诠释方式与深层的意涵，如"什么时候唱"、"用什么方式唱"等，赛德克族人在古调的吟唱上有其族人的规则，如在翁志文的访谈中提到：

> 部落的老人家很厉害，你唱别部落的他就知道你在唱哪一个部落，你唱泰雅族的他就知道，他只要一听那个旋律就知道那不是我们部落的，老人家都很清楚，你只要一唱他们就大概知道你是哪里的。（2013.06.28 田野笔记）

因此，赛德克族人可凭借古调的唱法、旋律等区辨出部落、族别的差异，在古调的特别规则中作为我群的象征与目标的一部分。

结　论

如何使两个世界（市民法与原住民族法）中的每一个重要权利都能获得满足？过往许多国家法针对原住民族传统智慧财产的语言和标准，仅是表面上的创建和授权，美其言是为了保护原住民族的最佳利益，但实际上，随着时间的推移，从问题的面向上来看，在现实的法律和道德的框架下，貌似是让原住民族的传统智慧创作免受盗窃，但最终的效果却是全球性与国家性的到处复制、掠夺、剥夺原住民族的传统智慧创作，包括世界知识产权组织、联合国专门机构，当然也包括学者在内。当原住民族遇到以西方知识传统所建构的智慧财产法体系时，即如两套截然不同的文化体系相遇一般，出现许多概念鸿沟。我们如何正确地结合两者关系完全不同的概念，在一个以目标为导向、以市场为主导的世界，和另一个以传统历史为定位、以传承为圭臬的世界，两个不同主体间的关系如何找到适当的衡平，是个需要跳脱框架来思考的课题。从部落治理与文化保存的角度出发，回顾台湾原住民族的发展历史，外来政权的垦殖造成部落传统组织的崩解、土地规范体系的瓦解，政策性的集团移住，断绝原住民族与土地、传统领域与自然资源间的守护关系。

细言之，国家法制下的权利建构，发端于独立的个体从社会组织体中区别开来，因此这样的权利论述强调的系聚焦在个人对于国家的关系。亦即，权利系限制国家行为的法律构建。又或者在介于私人间之冲突与争议，权利系作为当事人一方据以对抗另一方之法律基础，以维护社会规范所肯认的适切价值。相反地，从前述田野数据所

---

① 曾毓芬：《论 Gaya 制约下的赛德克亚族音乐即兴——以跳舞歌 uyas kmeki 为例》，《关渡音乐学刊》2007年第 7 期，93～129 页。

呈现的原住民族传统文化说明，个人是无法独立于部落组织而存在。实则，部落成员自其出生即进入由家族、氏族、社会组织与政治结构所密切连结的文化多元构体。也就是说，个人的权利与责任系存在于由这些多元组织所整合而成的架构中，而作为充实部族集体与部落共有的权利规范，即系源生自家族、氏族与部落群体间的相互尊重与谨言慎行之基本原则。

从部落治理与文化经济自治体的建构来说，台湾原住民族传统文化的成果表达，长久以来囿限于现代知识产权制度，特别是著作权的权利保障要件，而被视为某种"无主物"。亦即，原住民族以不同于市民财产意识之价值观所构建的传统智慧财产利用与管理体系，以及此一利用与管理系统对台湾知识文明的贡献，并未被法规范体系所承认。因此，原住民族的传统文化表现成果，可以被任何人所优先"发现"，并以所有之意思加以管领、取得，或甚至因此落入公共领域，而必须无限制、无附加条件、无偿地对全体公众开放。如此无条件地适用著作权制度的理型概念，长期构成外来文化剥削、误用原住民族传统智慧创作的正当理由，使原住民族无法保有与管理控制其之文化资产。

从宪法保障原住民族多元文化的宪政价值以观，原住民族传统习惯与文化作为体现部落关系、行为规范与价值体系的中介过程，类此社会观形态、群体生活模式，及其所构筑之社会规范和制度，均属原住民族文化呈现本身。亦即，原住民族传统习惯、文化与祭仪之规范要旨，透过传统智慧创作之文化成果的表达，即在确立原住民族文化主体性之建立，以及传统文化之保存与发展。

附录

（台湾）原住民族传统智慧创作保护条例
(2007 年 12 月 26 日公布)

第一条　为保护原住民族之传统智慧创作（以下简称智慧创作），促进原住民族文化发展，依原住民族基本法第十三条之规定，制定本条例。

第二条　本条例所称主管机关为行政院原住民族委员会。

第三条　本条例所称智慧创作，指原住民族传统之宗教祭仪、音乐、舞蹈、歌曲、雕塑、编织、图案、服饰、民俗技艺或其他文化成果之表达。

第四条　智慧创作应经主管机关认定并登记，始受本条例之保护。

前项智慧创作之认定标准，由主管机关定之。

第五条　主管机关得遴聘（派）有关机关人员、专家学者及原住民代表，办理智慧创作之认定及其他法令规定事项，其中原住民代表不得少于二分之一。

第六条　智慧创作申请人应备具申请书、说明书、必要图样、照片等相关文件或提供视听创作物，向主管机关申请登记。

前项申请人以原住民族或部落为限，并应选任代表人为之；其代表人之选任办法，由主管机关定之。

第七条　经认定为智慧创作者，依下列规定取得智慧创作专用权：

一、智慧创作经认定属于申请人者，应准予登记，并自登记之日起，由申请人取得智慧创作专用权。

二、智能创作经认定属于申请人及其他特定原住民族或部落者，自登记之日起，由申请人及其他特定原住民族或部落共同取得智慧创作专用权。

三、智慧创作不能认定属于特定原住民族或部落者，应登记为全部原住民族，并自登记之日起，由全部原住民族取得智慧创作专用权。

第八条　智慧创作专用权人之名称有变更者，应申请变更登记。

第九条　智慧创作，应由主管机关建立登记簿并公告之。

主管机关依第七条规定认定为智慧创作并准予登记者，应刊登于政府公报，并公开于信息网络。

主管机关应核发智慧创作专用权人证书及认证标记。

智慧创作之申请、登记、证书之核发、换发、注销及认证标记之授予、撤销、废止办法，由主管机关定之。

第十条　智慧创作专用权，指智慧创作财产权及智慧创作人格权。

智慧创作专用权人享有下列智慧创作人格权：

一、就其智慧创作专有公开发表之创作人格权。

二、就其智慧创作专有表示专用权人名称之创作人格权。

三、专有禁止他人以歪曲、割裂、窜改或其他方法改变其智慧创作之内容、形式或名目致损害其名誉之创作人格权。

智慧创作专用权人除法律另有规定或契约另有订定外，应以特定民族、部落或全部原住民族名义，专有使用及收益其智慧创作之财产权，并行使前项之权利。

原住民就其所属民族、部落或全部原住民族之智慧创作，得使用收益，不受前项及第十四条规定之限制。

第十一条　智慧创作专用权不得为让与、设定质权及作为为强制执行之目标。

第十二条　智慧创作专用权非经主管机关同意，不得抛弃；抛弃之智慧创作专用权，归属于全部原住民族享有。

第十三条　智能创作专用权人得将智慧创作财产权授权他人使用；其授权使用之地域、时间、内容、使用方式或其他事项，依当事人之约定；其约定不明部分，推定为未授权。

智慧创作财产权之专属授权，应由各当事人署名，检附契约或证明文件，向主管机关申请登记，非经登记，不生效力。

第一项之授权，不因智慧创作财产权人嗣后将其智慧创作财产权再为授而受影响。

非专属授权之被授权人，非经智慧创作专用权人同意，不得将其被授予之权利再授权第三人使用。

专属授权之被授权人在授权范围内，得以智慧创作专用权人之地位行使权利。

智慧创作专用权人及各原住民在专属授权范围内，不得行使权利。

第十四条　智慧创作专用权依第七条第一款或第二款规定为原住民族或部落取得者，其智慧创作之收入，应以原住民族或部落利益为目的，设立共同基金；其收支、保管及运用办法，由主管机关另定之。

智慧创作专用权为全部原住民族取得者，其智慧创作专用权之收入，应纳入原住民族综合发展基金，并以促进原住民族或部落文化发展之目的为运用。

第十五条　智慧创作专用权，应永久保护之。

智慧创作专用权人消失者，其专用权之保护，视同存续；其专用权归属于全部原住民族享有。

第十六条　具有下列情形之一者，得使用已公开发表之智慧创作：

一、供个人或家庭为非营利之目的使用者。

二、为报导、评论、教育或研究之必要使用者。

三、为其他正当之目的，以合理方法使用者。

前项之使用，应注明其出处。但依使用之目的及方法，于智慧创作专用权人之利益无损害之虞，且不违反社会使用惯例者，不在此限。

第十七条　智慧创作专用权人对于侵害其权利者，得请求排除之；有侵害之虞者，得请求防止之。

第十八条　因故意或过失不法侵害智慧创作专用权者，负损害赔偿责任。数人共同不法侵害者，连带负损害赔偿责任。

前项损害赔偿请求权，自请求权人知有损害及赔偿义务人时起，二年间不行使而消灭，自侵害行为时起，逾十年者亦同。

第十九条　依前条请求损害赔偿时，被害人得依下列各款规定择一计算其损害：

一、依民法第二百十六条之规定请求。但被害人不能证明其损害时，得以其利用智慧创作通常可得预期之利益，减除被侵害后行使同一智慧创作所得利益额，为其所受损害。

二、请求侵害人因侵害行为所得之利益。但侵害人不能证明其成本或必要费用时，以其侵害行为所得之全部收入，为其所得利益。

依前项规定，被害人不易证明其实际损害额者，得请求法院依侵害情节，酌定新台币五万元以上三百万元以下损害赔偿。损害行为属故意且情节重大者，得增至新台币六百万元。

第二十条　智慧创作专用权受侵害者，得请求销毁侵害智能创作之物或为其他必要处置，并得请求将判决书内容全部或一部登载于新闻纸；其费用由侵害人负担。

第二十一条　中华民国政府（即台湾政府——编者注）与外国政府签订有关智慧创作保护之条约或协议者，从其规定。

第二十二条　本条例之规定，不影响智慧创作专用权人或第三人依其他法律所取得之权益。

第二十三条　本条例自公布日施行。

Le règlement sur la protection des créations des groupes aborigènes, l'administration des tribus et le développement de la culture

Awi Mona

Résumé : L'autonomie et le régime des droits spéciaux des gropes aborigènes de Taiwan mentionnés dans *la loi sur le statut des groupes aborigènes de Taiwan* favorise la construction de l'identité culturelle de ces derniers. Cependant certaines questions se posent et font l'objet de recherche, telles que l'équilibre entre la société moderne et les groupes aborigènes, la réalistion de l'automonie des groupes aborigènes, le soutien pour la revitalisation des tribus avec leur culture traditionnelle, la reconaissance du droit coutumier et de l'organisation tribale des groupes aborigènes etc. L'adoption du *règlement sur la protection des créations des groupes aborigènes* est signifiante. Ce règlement protège à la fois l'expression culturelle et la création culturelle. La première est maintenue avec l'aide de l'administration des tribus et la deuxième est une manifestation importante du droit à la culture des groupes. Il est nécessaire de comprendre le droit à la culturel accordé par ce règlement par l'étude de l'identité et de la culture des groupes aborigènes. Cela permet de connaitre leur identité culturelle et favorise la sauvegarde et la trasmission de leur culture traditionnelle.

Mots clés reglementsur la protection des créations des groupes aborigènes, groupes aborigènes, administation des tribus, identité culturelle

第二部分

公众参与文化和自然遗产保护的具体路径

公众参与文化遗产保护的法律路径选择

李玉雪*

【摘要】 公众参与文化遗产保护具有必要性。我国应着重从三个方面引入公众参与，一是对政府行为进行制约，二是吸收文化遗产保护的资金或其他支持，三是对遗产经营者的行为进行监督。我国公众参与文化遗产保护制度存在较大缺陷，需要从建立公众参与文化遗产保护的主体制度、建立赋予公众参与约束政府行为的权利保障机制、建立激励公众参与文化遗产保护的法律机制以及建立确保公众对遗产管理者或经营者进行监督的法律机制等方面加以完善。

【关键词】 公众参与；文化遗产保护；法律；机制

在我国，国家是鼓励公众参与文化遗产①的保护的，相关法律法规也对公众参与文化遗产保护做出了一些制度安排，同时，在我国民间也存在着积极保护文化遗产的公众群体，如民间文保组织和民间文保人士等，应当说，我国已基本形成了公众参与文化遗产保护的制度基础和社会基础，然而，由于我国公众参与文化遗产保护制度存在着较大的缺陷，还不能满足公众保护文化遗产的诉求，致使公众参与文化遗产保护的路径不畅，因而需要加以完善。

一、公众参与文化遗产保护具有必要性

文化遗产与普通财产是不同的，它们之间的一个重要区别在于文化遗产不仅体现着产权人的利益，更重要的是它还承载着公共利益，因此文化遗产保护与公共利益的维护紧密相关。文化遗产的"公共利益"属性决定了文化遗产的保护应该考虑公众的利益诉求，这也使公众参与文化遗产保护具有了合法性的基础。基于此，文化遗产的保护主体就具有多元性，其中，国家作为文化遗产最主要的所有者和管理者，在文化遗产保护中起着核心的作用，除此之外，社会公众诸如遗产所有者或经营者、当地社区以及其他利益相关者也是文化遗产保护的主体。

---

* 李玉雪，重庆社会科学院法学研究所研究员。

① 本文中的"文化遗产"仅指物质文化遗产。

在世界范围内，公众参与文化遗产保护已经成为一种趋势。例如，作为世界上影响最广、参加成员最多的国际性公约《保护世界文化和自然遗产公约》就特别强调缔约国应吸收各利益相关者包括遗产管理人、当地政府、当地社区、非政府组织和其他相关团体参与世界遗产保护并从中受益，许多国家——尤其是文化遗产保护成效卓越的国家，诸如法国、意大利、英国等——也很重视公众在文化遗产保护中的作用。

依据国际文化遗产保护理念，对文化遗产给予"确定、保护、保存、展出和遗传后代"是文化遗产保护的根本目标①，从各国的实践来看，大致围绕着以下三个方面开展文化遗产保护工作。第一，防止文化遗产遭受破坏。它主要是通过建立国家的文化遗产保护名录或清单对珍贵的遗产加以特别保护，通过对城市建设、考古发掘、城乡规划等的规范防止文化遗产遭受"建设性破坏"，通过对旅游开发的规范确保对文化遗产的合理利用，通过对文物的出口管制来防止文物流失，通过对破坏文化遗产的违法行为进行处罚乃至对严重破坏文化遗产的犯罪行为实施刑事制裁等方式进行；第二，使文化遗产得到有效保护、维护、保存和展出。它主要是通过为文化遗产的保存、修缮、修复、展出提供资金、技术、人员方面的支持来进行；第三，增强社会公众文化遗产保护意识。它主要是通过宣传教育或文化行动激发或唤起公众对文化遗产的兴趣和尊重，以促使其尊重和保护文化遗产。当然，要实现上述各文化遗产保护目标，应依据具体的情况而采取不同的法律措施，其中包括公法调控措施和私法调控措施，即在对文化遗产保护各主体的权力（权利）义务、责任进行法律配置的基础上建立起适应文化遗产保护的法律机制，而一个好的文化遗产保护法律机制应该是政府主导和公众参与相结合的良性互动机制。

二、公众参与文化遗产保护的重点环节

由于各国文化遗产保护面临的现实问题不尽相同，各国文化遗产保护法律制度也存在着差异，因此在不同的国家公众参与文化遗产保护的方式和程度也有所不同。具体到我国来说，应以我国文化遗产面临的危机为根本指向来建立和完善公众参与文化遗产保护的法律机制，笔者认为，目前我国应着重从以下三个方面引入公共参与：

（一）对政府行为加以制约，需要引入公众参与

在我国，一方面，由地方政府主导的"建设性破坏"常常是导致文化遗产，尤其是建筑遗产破坏乃至消亡的主要原因，因此在城乡规划、旧城改造、工程建设、房屋征收、旅游开发以及考古发掘等环节建立起防止文化遗产破坏的法律机制是文化遗产保护的关键；而另一方面，由于这些环节通常是公法调控的领域，因而政府的行为对于文化遗产保护起着决定性的作用，也就是说，政府能否在这些环节作出有利于文化

---

① 《保护世界文化和自然遗产公约》第4条。

遗产保护目标的决策是文化遗产保护的关键。然而在现实中，由于种种原因诸如政绩和利益驱动、审美和趣味求新求洋、专业素质欠缺等，地方政府在城市建设中常常"重建设，轻保护"，因而有时怠于行使文化遗产保护职权、有时无意间或者故意破坏文化遗产。

尽管我国法律规定，地方政府在进行城市建设时其行为依法应受到文物保护部门的限制，但是相较于政府的建设部门来说，无疑文物保护部门处于相对弱势的地位，因此政府部门之间的内部监督有时是失效的甚至是缺位的，因此需要引入政府以外的力量即公众对政府的行为加以制约，尤其要在容易导致文化遗产破坏的城市建设的一些关键环节的决策过程中引入公众参与，以实现政府和公众之间的双向交流，这不仅可以对政府的不当决策起到纠偏作用和提高政府管理文化遗产的水平，还可以达到控制行政权力和保护公众权利的目的，也可以有效地防止和化解因遗产保护而引起的公民与政府之间的矛盾。当然，对政府行为加以制约，并不仅仅局限于城市建设领域，只不过是我国目前应着重在这一领域引入公共参与。

（二）吸收文化遗产保护资金或其他支持，需要引入公众参与

在我国，国家是文化遗产最主要的所有者主体，因此我国许多重要的文化遗产都是由政府代为管理的，文化遗产的保护、保存、展出也主要由各级政府组织实施，由于遗产保护需要投入巨大的资金、人力和物力的支出，这也给国家带来了沉重的经济负担。虽然我国法律规定政府应当将文化遗产保护纳入国家或地方财政预算，然而现实却是由于国家或地方投入的保护经费非常有限，使得许多文化遗产的保存、修缮、修复、得不到资金的支持而面临破坏。以国有馆藏文物为例，除了保存在条件较好的国家或省市级博物馆或文物保护单位等机构的文物外，大量文物常常由于没有良好的保存条件或没有得到及时修复而破损、灭失，据我国首次进行的"全国馆藏文物腐蚀损失调查"结果显示，全国 50.66% 的馆藏文物存在不同程度的腐蚀损害[1]，可见在我国即使是国有馆藏文物，其保护也面临严峻形势，更不用说遍布城乡大地的历史建筑、街区、城镇了，因此非常有必要引入社会资源参与到文化遗产保护中来，这就需要通过引入公众参与为文化遗产保护提供资金、技术或人员等支持。

（三）对遗产经营者的行为进行监督，需要引入公众参与

在我国，文化遗产的开发和利用的主要目的通常是为了发展地方旅游经济，且遗产地通常是由企业来经营的，因此遗产地的保护主体除了包括作为管理者的国家或地方政府外，还应包括社会公众诸如遗产所有者或经营者、当地社区以及其他利益相关

---

[1] 其中，濒危腐蚀程度文物 29.5 万余件（组），重度腐蚀程度文物 213 万余件（组），中度腐蚀程度文物 501.7 万余件（组），分别占全国馆藏文物总数的 2.01%、14.52% 和 34.13%，文物腐蚀损失状况令外界震惊。详见薛倩：《全国馆藏文物腐蚀损失严重 博物馆遗产保护呼唤协同创新》，《中国社会科学报》2013 年 3 月 8 日。

者等。然而在现实中，地方政府作为管理者有时是缺位的，在这种情况下，企业的逐利性使其常常将遗产作为追求利润的工具而对其进行过度商业性的开发和利用，或者不能按照公益性目的对其进行合理利用，这些都导致遗产的价值退化或破坏，因此需要引入公众参与对遗产经营者的行为进行监督。

三、公众参与文化遗产保护的制度缺陷及其完善

虽然我国相关法律法规对公众参与文化遗产保护进行了一些规定，但大都是一些原则性的规定，存在较大缺陷，需要加以完善。

（一）建立和完善公众参与文化遗产保护的主体制度

从世界各国的实践来看，民间文化遗产保护组织作为积极参与文化遗产保护的社会公众的主力，在文化遗产保护中发挥中重要的作用，是文化遗产保护的重要主体。虽然我国法律对民间文化遗产保护组织参与文化遗产保护的主体法律地位给予了确认，如《文物保护法》就规定一切组织和个人都有保护文物的义务，[①] 然而，相关法律制度的建设还很滞后，至今都还没有出台专门促进民间公益性文化遗产保护组织发育、发展的法律法规，以至于我国民间文保组织的生长和发育基本处于自发状态，没有纳入法制化的轨道，致使我国民间文保组织的发展滞后于现实的需要。为了促进民间文保组织的生长、发育和发展，规范民间文保组织的行为，需要在对民间文保组织的法律地位给予确认的基础上建立相关法律制度，对民间文保组织的权利、义务、责任等作出规定，尤其是要对民间文保组织的管理、资金使用、接受捐赠等做出规范。

（二）建立和完善公众参与约束政府行为的权利保障机制

虽然我国法律赋予了公民参与文化遗产保护的主体地位，但它主要是从义务的角度对公众参与文化遗产保护进行规定的，例如文物所有人不得损毁文物、应对文物尽到修缮、保养义务且不得改变文物原状，任何组织和个人发现文物时应及时报告或上交，不得将文物出售给外国人等等，当然，这些义务性规定也是必要的，因为公众也是需要约束的，但是法律对于约束政府的义务性规定却很少，即使有，因缺乏监督也不一定得到切实的履行，且法律主要是从赋予政府权力的角度来保障政府行使文化遗产保护职责的。但是，从现实来看，文化遗产保护也应该约束政府，甚至在有的情况下主要是要约束政府。然而我国法律却很少有赋予公众权利来约束政府行为的规定，或者虽有所规定，但公众参与文化遗产保护的制度路径在现实中呈现出虚空状态，因此，目前应主要从以下三个方面建立和完善公众参与约束政府行为的权利保障机制。

第一，建立公众参与的甄别建筑遗产的法律机制。由于对文化遗产进行的"认定"

---

① 《文物保护法》第七条。

是对其进行保护的前提，因此文化遗产的认定是文化遗产保护最重要的步骤，我国法律将这一权力赋予了各级政府。虽然我国法律规定公民、法人和其他组织可以提出认定文物的权利，但是现实中我国对文物的认定主要还是靠政府主动进行的，公众参与的程度较弱，尤其是对于国家所有的文化遗产的认定，由于产权障碍，公众几乎没有发言权。例如，去年北影厂面临拆迁的危机，尽管公众一直呼吁应加以保留，由于缺乏程序性的保障机制，最终还是通过"领导批示"的方式才使之得以保留。因此，需要建立公众参与的甄别建筑遗产的法律机制，即通过建立程序控制机制来保障公众参与的有效进行，比如，赋予公众就"文物的认定"提出、提起行政复议或行政诉讼的权利并保障其实现。

第二，重点在城市建设环节建立公众参与的甄别建筑遗产的法律机制。在我国许多有保留价值的建筑遗产没有被确定为"文物"，这也是导致我国在城市建设中建筑遗产屡遭破坏的主要原因，因此在与城市建设相关的城乡规划、旧城改造、房屋征收环节就建筑遗产的甄别引入公众参与是文化遗产保护的重要途径。虽然我国相关法律对公众参与城乡规划、房屋征收也有一些规定，如《城乡规划法》规定城乡规划报送审批前应采取论证会、听证会等方式征求专家和公众的意见，又如，《国有土地上房屋征收与补偿条例》规定政府应当组织有关部门对征收补偿方案进行论证并予以公布，征求公众意见①，但是实践中政府通常只对房屋征收补偿标准征求被征收人的意见，而不会就房屋是否作为建筑遗产保护征求公众意见，即使民间人士及民间组织主动提出建筑遗产保护建议，政府可以采纳也可以不采纳、且通常是不太采纳来自民间的意见。要改变这种状况，应重点在城乡规划、旧城改造、房屋征收阶段通过适当程序保障专家论证和公众参与的实现，尤其是就建筑遗产的甄别问题主动征求公众的意见，除了征求房屋所有人的意见外，尤其要重视相关专家学者的意见。当然，在所有的城市的建设中引入公众参与也许不太现实，但笔者认为，我国至少应该在被授予"历史文化名城、名镇、名村"称号的区域的城市建设中引入公众参与，即在这些区域未经公众参与进行过建筑遗产评估的，不得以"旧城改建"为由对危旧房屋实施拆除，这主要是基于以下两点认识：

1. 对"历史文化名城、名镇、名村"内的建设中引入公众参与具有必要性。依据《文物保护法》公布为"历史文化名城、名镇、名村"的地区是保存建筑遗产特别丰富的地区，但是这些区域的保护现状是堪忧的，现实中人们不断看到在这些区域的传统民居、历史街区在"旧城改造"、"危旧房改造"中被拆毁或者被进行过度商业化的改造，导致这些区域的文化空间被破坏、历史文脉被割裂，致使我国许多"历史文化名城、名镇、名村"已经名不副实，因此迫切需要在这些区域内的建设中的引入公众参与。

2. 更大程度地发挥"历史文化名城、名镇、名村"这一机制的作用。我国对"历

①《城乡规划法》第二十六条、《国有土地上房屋征收与补偿条例》第十条。

史文化名城、名镇、名村"进行法律的保护的途径主要有两个，一是授予称号，即通过授予"历史文化名城、名镇、名村"称号强调对这些区域的保护；二是事后处罚，即对"历史文化名城、名镇、名村"保护不力的给予"列入濒危名单"或"撤销称号"的处罚或给直接责任人以"行政处分"。① 然而在现实中因保护不力而承担责任的情形却很少，而采取"撤销称号"的方式意味着这些区域不再受法律保护，更加剧了其状况的恶化，可见这种事后惩罚机制并不能起到有效地保护作用，鉴于此，可以赋予"历史文化名城、名镇、名村"这一机制以更多的法律意义，即规定凡在"历史文化名城、名镇、名村"内的房屋征收、城乡规划以及旧城改造等容易导致建筑遗产破坏的城市建设环节，就建筑遗产的甄别引入公众参与，这也可以使这一机制发挥事前预防作用。

第三，建立促使政府履行义务的公众参与机制。《文物保护法》第21条规定，国有不可移动文物应由使用人负责修缮保养，非国有不可移动文物有损毁危险，所有人不具备修缮能力的，地方政府应该给予帮助，但是由于保护资金匮乏或重视不够，这些规定在现实中很少得到落实，致使大量的历史建筑、村镇、街区因年久失修导致破败乃至损毁，而政府对此不承担任何法律后果，法律也没有赋予公众对政府的不作为进行监督的权利，因此，需要建立促使政府履行义务的公众参与机制，如赋予公众对政府不履行文物修缮、保养的职责的行为提出质询或行政复议的权利。

（三）建立和完善激励公众参与文化遗产保护的法律机制

我国《文物保护法》虽然规定国家应对文物保护做出贡献的个人、企业和其他组织给予物质奖励②，但由于缺乏相应的激励机制特别是物质激励机制，因而不能很好地调动公众参与文化遗产保护的积极性，目前需要从以下三个方面建立和完善激励公众参与文化遗产保护的法律机制。

第一，建立和完善激励公众对文化遗产保护进行捐赠或其他支持的法律机制。在我国，国家不能提供足够的文化遗产保护资金是一个客观存在的现实，遗产所有人有时也缺乏文化遗产维护的能力，因此接受社会捐赠吸收资金或其他支持是文化遗产保护的重要方面，这也是公众参与文化遗产保护重要途径。然而目前我国还缺乏鼓励个人、企业或其他组织对文化遗产保护进行捐赠或其他支持的法律机制，现实中的做法也具有随意性，缺乏规范，不利于激发社会公众参与文化遗产保护的热情，因此需要建立一些激励机制鼓励公众积极参与文化遗产保护，诸如向对文化遗产保护进行资金捐赠、或者向博物馆捐赠艺术品、或者对文化遗产进行修缮、或者发现文物并将其上交等的个人、企业或其他组织提供物质奖励或税收减免或优惠贷款等，当然，激励的方式还可以有多种多样，例如在意大利有的城市，只要企业投资当地历史古迹的维修，

---

① 详见《文物保护法》第六十九条，《历史文化名城名镇名村保护条例》第十二条。

② 《文物保护法》第十二条。

就能在市中心繁华地区获得展示自己广告牌的机会①，这些做法值得我国借鉴。

第二，建立对公众参与文化遗产保护给予补偿的法律机制。以工程建设中的文化遗产保护为例，《文物保护法》第31条规定，凡因进行基本建设和生产建设需要的考古调查、勘探、发掘，所需费用由建设单位列入建设工程预算。当然，这一规定是有利于文物保护的，因为在建设工地中的考古调查、勘探、发掘与建设单位的施工关系密切，将相关费用列入建设工程预算可以避免多家单位的介入而发生扯皮现象，这样比较利于文物保护工作的开展。但是，这也加重了建设单位的经济负担，且建设工地里发现的重要文物被确定遗址保护后，建设单位还会因用地面积缩小而蒙受损失，虽然《文物保护法》第12条规定对"发现文物及时上报或者上交，使文物得到保护"或"在考古发掘工作中作出重大贡献"的单位和个人给予精神和物质奖励，但在实践中却很少得到落实，致使建设单位没有保护出土文物或遗址的积极性，甚至故意隐瞒有关信息。考虑到出土文物或遗址属于国家所有且国家应对它的保护负主要责任，同时为了鼓励企业积极参与到文化遗产保护中来，应该建立机制对建设单位为保护遗址所支出的费用和蒙受的损失进行适当的补偿，诸如通过变更规划、退还相应土地出让金的方式给予补偿，或者对因保护遗址造成的施工延误给予适当补偿，或者给予企业税收优惠等。

第三，尝试建立国有馆藏文物退出机制，激励公众参与馆藏文物的保护。在我国，一方面，由于缺乏资金支持，国有馆藏文物的保护现状堪忧；而另一方面，由于产权的激励作用，私人所有的文物常常处于良好的收藏状态。由于馆藏文物大都是国有文物，个人和组织对馆藏文物的保护通常没有发言权，致使公众很难参与到保护国有馆藏文物中来。而按照国际惯例，从国有馆藏文物中淘汰一些无保存价值或价值较低的文物并使其退出馆藏序列，这一方面可以满足社会对文物收藏、鉴赏的需求，另一方面有助于优化国有馆藏文物资源结构，减轻国有文物收藏单位负担，降低国家保护成本，处置所得还可有效弥补保护经费投入之不足。事实上，我国法律也对文物处置给予了认可，《文物保护法》第45条就明确允许国有文物收藏单位对其不再收藏的文物进行处置，并授权国务院另行制定处置办法，然而，我国至今也没有出台规范处置国有文物的法规，致使公众参与馆藏文物保护存在制度障碍。

考虑到民间收藏一直是我国的传统，且民间收藏文物的热情也日渐高涨，国家也是鼓励"藏宝于民"的，与其让国有馆藏文物维持"国有"而面临继续破败甚至灭失，不如让其中不太重要的部分文物通过所有权的转移变成"私有"，以便使其得到良好的保存，因为文物保护的最终目标是使其世世代代流传下去，而不是归谁所有。因此目前可以尝试建立国有馆藏文物退出机制，即通过对文物处置的方式使部分不再收藏的国有馆藏文物通过转移所有权的方式进入民间，这样可以激励公众参与到原国有馆藏文物的保护中去。当然，由于文物处置可能会导致国有资产的流失，因此应受到

---

① 王昀加：《意大利：在遗产保护与产业发展间寻找平衡》，《参考消息》2011年10月25日。

严格的限制和规范，为此需要对处置的主体、处置标准、处置程序、责任承担等进行严格规定，笔者认为，目前可以考虑向有声誉的民间博物馆进行文物处置，这既可以减轻国家保护馆藏文物的负担，也有利于扶持、鼓励民间博物馆的发展。

（四）建立和完善确保公众对遗产管理者或经营者进行监督的法律机制

对遗产经营者的行为进行规范是保护文化遗产的重要方面，虽然有关法律对公众参与有一些规定，例如我国《世界文化遗产保护管理办法》明确了地方政府、公民和其他社会组织都有保护世界遗产的义务，但它只有一些原则性的规定且很不完善，缺乏实施机制和操作性，阻碍了当地社区、社会公众参与遗产管理，因此今后我国应重点在促使企业对遗产的经营回归公益性目的、确保遗产地的旅游收入真正能够用于遗产的维护和修缮、保障遗产地的社区居民享有遗产收益等方面进行制度建构。

Le procédé de prévoir les garanties juridiques pour la participation du public à la protection du patrimoine

Li Yuxue

Résumé：La participation du public à la protection du patrimoine est une grande nécessité. La Chine doit limiter l'intervention de l'administration, renforcer les activités de mécénat et exercer un controle sur des gestionnaires du patrimoine. Le régime de la participation du public à la protection du patrimoine culturel est encore incomplèt, il faut reconnaitre davantage les acteurs privés, mettre en place le régime de contrôle et instaurer un régime qui incite la participation du public.

Mots clés：participation du public, protection du patrimoine culturel, loi, régime

法国地质遗产开发中私人力量的作用

Philippe Tanchoux *

【摘要】 地质遗产是一种特殊的遗产类型，自然保护区制度、城市规划制度或者"世界遗产"制度等其他类型的遗产保护制度并不足以对其进行保护。为此，欧洲地质学家通过设立"地质公园"称号的方式来保护地质遗产，成为构建地质遗产保护制度的先驱。而"地质公园"的称号促使更多公、私主体参与到开发利用地质景区的活动中。然而，在地质公园管理过程中存在着国家保护和私人开发利用的利益交错，在此情况下，不同行业的公私合作和网状合作系统成为一种备受推崇的管理经营方式。但是，"地质公园"也存在局限性，其兼具国家保护和私人开发的双面性在实践中遇到的问题以及该机制下地质遗产的保护范围有限等问题也受到争议。

【关键词】 地质遗产；地质公园；网状合作系统；国家保护；私人开发利用

地质学是一门通过研究地球各种成分及其排列来了解地球演化的科学，其研究范围涵盖了地球物质组成、内部构造、外部特征、各层圈间相互作用和历史演变等多个方面。地貌学，与地理学和地质学紧密相连，于19世纪末期成型并逐渐成为一门独立科学，主要探究地球表面形态特征、成因、演变规律和相互作用。[①] 而最近出现的地质遗产这一概念则力求涵盖岩石、土壤、高山以及地质学和地貌学所涉及的其他多种元素。这两门区别不甚清晰的学科突出强调了包含自然遗产和文化遗产两个相互联系的方面的遗产之元素的多重性和复杂性。前者偏向用自然主义的方法探究和分析地球的构成，后者则采取多元文化主义的混合方法，强调能被人们肉眼所见并能带来美的享受的景观。

在法国和欧洲其他近邻国家，地质和地貌遗产长期以来被认为是自然保护区或城市规划的附属品，几乎不存在专门对其进行保护的系统而特殊的法律制度，极少数相关法律规定（例如：有关国家公园和自然公园、山区和沿海地区保护的相关立法规制、遗址和保护区等方面的规定）的实施也十分复杂。现行的少数法律规定只不过是监督土地治理或工程实施的工具，能够应用于地质和地貌保护的法律规制在数量上存在明

＊　Philippe Tanchoux，法国奥尔良大学副教授。
① 有关这一问题发展的详细内容，参见 Ch. Giusti, in *Géosciences*, n°7 – 8 mars 2008, pp. 36 ~ 42.

显不足，且无法应对地质和地貌遗产元素的多样性。[①] 在此背景下，地质学家通过将某些遗迹认定为"地质公园"的方式，成为保护地质遗产和推动地质公园发展的先驱。而"地质公园"的称号又促使更多公、私主体参与到开发利用地质景区的活动中。

一、学者倡议重视地质或地貌遗产

（一）地质学家对地质遗产的认识

欧洲各国对地质遗产的认识各不相同。如果说西欧在 19 世纪后半期开始关注大自然的美貌（例如德国、比利时、英国、法国等）并以《历史建筑物保护法》为原型制定了自然景区保护法，但是这些立法并非是保护地质遗产而是保护景区风景美学价值的。英国是 19 世纪唯一对具有特色的地质景区进行保护的国家。[②] 其他国家相关保护措施的出台直到 20 世纪初才开始。从 1909 开始，斯堪的纳维亚及瑞士等地区和国家开始通过设立国家公园来保护野外生物。[③] 欧洲这种通过保护生物来保护自然的做法与美国保护原始自然的做法是截然不同的。例如成立于 1872 年的黄石国家公园，其中地质就是该公园自然整体保护的元素之一。

20 世纪中期，随着地质普查、国家公园的设立与禁止收藏和流通化石等相关法律制度的发展，欧洲国家也开始效仿美国。[④] 从 70 年代开始，在矿业和冶金业危机以及领土复原的时代背景下[⑤]，英国和西欧其他一些国家经专家倡议，开始对地质景区进行

---

① 例如化石和矿物的开采和商业化并非受到同等待遇的保护。详见 Billet, "La protection du patrimoine géologique", Paris, *Atelier Technique des Espaces Naturels*, 2002, pp. 61 ~ 142.

② T. A. Hose, Editorial："geotourism and geoconservation", *Geoheritage*, 2012, n°4, pp. 1 ~ 5；et C. V. Burek et C. D. Prosser, "The history of geoconservation", *Geological Society of London*, 2008, p. 312.

③ 1836 年德国西部莱茵兰地区的山丘得到了保护，1827 年比利时设立了纪念物和景区保护委员会，而欧洲其他国家在 20 世纪初因为美学因素开始保护自然景区。斯堪的纳维亚国家在 1909 到 1910 年间设立国家公园来保护原始自然及其生态系统。参见 L. Erikstad, "History of geoconservation in Europe", in *The history of geoconservation* op. cit., pp. 249 ~ 257.

④ 二战之后，法国是少数没有立法组建国家公园的发达国家之一，仅有一些机构或社会组织来保护自然保护区。例如国家林业水利局、鸟类保护联盟或国家自然保护协会。1946 年 11 月 27 日，一项法规设立了国家自然保护理事会并赋予其定义国家公园的任务。1960 年 7 月 22 日，农业部部长起草的关于设立国家公园的法律正式通过。1967 年第一个国家公园瓦努瓦斯国家公园正式成立。随着国家公园和区级自然公园的成立（1967 年 1 月 3 日法律），以及自然保护部、海滨保护管理所和环境保护管理所的设立，"自然遗产"一词于 1967 年第一次出现. 参见 M. Ambert, "Contribution à la connaissance du patrimoine naturel languedocien, enjeux, concepts et applications", Thèse Lyon 2, 2004, pp. 8et s.

⑤ 危机导致了众多矿井关闭，引发了工业厂区重新利用，缩减了职业和业余地质勘探，破坏了许多大型的地质景区。然而，在这次危机中，某些景区也得到了保存，并得以向公众开放。例如林间小道或其他欣赏美景的渠道。见 T. A. Hose et al. "Defining the nature and purpose of modern geotourism with particular reference to the United Kingdom and South East Europe", *Geoheritage*, 2012, n° 4, pp. 25 ~ 43.

特别保护。1969 年，在荷兰成立了第一个致力于保存地质遗址和确立欧洲地质遗产名录的地质景区保护和普查科研团队。1989 年，借助在荷兰 Leersum 召开、由 Gérard Gonggrijp 主持的一项国际大会的时机①，欧洲地质保护科研团队（"地球科学保存欧洲工作组"）正式成立。该团队在 1991 年参加了"法国自然保护区"研讨会。其后，该团队和法国上普罗旺斯地质保护区管理机构在联合国教科文组织的协助下举办了"第一届国际地质遗产保护"专题研讨会并在大会期间起草了《地球记忆权利宣言》。②1993 年，该团队正式成为协会，命名为 PORGEO，并被赋予组织研讨会和传播其 25 年地质保护经验的职能。③ 90 年代，以"生物多样性"这一概念为原型，出现了以保护地质景区为目标的"地质多样性"④ 的概念。同时，"地质公园"的概念也在科学家们的倡议下问世，其主要的目标是保护景区、向大众传播地质知识和制定土地长期发展规划。

（二）联合国教科文组织公约下"世界遗产"之概念不适用地质遗产的特殊性

联合国公约框架下的"世界遗产名录"为地质遗产的保护提供了契机。2010 年，联合国教科文组织对世界范围内 730 项遗产做出评估，其中的 144 项因为符合甄选标准第 7 项和第 8 项⑤而入选为"世界遗产"，39 项遗产因为特殊的地质或地貌特点而入选。"文化景观"也吸引了地质学家们的关注。所有这些遗产都是地球的见证，是 2008 年国际自然保护联合会提倡的"保护共同的地质遗产"⑥ 方针的保护对象。但是为数不多的、因为地质或地貌特点而入选的世界遗产不能体现地球每个进化阶段，因而有些

---

① 此后，研究工作组在每年的研讨会或其他会议上进行相互沟通和交流。参见 http：//www. progeo. se/history. html。

② *Actes du 1ᵉʳ symposium international du patrimoine*, *géologique*, Digne – les – Bains, 11 – 16 juin 1991, *Mémoires de la Société Géologique de France*, n°165, 1994, 276 p; Cf. D. Morin, Actes du 1ᵉʳ symposium, *op. cit.*, pp. 47~52.

③ L. Erikstad, *The history of geoconservation*, op. cit. p. 253. 国际地理科学联合会（IUSG）是 2004 年由 GEOSE 项目成立的旨在研究欧洲地质公园的地质旅游开发模式之发展的非政府组织。

④ 在法国，"地质多样性"的概念也是由科学社团发起的。一系列活动有助于地质遗产的保护. 例如 1991 年在迪涅举办的第一届国际地质遗产保护研讨会，1997 年的地质遗产研讨会，1998 年确定的地质遗产定期会议，2002 年对地质遗产概念的认可，2007 年开始对 1995 年 2 月 2 日国家级地质景区清单上的遗产普查等。P. de Wever et al. , *Vade – mecum pour l'inventaire du patrimoine géologique national*, SGF, Mémoire, hors série n°12, pp. 49~52.

⑤ 在 1972 年公约所规定的世界遗产名录的遴选标准中，第 8 条将"反映地球演化历史的主要阶段的实例"纳入自然遗产评估标准当中，包括生命记录以及在地形、地理或地文特征发展的过程中具有重要意义的地理过程。Cf. *Patrimoine mondial*, n° 52, 2009 p. 10. 评选标准第 7 条和第 8 条实质上就是一种地貌学标准。

⑥ 在地质和地貌遗产专家的帮助下，国际自然保护联合会对登录世界遗产名录的地质遗产进行评估。它制定了 13 项附加标准来评估有关地球科学的遗产。

违背地质多样性的原则。① 只注重某些方面普遍价值的"世界遗产"并不能覆盖世界范围内众多地质或地貌遗产的保护。由此可见,"地质遗产"的概念和价值在世界范围内的认可度并不高②,大多数人只注重其文化因素。③

世界遗产对地质遗产保护的局限性让联合国教科文组织从 1990 年开始支持地质学家的自发行动。例如,设立工作团队、制定更具科学评定标准、制定世界范围内的地质景区清单④和制定地质公园保护政策等。对"世界遗产"称号的认可促使地质学家去认可一种更加开放的新称号,使其不仅能针对不具备特殊普遍价值的遗产,而且还涵盖地质保存、可持续发展和认知地球等新目标。

(三) 地质公园是否始于科学家的倡议

"地质公园"设想最初是法国的 Guy Martini⑤ 和希腊的 Nicolas Zouros 于 1997 年在北京召开的国际地质学大会上提出的。⑥ 由于地质遗产不能吸引大众眼球,两位研究员共同向欧洲联盟委员会土地发展规划部门下的地质遗产开发利用中心申请资金(该土地发展规划部门是以上普罗旺斯地质保护区机构为原型创立的)。⑦ 之后 Martini 成功地

---

① Cf. C. Jones, "History of geoparcs" in *The history of geoconservation*, op. cit. pp273 – 279 et P. J Boylan, "Geo-local site designation under the 1972 UNESCO World Heritage Convention", in *The History of geoconservation*, op. cit. pp. 280 ~ 305. 2008 年,在依据联合国教科文组织的标准接受了教科文组织资金资助的 851 处世界遗产中,只有 72 处主要或者附带地是由于其地质或地貌特征而获得资助,具有典型特征的土地演变分层结构却并不符合教科文组织的标准(第 8 条)。"世界遗产"的认定过程中地质学代表参与程序的缺失、对地质历史的认可度的缺失以及一些国家对本国地质遗产的不重视很好地解释了这个问题被拖延的原因。

② 参见 http://europeangeoparks. org, 或参见国际自然保护联合 2005 年关于地质遗产开发利用的报告:《地质世界遗产:一个全球框架》:http://unesco. org。

③ 例如约旦的佩特拉赫挪威的布吕根 – 卑尔根汉萨码头等遗产都包含自然和文化元素。被归于"文化景观"类的新西兰汤加里罗 Nelle 的地质景观,或者是在报告中提及的若干非物质文化遗产,如澳大利亚乌鲁鲁埃尔斯巨石部落的加冕礼同样淡化了该地区巨石在地质学特征上的突出普世价值。

④ 由联合国教科文组织于 1991 年确立的分级制度为同年在迪涅(Digne)确立参考标准提供了有力支持。Gilges(地质遗产全球建议名录)项目在 IUGS 的长期支持和 PROGEOs 工作组的重新努力下以地质遗址项目的形式向东拓展。在一些欧洲国家,具有广泛影响的地质遗址名录的建立在国家科学资产清单上指日可待。参见 L. Erik-stad, "History of geoconservation in Europe", in *The history of geoconservation* op. cit. pp. 253 ~ 254.

⑤ 为实现迪涅周边地质遗产名录制度,法国普罗旺斯大学的学生 Guy Martin 于 1978 年到达迪涅并提出建立自然保护区的想法,这一提议在 1984 年 10 月 31 日被 84 – 983 号部长令采纳。其后来成为地质学教授和 2012 年自然保护区负责人。为了经营欧洲传统文化的可持续发展项目,Martin 于 2000 年移居西班牙,并于 2004 年成为卡斯特勒和里昂政府文化部门的咨询顾问。负责文化政策的制定。其连续六年担任萨拉曼卡国际艺术节负责人,此节日是西班牙当代艺术创作的最重要节日之一。见 http://provence – alpes. france3. fr.

⑥ 有关计划的由来,参见 G. Martini, N. Zouros, "European geoparks: geological heritage and european identity. cooperation for a common future", *European Geoparks Magazine*, 2001, issue 1, p. 4.

⑦ 一部分人(包括国际和国内与 Guy Martini 相似阶层的人)对地质遗产的深入研究和认识有助于更好地展现这一概念,促使了第一个地质保区的诞生和宣传。在迪涅,创建于 1984 年的上普罗旺斯地质保护区组织召开的有关地质遗产的第一次国际研讨会扩大了地质保护区的影响,同时为地质保护区内的协调实验活动起 (转下页注)

说服了四位欧洲合作伙伴成立地质公园网络，它们分别是法国的上普罗旺斯地质保护区机构、西班牙的 Maestrazgo/Terruel 文化公园、希腊的莱斯沃斯岛石化森林自然博物馆和德国的 Vulkaneifel 自然公园。地质学家间的合作也有利于国家遗产的保护和开发利用。其合作旨在持续发展、尊重各自的身份、用比较性的经验解决每个遗产存在问题以及加强欧洲合作。[①] 地质遗产的整体保存应该是大家共享的，而不是每个景区"各扫门前雪"的保护模式。1999 年之后，地质学家们的倡议也得到了 Leader IIIC, INTEREG II 和 INTEREG III 等欧洲协会和联合国教科文组织地球科学部门的鼎力支持。[②]

2000 年 6 月 5 日，四位合作伙伴在莱斯沃斯岛[③]签署了《设立地质公园称号的公约》[④]，同年，欧盟各国将地质公园称号作为一种商标加以认可。2000 年，20 位地质公园申请者代表在西班牙 Maestrazgo 景区举行了第一次会议。在会议期间他们决定在2001 年将地质公园成员由 4 位增加到 12 位。[⑤] 同年他们也和联合国教科文组织签订了

(接上页注)到良好的示范作用。(2008 年，G. Martini 还认为地质遗产保护区（RGHP）自其 1984 年设立以来取得了如地质公园一样的发展，其发展经验足以允许新成员的加入……："Geoparks… a vision for the future"，*Geoscience 2008*，n° 7 - 8，p. 185]．1991 年以后，地质保护区的发展进入土地扩张时期（保护区现在覆盖 51 个城市，面积超过 2300 平方公里，远远大于 1991 年时的 36 个城市），极大地提升了保护区的国际形象，促进了地质遗产所在地质保护区和与当代艺术、周边可持续发展的良好融合。"在 20 世纪 90 年代致力于支持不发达乡村地区创新性发展的'欧洲领导者 II'（européens Leader II）项目的内容中，地质保护区已将其（影响）范围扩张到地方经济领域。该计划依照一种"经营—领土"的新模式设计，地质保护区已得到相关机制的支持，由选举出来的官员进行管理，"但（目前）在迪涅还不存在"。"RGHP 围绕拥有许多地方合作伙伴参与的地质遗产设计出一种旅游业发展计划，并发展出一套系统的网络政策。为保证当地居民和股东的参与，保护区还组织相关会议，开展相关培训。"（见下文第 2 部分）"然而，该发展计划在启动时却在获得保证土地可持续发展所必需的财政支持方面遇到了障碍，地方发展并不是国家建立自然保护区（保护和理解）的必要目标之一，负责地方发展的官员并不能在这种情况下获得财政支持。如果当地政府部门也参与其中，保护法规的限制已经给能够结合遗产保护和经济发展的'地质公园'这一全新结构和可能需要的新立法带来了更多的争议。"以上相关发展过程参见 Myette Guiomar，"Le patrimoine géologique en prise avec son territoire"，*Lettre de l'OCIM*，n° 123，mai juin 2009，pp. 31～39 http：//ocim. revues. org/ 238；亦可参见上普罗旺斯地质保护区网站：http：//www. resgeol04. org/；L. Erikstad，"History of geoconservation in Europe" in *The history of geoconservation*，op. cit．，pp. 249～257；C. Jones，"History of geoparcs"，*The history of geoconservation*，op. cit．，pp. 273～279；ou *European Geoparks magazine*，n°1 p. 4.

①　http：//www. europeangeoparks. org.

②　在 1999 - 2001 年，联合国教科文组织已经通过 1999 年一项资助计划对地质公园进行了大力支持（156 EX prog，11 Rev），但其后却将资助范围缩减至国内措施。(http：//www. unesco. org) 此外，其教科文组织还参与了 1997 年由自身通过的一项地质公园项目。C. Jones，"History of geoparks"，in *The history of geoconservation*，op. cit. p. 274.

③　《莱斯沃斯条约》也设立了欧洲网状合作系统。见 M. L. Frey et al. "Geoparks, a regional European and global policy"，in *Geotourism：sustainability，impacts and management*，sous la dir. de D. Newsome，Ross Dowling ed. Oxford，2006 pp. 95～117）.

④　"地质公园"称号再次出现于 1997 年联合国教科文组织的地球科学划分提案中，并取代了最初关于（地质）保护区的概念。N. Tobari Farsani，"Geotourism and geoparks as novel strategies for socio economic development in rural areas"，*International journal of tourism research*，n° 13，2011，pp. 68～81.

⑤　http：//www. europeangeoparks. org.

合作协议，根据协议网络合作将由后者资助和支持。① 协议的签署也意味着地质公园的合法化，欧盟委员会也提供了必要资金来维持它的运作。② 此后 2004 年《马多涅补充协议》规定在申请加入由联合国教科文组织设立的国际地质公园网络时，加入欧洲网络是欧洲申请人必要条件之一。

二、地质遗产的国家保护和私人开发利用的利益交错

（一）地质公园的独特性：作为土地发展规划的地质遗产的保护和开发

地质公园作为遗产管理和保护的一种新型工具，深受英美国家自然保护工作的影响。③ 它为地质学家提供的机会是多方面的：为了避免公众与地方社区对繁多的保护性法律法规相关条款理解上的混乱，与国家公园和生态保护区不同，地质公园提供了一种针对景区进行长期保存的管理模式。地质公园不否认人类出于长久保存景观之目的而对景区进行的塑造，作为一个无可置疑的旅游景区，用该称号促进地质遗址的保存，不仅仅出于向公众传播有关地球的科学知识的需要，同时也要保障土地的可持续发展。④

因此，尽管地质公园以保护地质要素为己任，但是其也具有保护和利用自然和文化遗产之职能的鲜明特色，有义务在向公众开放以前对景区内的景点和文物做出普查和分级，以及负责其在向公众开放以后的全球推广。⑤ 从这点上说，地质公园可以被看做是北美"国家公园"或者联合国教科文组织"世界遗产"保护理念下派生的分支。⑥

---

① 联合国教科文组织地质公园项目，1999 年 4 月 15 日，156 EX 11 Rev. http：//unesdoc. unesco. org/images/0011/001151/115177f. pdf.

② 欧盟 LEADER IIC, INTEREG III B ET INTERG IIIC, INTEREG IV 等基金确保地质公园资金来源。见 C. Jones，"History of geoparks", in *The history of geoconservation*, op. cit. p. 277.

③ 参见澳大利亚地质遗址和自 1991 年以来为建立世界地质遗产名录而在联合国教科文组织召开的工作组会议的实例。（E. B. Joyce，"Assessing the significance of geological heritage sites：from the local level to world heritage", in *Actes du 1er symposium*, op. cit. , pp. 37 ~ 43；du même auteur，"Australia's Geoheritage：history of study, a new inventory of geosites and applications to geotourism and geoparks", in *Geoheritage* 2010, n°2 pp. 39 ~ 56）；Geosciences, n°7 – 8, mars 2008, pp. 182 ~ 190.

④ 有关地质公园的特点、构造、网状运行模式及其管理，见《欧洲地质公园网宪章》，http：//europeangeoparks. org

⑤ 某些有关景区知识普查的功能如同人们自 1964 年起对法国文化遗产的了解一样并没有得到显现。但它们使得景区遗产的定位、理解工作，以及随后的保存和开发工作，甚至是法制保障手段的运用变得更加便捷。参见 Toarcien 自然保护区实例，in *Geosciens*, 2008 op. cit. , p. 170 ~ 176；P. de Wever，"Un inventaire du patrimoine géologique pour la France", in *Lettre de l'OCIM*, n° 121, 2009, pp. 12 ~ 20.

⑥ 参见一场关于遗址分级整体性的讲座中提到的加拿大国家公园在定义受联合国教科文组织公约保护的在世界范围内具有突出价值的世界遗产时所采用的系统性方法。A. Charbonneau，"« L'intégrité commémorative de Parcs Canada » préalable aux mesures de protection des territoires in Val de Loire Patrimoine Mondial, identité, protection, valorisation"，*Actes du colloque d'Orléans*, 7 – 8/12/2012, à paraître aux PUR en 2013.

　　然而，地质公园通过艺术创造和地球知识普及来增进公众对时间、空间的感知和思考，从而更好地认识地球进化的过程，把握该景区的精神实质，完全符合地质遗产的特殊性和当地文化发展的目标。①"地质公园"旨在超越国家公园或保护区以旅游业发展为主要目标的管理模式，其尽可能让参观者自由地在野生和原始的大自然中漫步，通过让公众直接享受大自然的方式摆脱传统的提供"易耗旅游产品"的开发模式。② 这种全新的理念更好地将地球的过去和未来发展紧密结合在一起。③

　　地质公园的第二个独特性在于其从功能上来说不仅仅是景区保护措施，可持续发展和景区的利用（例如创建博物馆，举办一系列相关活动或开设徒步小道）使得地质公园成为地方和当地居民未来发展的经济和社会工具。社会经济及文化的发展同自然保护之间的良性互动作为地质公园的标志性特征，在 1992 年的里约宣言《21 世纪环境与发展全球行动计划》（"21 世纪议程"）的相关内容中就有阐述。④ 因此，作为自然公园的地质公园，关涉到的不仅仅是地质遗址，还包括在国际上具有重要意义的具有地质或地貌上的独特性的一大片广袤土地。同"世界遗产"的称号一样，"地质公园"不是一种直接的法律保护措施，而是经济领域中一种表现其卓越独特性的商标。欧洲地质公园网络也呈现出同样的双面性，它一方面逐渐将文化遗产法融入环境保护的机制中，一方面又运用经济手段来加大景区的开发利用，而不仅仅限于将"遗产保存"的立法目的作为自己的唯一目标。以景区开发为动力，各地质公园为了保障自己不被除名，在各类景点开发和文物保护方面，一般都将传统的法律手段与该公园特色相结合。此外，申请者们必须服从颁发建筑或拆迁许可证的机构制定的保护规范，并接受定期评估。如果地方保护不当，地质公园的称号可能有被撤销的危险。称号的撤销所带来的不利后果往往并非法律惩戒，而更多的是经济上的损失。

　　联合国教科文组织 1997 年《莱斯沃斯宪章》明确了地质公园评定标准以及申请细则⑤，但地质公园必须由专业的文物保护机构（例如地质学家组成的团队）和景区可持续发展机构共同管理。每个地质公园，在遵守各国传统的同时又有自主决定管理人性

　　① 遗产整体论的倡导者着重强调，地质要素的影响并不仅仅存在于自然方面。能源资源的开采和利用、矿业活动、农业和林业等对土地的利用……地质要素对这些活动的影响都是决定性的。因此，地质遗产是城市和国家社会和文化发展的基石。参见 R. K. Dowland, D. Newsome, *Geotourism*, op. cit. p. 111.

　　② 一些倡导者强调超越对现有的国家公园的地质和地貌进行简单开发活动的必要性，其理念是在原有的历史遗址的基础上建立地质公园，而无需进行过多的刻意雕琢与改造，使得哲学、文字、艺术元素在这个环境中相互交融。参观者可以由此理解人类历史的进程，感受到人与自然的另外一种未经人为介入和干预的、真实而自然的关系。简言之，利用地质遗产在人类的过去与未来间建立独一无二的联系。这一愿望在 G. Matini 提交 1991 年第一届研讨会的论文中已被提出。G. Martini appelait à "« transmettre une façon différente de percevoir notre Terre et lui permettant de redécouvrir le Temps (…), la relativité de ce qu'il perçoit comme une réalité immuable » et qui n'en est une que pour sa propre perception personnelle", in *Actes du 1er symposium*, op. cit. pp. 111~118; pp. 188~190.

　　③ G. Martini, N. Zouros, "Geoparks… a vision for the future", *Geoscience* 2008, n° 7-8, pp. 182~190.

　　④ http://europeangeoparks. org.

　　⑤ 见《莱斯沃斯宪章》：http://www. europeangeoparks. org.

质的权利。因此管理人可以是行政机构，可以是私人企业，也可以是公私合营企业。①
地质遗产开发利用和地质旅游是地质公园最突出的特色，任何遗产资源的让与是禁止
的。② 因此，在保护优先的原则下对地质要素进行商业开发以及向游客普及地球科学知
识都是地质公园目标的重要组成部分。与禁止任何人为干预和经济活动的国家公园不
同，生产和当地遗产相关产品的企业组织、艺术家、旅游负责人都是地质公园长久保
存的关键。③

在实践中，地质公园被证明是存在于遗产的法制保障手段或者利用"世界遗产"
的称号进行土地发展之外的另一种选择，但其并不是毫无风险的。例如，在澳大利亚，
地质公园被看做是为地质遗迹的经济开发服务的，其地位完全无法与同对土地开发具
有重要作用的自然和文化遗产等其他重要遗产资源相关的国家公园相提并论。地质公
园不同于国家公园和世界遗产，这是因为后者是由国家行政机构管理，依靠国家财政
保护。与地质公园相比，它们的规模也小得多，靠有限的公共预算进行维持，其设立
的目的在于保护和利用生物资源。2008 年 Kanawinka 全球地质公园的推广就是遗产开
发最好的例子。④ 此外，地质公园通常与其他受到法律保护的景区相互重叠，但这不仅
不影响后者的保存和自主管理，还通过不同法律保护实现对该地的网状管理模式，促
进旅游发展。⑤ 在波兰，地质公园被看做是发展工具，它既要求当地参与者参加相关培
训，在进行地质公园开发之前具备正确的开发经营意识，还要求他们互相合作。中国
的例子更加特殊，因为地质公园往往就是世界遗产。到 2007 年，中国拥有一个由 139
个国家公园组成的网络系统，其中只有 22 个公园符合国际地质公园的评价标准。⑥ 在

---

① 东南欧国家的地质公园管理实例就表现出各国在管理主体选择上的多样性：如罗马尼亚的 Hateg Country Dinosaur 地质公园由布加勒斯特大学负责管理，克罗地亚的 Papuk 地质公园由萨格勒布大学的地质专家和 Papuk 自然公园的管理者共同经营，拉布岛（l'île de Rab）地质公园的管理人则是一个由拉布市政当局、萨格勒布大学的研究员以及克罗地亚国民代表（PROGEO）组成的混合管理团队。一般来说，地质公园的管理都是由专业保护措施和行政管理举措相结合而成的。T. A. Hose et al. "Defining the nature and purpose of modern geotourism with particular reference to the United Kingdom and South East Europe", *Geoheritage*, 2012, n° 4, pp. 25 ~ 43.

② 禁止地质公园进行交易的相关法规减损了地质遗址景区的价值，一些发起人在可作为文物的景区矿石开采一事上持有不同态度，例如 Gea Norvegica 地质公园管理中就面临这样的问题。在对这些遗址进行保护和保存的过程中，管理规划是必不可少的。L. Erikstad, "Geoheritage and geodiversity management: the questions for tomorrow", *Proceedings of the geologists' association*, july 2012, 7 p.

③ 因涉及到强迫居民迁出公园，在保护区外生活，尊重当地居民生活传统与遗产保护的矛盾自第一个国家公园设立时起就一直存在。N. Tobari Farsani, "Geotourism and geoparks as novel strategies for socio economic development in rural areas", *International journal of tourism research*, n° 13, 2011, pp. 68 ~ 81.

④ E. B. Joyce, "Australia's geoheritage: history of study, A new inventory of geosites and applications to geotourism and geoparks", *Geoheritage*, 2010, n° 2, pp. 39 ~ 56.

⑤ 见波兰地质公园发展战略。B. Wojtowicz et al. "The perspectives of the development of tourism in the areas of geoparks in Poland", *Procedia Social and Behavioral Sciences*, 2011, n° 19, pp. 150 ~ 157.

⑥ Wang Lianyong, "Multi designated geoparks face challenges in China's heritage conservation", *Journal of geographical sciences*, 2007, pp. 187 ~ 196.

创建和发展地质景区的过程中中国政府起了主导作用，这些景区受到不同制度的保护（例如国家森林公园、风景名胜区、国家自然保护区等等）。在 2004 年到 2007 年间，大部分的地质景区在短时间内被认定为地质公园，而这些景区往往分布在中国东南人口集中区域，这说明"地质公园"设立的第一目标并不是地质保育，而是促进旅游经济发展。① 这些被认定的地质公园往往因为其文化或自然价值已经得到政府保护，但他们还是要面临行政部门工作不协调和利益冲突引发的困境。

（二）地质公园的合作运营方式及世界和区域性网络合作系统

欧洲地质公园网络系统以协会的形式存在，具备促进协会成员开展相互合作的各种工作部门和工作章程。② 其每年两次的协调委员会会议通过没有国家意志渗透③或者监督机构干预④的集体投票表决机制，在促进组织的集体性和平等性方面发挥了重要作用。地方倡导者则更愿意将地质公园定义成一个与国家公园类似的一般性的中央机构。⑤ 地质公园代表的参与、事先的信息交换、数据网络的设立、小组共同规划的制定等方面的职责，以及新成员在做出加入该组织的决定之前必要的理念同化过程，都是维护组织活力的有效举措。在一定程度上不宽松的内部资金以及非多样化结构的机制也是依据激励理论深思熟虑设立的；除此之外，行政机关的财政结构旨在激励协会各部门承担相等的责任，以及维持成员们为共同利益而相互协作的积极的态度。

私人主体就某项规划提出建议也符合欧洲地质公园网络协会的多样化章程。协会建立者认可了地质公园代表和外部成员在科学委员会内部的发言权⑥，毫不犹豫地拒绝

---

① 独特景区保护和经济旅游开发间的不协调在一些不发达地区尤为显著。见 Huang Song, "The geological heritages in Xinjiang, China: its features and protection", *Journal of geographical sciences*, 2010 n°20, pp. 357~374.

② 该组织由协调委员会领导，选定协调员和副协调员负责维持该网状组织中各种活动的开展。协调委员会的组成成员包括：每个地质公园景区的派出的 2 名代表、1 名地质学家以及 1 名地质公园的直接负责人，当地行政或者经济发展或旅游发展专家。委员会讨论的议题包括网状系统的设立以及成员之间项目和活动的合作机制。同时，科学委员会连接了协会的创始成员以及来自联合国教科文组织、国际自然保护联合会（IUCN）以及国际地理科学联合会（IUGS）的，关注地质遗产保护，愿意为该网状系统的运行提供指导建议以及致力于扩展该组织成员的代表。http://www.europeangeoparks.org.

③ 协调委员会中国家代表并没有人数限制，每一国最多有 5 处地质公园的代表可以对相关决定进行投票表决。http://www.europeangeoparks.org.

④ 尽管联合国教科文组织被相关法律赋予对协调委员会批准为该组织新成员的资格的否决权，UICN 和 IUGS 却并没有被赋予这样的权利，http://www.europeangeoparks.org.

⑤ 国家公园的法律地位通过 UICN 和其下属的受保护区域世界委员会得以明确。N. Tobari Farsani, "Geotourism and geoparks as novel strategies for socio economic development in rural areas", *International journal of tourism research*, n° 13, 2011, pp. 68~81.

⑥ 联合国教科文组织、国际自然保护联合会以及国际地理联合会等国际组织机构在科学委员会都有发言权，G. Martini, N. Zouros 和 A. Schüller 作为该组织的创建者，也有发言权。理事会其他成员由指导该网络系统工作的协调委员会和协调员、副协调员一起选出，任期为两年。http://www.europeangeoparks.org.

以公立机构组织方式确立该协会的法定结构①，且将英语作为第一语言，这为地质工程科学的传播、与联合国教科文组织的双边对话以及网络系统中的建设和系统中各国之间的交流创造了有利条件。由跨国的地质公园网络系统极大扩展的地质公园的经营范围，地质公园内产品和服务的质量许可证的建立，以及四年一次的检查和评估②，都体现出协会的企业化性质。地质公园间的合作、交流有利于整体保护，这也避免了地区和不同部门在管理和科研上的相互竞争。这些措施在对自然和文化遗产进行同等保护的基础上，以地质保育对各国的共同意义为出发点，维护了欧洲共同政策的形成和实施。③

在这种逻辑下，每个欧洲地质公园网络协会的成员都预先制定了不同计划。④ 除了开办《欧洲地质公园杂志》和设立网站介绍和宣传地质公园的重要性，成员们还在不断推广"地质公园角"这一项目。借助这一传播平台，介绍地质公园网络系统，并展示作为欧洲其他各地质公园旅游景区宣传名片的旅游产品以吸引游客前来参观其景区。网络组织成员还要参加地质公园申请培训以及其他各项活动，并在各自的景区举办"欧洲地质公园周"。⑤ 此外，成员也可以在相互交流和理解的基础上以多种方式举办和参与章程上没有明确列举的其他活动，以直接增进当地居民对地质学知识的了解。⑥

在世界范围内，网状系统的合作模式也得到推崇。在联合国教科文组织的支持下，全球国家公园网络中心⑦也建立起来，并自 2001 年起欢迎不同世界组织⑧的加入。在此之前，联合国教科文组织没有设立专门保护地质公园的机制⑨，这一举措成为联合国教

---

① 公立的区域性自然公园以法国为例。"网状制度"这一表达的灵感来自于英国，由各种私有机构组成的网状系统（如协调委员会、协调员、工作组等）的联系远比其与政府机构（总统、委员会、议会等）的联系更加紧密，这反映出作为科学工作者的创始成员做出的选择。http：//www. europeangeoparks. org。

② 2009 年，4 个地质公园由于不符合标准而被撤销资格。见 *Patrimoine mondial*，2009，n°52，*op. cit*，p. 59.

③ L. Erikstad，"History of geoconservation in Europe" in *The history of geoconservation*，*op. cit.*，pp. 249 ~ 257；p. 255.

④ http：//www. europeangeoparks. org；，见 *Patrimoine mondial*，2009，n°52，op. cit. p. 58.

⑤ 例如 2013 年"欧洲地质公园周"于 5 月 24 日到 6 月 9 日举行，其活动如讲解参观、讨论以及少儿活动等。见 http：//www. europeangeoparks. org。

⑥ 例如在马来西亚，Langkawi 地质公园附近当地居民受教育水平普遍低下，但是地质公园提供的教学活动让他们很好地了解了地质知识。N. Azman et al. "Public education in heritage conservation for geopark community"，*Procedia social and behavioral sciences*，2010，pp. 504 ~ 511.

⑦ 该网成立于 2004 年 6 月，由 25 个欧洲地质公园和 12 个中国地质公园组成。到 2008 年涵盖 57 个地质公园，其中欧洲 33 个，中国 20 个，澳大利亚、伊朗、马来西亚和巴西各一个。（*Patrimoine mondial*，2009，n° 52，pp. 54 ~ 59.）2012 年，87 个地质公园加入，其中 49 个属于欧洲，26 个属于中国，其余 12 个分布于巴西、马来西亚、澳大利亚、伊朗、加拿大、日本、韩国、印度尼西亚和越南。见 http：//www. globalgeopark. org/.

⑧ 例如，国际自然保护联合会、国际地理科学联合会、PROGEO 组织、欧洲议会、马尔文工作组等国际组织以 1991 年在迪涅拟定的"土地权利宣言"为依据，都赞成致力于环境保护、可持续发展和地球科学知识教育的此类世界性网络组织的成立。见 http：//www. europeangeoparks. org.

⑨ 由于资金预算的限制，在地质公园和世界遗产之间存在的部分重叠的风险，生物圈保护区也 （转下页注）

科文组织成立地质遗产保护组织和地质学家原有合作关系之延伸的写照。以欧洲为原型，全球地质公园网络也设立了不同地质公园及地质遗产专业人士间的交流和合作平台，以分享优秀的管理经验，使地质公园的管理经营免受国家政策的干预。① 在建立国家或地区间网络中心的浪潮下，中国于 2000 年建立了中国国家地质公园网络中心。2007 年，泛亚太地质公园网络中心正式成立②，为亚太地区地质公园的保护开创了先例。欧洲和中国是世界地质公园发展最快的两个主要地区或国家，而北美（尽管对加拿大地质公园的运营模式需要重新认识）则更加倾向于在国家地理社会理论（la doctrine de la National Geographic Society）③ 的指导下，通过国家公园来保护地质遗产。④

地质公园网络中心的层级制度⑤旨在为学术机构、教育机构、旅游业专家和企业的联合提供更加便捷的渠道。如今，一些创立者极力倡导将学术组织和地质公园网络组织在国际自然保护联合会组织框架下的进一步联合，将其整合成一个在该联合会管理之下，由自然生态和地质保护组织融合而成的一个单一网状组织⑥，以促进遗产保护领域的合作，加强如同《欧盟生态环境指令》相关规定所提及的区域性公共政策的紧密结合。⑦ 然而，在当前社会中，地质多样性在很大程度上依然被国际或国家法制保障措施所忽视。⑧

（接上页注）可能面临价值的减损，且生物圈保护区内的地质专家存在短缺。这一切的限制都迫使联合国教科文组织在其赞助国（成员国）的支持下优先支持地质公园网络组织成员国在网络组织框架范围内的保护与经营举措。见 http：//www. europeangeoparks. org；Cf. N. Cayla，"Le patrimoine géologique de l'Arc Alpin"，thèse Université de Savoie，2009，pp. 27～35. http：//europeangeoparks. org。

① 此外，以欧洲的实例为参照，在地质遗产保护模式的启发下，该网络组织结合了行政机构、非政府组织和科学会，致力于成立一个与欧洲遗产保护和可持续发展网络组织有着类似目标的全球性合作机制。国家领土范围内所有的遗产（自然遗产、文化遗产和考古遗产等）都要纳入到整体保护路径中。为了促进地质遗产所在地区教育、旅游和综合性地方经济社会文化的发展，也必须在促进这些方面发展的特殊因素上展开合作以及资源和信息的交换。http：//www. europeangeoparks. org；*Guidelines and criteria for National Geopark seeking UNESCO's assistance to join the Global Geopark Network*，2006；cf. http：//www. globalgeopark. org/。

② *Patrimoine mondial*，2009，n°52，*op. cit.* p. 58.

③ T. A. Hose，Editorial："geotourism and geoconservation"，*Geoheritage*，2012，n°4，pp. 1～5.

④ http：//www. globalgeopark. org.

⑤ www. unesco. org/science/earth/geoparks. html，《世界地质遗产：全球框架》。

⑥ International Union for Conservation of Nature and Natural Resources，http：//www. iucn. org/fr/.

⑦ L. Erikstad，"Geoheritage and geodiversity management：the questions for tomorrow"，*Proceedings of the geologists' association*，juil 2012，7 p.

⑧ 尽管 2000 年欧洲议会颁布的《欧洲景观公约》在地质保存和地质多样性保护方面对缔约国规定了多种义务，并且缔约国在这些问题上有针对其境内的该网络组织成员（位于欧洲的西班牙、波兰、挪威的地质公园以及澳大利亚、加拿大和美国的国家公园）的先进的法制，但大多数国家在这一方面行动迟缓，相关的国际公约也未能达成。现存的某些模范法典和管理规划并不具备真正意义上的法律效力，且并没有对地质遗产的保存进行特别关注和规制。C. D. Prosser，"Our rich and varied geoconservation portfolio：the foundation for the nature"，*Proceedings of the geologists' association*，2012，13 p.

（三）地质公园参与者的合作：难以平衡土地保护和发展的双重目标

地质公园发起的培训、旅游项目、媒体宣传推广和科教素材制作等多方面的活动是地方科学家、旅游企业、媒体、政府官员和社会代表进行合作的有力证明。[1] 地质公园之间的合作就是其中的结果之一[2]，以下几个例子也可更好的说明。

在地质遗产开发利用方面具，法国的上普罗旺斯地质保护区率先进行了一系列尝试。正如 Myette Guiomar 在《地质遗产和土地》一文中所写：

> 从上世纪90年代开始，保护区就旅游路线进行了调整，开设了诸如"时间大道"，"ASSE 高谷"等一批新路线。与此同时，一批地理博物馆在保护区也得以建立，如卡斯兰特的化石博物馆、锡斯特隆地球和时间博物馆，巴勒地质学馆等。这些措施是对当地所有的（自然和文化）遗产整体的保护，而不仅仅是针对地质遗产的保护。此外，每条旅游线路都有专门的宣传性出版物，用以介绍该路线历史、经济、动植物群落、建筑纪念物等情况。为了纪念保护区成立10周年，保护区决定开发当代艺术项目。1994 年，保护区和迪涅博物馆合作，邀请艺术家到保护区和迪涅自然保护区博物馆进行创作和表演。几年之后，保护区和迪涅 Gassendi 博物馆合作成立了"非正式自然艺术研究中心"（Centre d'Art Informel de Recherche sur le Nature）。一项命名为"艺术庇护"（Refuges d'Art）的新计划也伴随着和 Andy Goldsworthy 的合作而出台。保护区还开设了一条长达134 公里的徒步线路，根据艺术家们的选择，它以迪涅 Gassendi 博物馆为起点贯穿保护区各大山脉。在此线路上，小教堂、牧羊人的家、二战独立保卫战根据地等荒废的地方都统一重建，用来进行艺术创作或为远足者提供一个歇脚、住宿的场所。[3]

其他的地质公园如苏格兰的西北高地（North West Highlands）地质公园也采用了法国的开发模式，由于其被文学界和艺术界高度赞扬的"自然之美"，该地质公园进行旅游业经营的历史悠久。现代艺术在景区内的建立是对景区的重新认识，通过情感体验的方式对地质公园的教育功能进行补充，旨在提高游人的对地质旅游和自然价值的

---

[1] 如位于 Vulkaneifel 火山的 Gerolstein 地质公园的实例，R. K. Dowland, D. Newsome, *Geotourism*, op. cit. pp. 101 ~ 105.

[2] 如 Vulkaneifel 地质公园和 Coppercoast 地质公园的合作以及 Coppercoast 地质公园内爱尔兰 Bummahon 社团的成立。R. K. Dowland, D. Newsome, *Geotourism*, *op. cit.* p. 111.

[3] Cf. Myette Guiomar, "Le patrimoine géologique en prise avec son territoire", *Lettre de l'OCIM*, n° 123, mai juin 2009, pp. 31 ~ 39. http：//ocim. revues. org/238；voir également le site de la réserve géologique de Hte Provence, http：//www. resgeol04. org/.

认识。①

作为 1984 年成立的大学学科，德国的地质旅游②要求政府官员、地质大学、旅游工业的相互合作。在这种逻辑下，Gerolstein de Vulkaneifel 公园针对大众和地方行政机构、旅游企业以及地质学家联手举行了许多活动（如远足旅行等）。③ 地质公园的成功让 5 个社区和两个行政区的 257 个景区向公众开放，并成立了专门为地质公园提供资金保障的有限责任公司。

最后，雷斯沃斯石化森林地质公园的经营实例很好地确保了遗产保护和经济发展。其创始人（经营者）非常重视旅游景区中与遗产要素相关的地质保育和经济发展的良性结合，一方面，公园通过景区内地质遗址的保育，保护景区中的遗产要素④；另一方面，旅游公司、酒店、手工制作、食品和饮料产品等产业的开辟确保了当地的经济发展。⑤ 欧洲其他的地质公园在发展旅游的同时让物质和非物质文化遗产都得到了保护和发展，例如在葡萄牙的 Naturtejo 地质公园或意大利的 Beiga 地质公园里，一些景点都根据当地地质特色建设了一些吸引游客的设施。⑥ 简言之，"地质公园"变成可持续旅游发展的头号招牌。欧洲的这种合作经验加速了乡村的发展和变革。对于乡村而言，地质遗产已经非常具有吸引力⑦，但是在土地的地质保育（通过地质普查、立法保护、增强大众关注意识等方式进行）方面却非完全成熟。⑧

---

① J. E. Gordon, "Rediscovering a sense of wonder: geoheritage, geotourism and cultural landscape experiences", *Geoheritage*, 2010, 2, pp. 137 ~ 154.

② 关于英美学者对地质旅游给出的定义见 R. Dowling, D. Newsome, "Geotourism' issues and chanlenges", in *Geotourism*, *op. cit.* pp. 242 ~ 254.

③ M. - L. Frey et al. "Geoparks, a regional European and global policy", in R. Dowling, D. Newsome, *Geotourism*, *op. cit.*, pp. 95 ~ 117.

④ 大部分地质遗址和化石遗迹、景观、自然风光、城堡、寺院、传统卫城和村庄、饮食文化和当地的其他文化元素和事件……以同样的视角，都是旅游景点的重要补充。N. Zouros, *op. cit.* p. 233; Mc. Keever 评估了莱斯沃斯地质公园旅游业带来的社会影响：该公园每年吸引 9000 名游客，带来 35 个固定工作岗位，并新增许多季节性临时工作岗位。Mc. Keever et al, 2010. "The UNESCO global network of national geopark", in *Geotourism*: *The tourism of geology and landscape*, D. Newsome, R. Dowling éd. Oxford; 225 p.

⑤ 亦可参见有关以经济发展为目的的地质公园和其活动及战略之比较的案例。N. Tobari Farsani, "Geotourism and geoparks as novel strategies for socio economic development in rural areas", *International journal of tourism research*, 2011, n° 13, pp. 68 ~ 81.

⑥ R. K Dowling, "Geotourism's global growth", *Geoheritage*, 2011, n°3, pp. 1 ~ 13.

⑦ "Geological heritage as an integral part of natural heritage conservation through its sustainable use in the Idrija region, Slovenia", *Geoheritage*, 2010, n° 2, pp. 137 ~ 154.

⑧ 在希腊，N. Zouros, "Evaluation, protection et promotion des sites géomorphologiques et géologiques de la région égéenne, Grèce", *Géomorphologie*, 2005, n° 3 pp. 227 ~ 234; 同样，在巴西，目前虽不用为地质遗产的保护而忧虑，但地质公园也被认为是直接促进土地发展的工具，这种理念激发了当地居民了解有关可持续开发和利用地质公园的知识的热情。J. M. Piranha and al. "Geoparks in Brazil, strategy of geoconservation and development", *Geoheritage* 2011, n° 3, pp. 289 ~ 298.

结论：地质公园的局限性

　　然而，地质公园的经验也显现出其局限性和公众参与不足问题。① 首先，地质公园的申请依靠地方参与者而不是国家来进行。其次，从土地市场和旅游市场的角度上看，申请"地质公园"称号的目的并非完全只为保护和开发利用地质或地貌遗产。地质公园的主题单一性使得它们与国家公园相比失去了特色，这不仅不利于吸引游客，而且还加大了地质公园间的相互竞争。如今，对这些地质公园来说，最大的问题在于，能否让所有地貌、特别是不典型的地貌都得到"地质公园"的称号。② 如果只有特殊的山体或海滨地貌能成为地质公园，难道这不违背地质公园推广以及保护地质和地貌遗产的意义吗？

　　此外，地质公园国家保护和私人开发利用的双面性也并非没有受到批判，因为旅游的过度开发损害了景区的保存和地球知识的普及。③ 巴西地质公园（30 处未经认定的潜在遗址和 2006 年获得"地质公园"称号的 Araripe 地质公园）的经营方式就是以牺牲地质保存为代价换取经济发展的例证。法律保障措施、公众教育和深入科研似乎是防止地质公园快速或不合理发展的先决条件。④ 还有一些人指出，不规范的过度参观将会使地质公园违背其设立时地质保育的初衷，造成景区不可逆转的损毁。⑤ 最后，尽管有联合国教科文组织的大力支持，但在相同的地质公园组成的网络结构系统中，不同成员对地质公园重要性在理解上的差异是不可避免的，这也容易使地质公园的经营偏离其最初地质保育的目标，走入旅游消费误区。⑥ 旅游和人类活动的发展不能以违反地质遗产保护的前提，不能超越保护的界限，地质旅游获得的资产收益也应当适当分

---

　　① G. Martini et N. Zouros, "Geoparks… a vision for the future", in *Geosciences*, 2008 op. cit. , p. 182 ~ 190; M. Guiomar, "Le patrimoine géologique en prise avec son territoire", *la Lettre de l'OCIM*, n°123 2009, pp. 31 ~ 41; Ch. Venzal, "Les partenariats au cœur de la stratégie d'introduction du géotourisme en France", *Teoros*, 29 – 2 – 2010, pp. 67 ~ 76.

　　② Cl. Portal, "*Reliefs et patrimoine géomorphologique. Applications aux parcs naturels de la façade atlantique européenne*", Thèse université de Nantes, 2010, 436 p, p. 138.

　　③ T. A. Hose et al. "Defining the nature and purpose of modern geotourism with particular reference to the United Kingdom and South East Europe", *Geoheritage*, 2012, n° 4, pp. 25 ~ 43.

　　④ 培养地质学家、完成国家地质遗址普查工作、在学者和居民中通过宣传而促进地质保育工作等，都是本文所述"先决条件"。J. M. Piranha and al. "Geoparks in Brazil, strategy of geoconservation and development", *Geoheritage* 2011, n° 3, pp. 289 ~ 298.

　　⑤ 诸如限制游客行为的法规、有关园区准入的禁令、大量的代理人监督制度、被标记的区域和路径的建立等一切措施似乎都是对问题解决方案的探索。D. Newsome et al. "The nature and management of geotourism, a case study of two established iconic geotourism destinations", *Tourism management perspectives*, 2012, pp. 19 ~ 27.

　　⑥ 参见 R. K. Rowling et D. Newsome 在 T. A. Hose 的著作中对澳大利亚地质旅游概念的批判。T. A. Hose et al. "Defining the nature and purpose of modern geotourism with particular reference to the United Kingdom and South East Europe", *Geoheritage*, 2012, n° 4, pp. 25 ~ 43.

配到对遗产保存有重要意义和实效的科学研究和地质保育工作当中。

L'initiative privée au cœur de la valorisation du patrimoine géologique

Philippe Tanchoux

（Maître de conférences en histoire du droit, Université d'Orléans, France）

Lagéologie est la science qui étudie la Terre dans ses différentes parties directement accessibles à l'observation, s'efforçant de reconstituer leur histoire par l'étude de leur agencement. Elle traite de la composition, de la structure, de l'histoire et de l'évolution des couches internes et externes du globe terrestre. La géomorphologie, associant géographie et géologie émerge à la fin du XIXe siècle et s'entend aujourd'hui comme une « physique du relief, centrée sur la compréhension des processus de la morphogenèse, de leurs actions et interactions ». [1] Or, le concept récent de *géopatrimoine* tend à recouvrir les roches, les sols, les reliefs et les autres caractéristiques géologiques et géomorphologiques Ces deux sciences aux problématiques distinctes soulignent l'ambivalence des éléments du patrimoine qui relient le naturel et le culturel, la première privilégiant une approche naturaliste de la formation de la Terre, la seconde une approche mêlée de culturalisme valorisant les reliefs et le paysage tels qu'ils sont vus par le regard humain.

Or, en France et de façon voisine sur le continent Européen, les patrimoines géologique et géomorphologique n'ont longtemps été considérés que comme éléments accessoires du paysage, de la nature, de l'urbanisme··· Les mesures juridiques de protection de ces biens sont rarement systématiques ou spécifiques et leur mise en œuvre reste complexe (parcs nationaux et naturels, dispositifs montagne et littoral, sites et réserves). Outre le fait que la finalité des mesures existantes se résume souvent à contrôler la réalisation de travaux et aménagements, de façon conservatoire pour les biens protégés, (de façon plus souple pour les projets de territoires), l'application de ces dispositifs aux biens géologiques et géomorphologiques reste quantitativement marginale et la diversité des éléments patrimoniaux liés à la géologie (fossiles,

---

[1] Sur tout ce développement Cf. Ch. Giusti, in *Géosciences*, n°7 – 8 mars 2008, p. 36 ~ 42.

grottes) ou à la géomorphologie (géomorphotypes ou géosites) ne correspond pas nécessairement aux outils juridiques disponibles. ① Dans ce contexte particulier les géologues ont été pionniers pour défendre la reconnaissance du *géopatrimoine* et promouvoir un label innovant de « géoparc » destiné spécifiquement à ces biens (I). Ce label de géoparc présente de plus la particularité de maintenir une forte implication des acteurs privés et publics dans la protection et valorisation des géosites dans un projet de territoire commun (II).

I La prise en considération du patrimoine géologique/géomorphologique à l'initiative des scientifiques

1) La prise de conscience du*géopatrimoine* dans la sphère des géologues

La prise en compte du patrimoine géologique en Europe est inégale selon les pays. Si l'attention pour les « beautés de la nature » émerge dans la seconde moitié du XIXe siècle en Europe occidentale, (en Allemagne, en Belgique, au Royaume Uni, en France⋯) et suscite différentes législations protectrices sur le modèle des monuments historiques, le regard n'est pas porté exclusivement sur les éléments géologiques et est concentré sur l'aspect pittoresque et esthétique des sites. Seul le Royaume Uni connaît depuis le XIXe siècle un engouement touristique autour des sites géologiques remarquables. ② Pour les autres, les premières mesures de protection de géosites apparaissent au tournant du XXe siècle③ alors que se développe à partir de 1909 et la protection de la nature biologique sauvage par le biais de parcs nationaux, en Scandinavie, en Suisse. Cette approche européenne artialisée de la nature, et prioritairement biologique, est sans comparaison avec l'initiative nord américaine de protection de la nature « sauvage » avec le premier parc national de Yellowstone de 1872, dans laquelle la géologie constitue un des éléments dans la protection globale de la nature.

Les Européens s'engagent plus avant dans cette voie au milieu du XXe siècle, avec le développement d'inventaires géologiques, l'adoption de lois protectrices contre le trafic des col-

---

① Prélèvements et commercialisation de fossiles et minéraux demeurent sous encadrés et ne sont pas protégés avec les mêmes facilités. Sur tous ces éléments, cf. Ph. Billet, "La protection du patrimoine géologique", Paris, *Atelier Technique des Espaces Naturels*, 2002, p. 61 ~ 142.

② T. A. Hose, Editorial: "geotourism and geoconservation", *Geoheritage*, 2012, n°4, pp. 1 − 5; et C. V. Burek et C. D. Prosser, *The history of geoconservation*, Geological Society of London, 2008, 312 p.

③ Si la colline de Drachenfels en Rhénanie du nord est protégée dès 1836, et qu'une commission belge des monuments et sites apparaît dès 1827, les autres pays européens (Royaume Uni, France) se préoccupent de la protection des sites naturels au tournant du XXe siècle dans une approche esthétique. Les Scandinaves sont les premiers en 1909 − 10 à reprendre le modèle du parc national pour des éléments de nature vierge, cf. L. Erikstad, "History of geoconservation in Europe", in *The history of geoconservation op. cit.*, pp. 249 ~ 257.

lections de fossiles et la mise en place de parcs naturels. [1] A partir des années 1970 apparaissent les premières initiatives au Royaume Uni et en Europe occidentale pour la conservation spécifique des géosites à l'initiative des scientifiques dans un contexte de crise des industries minières et métallurgiques et de reconversion des territoires. [2] Un premier groupe de recherche se constitue aux Pays – Bas en 1969 pour réfléchir à la conservation des sites géologiques, établir un inventaire des sites en Europe. Un groupe de recherche européen sur la conservation des sites d'intérêt géologique (European Working Group of Earth Science Conservation EW-GESC) est mis en place en 1989 à l'occasion d'un congrès à Leersum (Pays – Bas), sous la direction du scientifique Gérard Gonggrijp. [3] Il se joint à la conférence des Réserves Naturelles Françaises en 1991 pour organiser au sein de la Réserve Géologique de Haute Provence (RGHP, France) le premier symposium international sur la protection du patrimoine géologique, sous le patronage de l'UNESCO, lors duquel est rédigée la Déclaration des droits de la mémoire de la Terre. [4] L'EWGESC se constitue en 1993 à Malvern en association sous l'appellation ProGEO, organise depuis lors des conférences et diffuse des publications qui résument 25 ans d'expérience européenne dans le domaine de la géoconservation. [5] De

---

[1]　Au sortir de la Seconde Guerre Mondiale, la France est l'un des rares pays développés à n'être doté d'aucune législation concernant des parcs nationaux. Seules des réserves naturelles créées et gérées pas les Eaux et Forêts ou des organismes comme la Ligue de Protection des Oiseaux (LPO) ou la Société Nationale de Protection de la Nature (SNPN) existent. Le 27 novembre 1946, un décret institue le Conseil national de la protection de la nature, qui aura pour mission la définition des statuts des parcs nationaux en France. La loi cadre instituant les parcs nationaux, élaborée par le ministère de l'agriculture, est finalement adoptée le 22 juillet 1960; le premier parc national de la Vanoise inauguré en 1967. Avec la mise en place des parcs nationaux, des parcs naturels régionaux (PNR) (Décret du 1 – 3 – 1967), le développement d'un ministère de la protection de la nature et d'un conservatoire du littoral, des conservatoires de l'environnement…. le terme de « patrimoine naturel » est employé pour la première fois en France en 1967 pour la création des PNR. Cf. M. Ambert, "Contribution à la connaissance du patrimoine naturel languedocien, enjeux, concepts et applications", *Thèse Lyon 2*, 2004, pp. 8 et s.

[2]　Cette crise conduisit à la fermeture des mines et carrières, à la destruction d'un grand nombre de sites industriels en vue de leur reconversion, réduisant le nombre de lieux d'enquête et de recherches des géologues professionnels et amateurs et donnant lieu à la destruction de géosites majeurs (pour exemple le Royaume Uni) ou à leur abandon (Serbie). Cette évolution économique provoqua de façon limitée la préservation de certains sites et leur ouverture au public par le biais de sentiers de découvertes et dispositifs d'interprétation patrimoniale, Cf. T. A. Hose et al. "Defining the nature and purpose of modern geotourism with particular reference to the United Kingdom and South East Europe", *Geoheritage*, 2012, n° 4, pp. 25 ~ 43.

[3]　Depuis lors, ce groupe de recherche se réunit tous les ans à l'occasion de symposia et de congrès, cf. http: // www. progeo. se/history. html.

[4]　*Actes du 1er symposium international du patrimoine*, *géologique*, Digne – les – Bains, 11 – 16 juin 1991, *Mémoires de la Société Géologique de France*, n°165, 1994, 276 p; Cf. D. Morin, Actes du 1er symposium, *op. cit.*, p. 47 ~ 52.

[5]　Sur tous ces éléments, cf. L. Erikstad, *The history of geoconservation*, *op. cit.* p. 253. L'IUGS (Union Internationale des Sciences Géologiques), organisation non gouvernementale prolonge par un programme de travail Geosee en 2004 l'étude du développement du géotourisme sur le modèle des géoparcs européens.

cette effervescence des scientifiques[①] naissent dans les années 1990 la notion de géodiversité, à l'instar de la biodiversité, pour valoriser une conservation holistique des géosites, et le label géoparc, combinaison d'ambitions de conservation des sites, de diffusion au grand public des connaissances de la géologie, et de projet de développement durable des territoires.

2) L'inadéquation du label Patrimoine Mondial (PM) de l'UNESCO aux particularités du patrimoine géologique

Le label Patrimoine Mondial (PM) de l'UNESCO constitue une possibilité pour défendre le patrimoine géologique. En 2010, l'UNESCO valorise 730 sites dont 144 sites pour lesquels la valeur universelle est fondée sur les critères vii et viii,[②] et 39 sites remarqués pour leurs qualités géologiques et/ou géomorphologiques. Il faut ajouter les paysages culturels qui, caractérisés par l'interaction anthropique qui les a façonnés, sont parfois fortement marqués par la géologie. Ces biens semblent constituer une source nouvelle de potentiels patrimoines comme archives de la Terre, dans le prolongement des directives de l'UICN qui en 2008 promeut la conservation du patrimoine géologique commun.[③]Mais le nombre limité de sites géologiques/géomorphologiques labellisés ne recoupe pas l'ensemble des sites représentatifs de chaque âge d'évolution de la Terre utiles à préserver dans un but de maintien de la géodiversité.[④]Et le label Patrimoine Mondial, très exigeant par la nécessité d'une valeur uni-

---

① En France, c'est également la communauté scientifique qui s'est mobilisée la première et la réflexion s'engagea au ministère de l'Environnement au tournant des années 1990. Toute une série d'initiatives favorables au patrimoine géologique émergèrent: après le 1er Symposium international sur la protection du patrimoine géologique à Digne en 1991; les premières journées du patrimoine géologique en 1997, la création en 1998 d'une conférence permanente du patrimoine géologique suivie de la reconnaissance en 2002 (L. 27-2-2002 sur la démocratie de proximité) de la notion de « patrimoine géologique » débouchèrent sur la mise en place réfléchie d'un inventaire national à partir de 2007 à même de faciliter l'établissement de la liste nationale des sites géologiques protégés instituée par la loi Barnier du 2 février 1995 relative au renforcement de la protection de l'environnement, Cf. P. de Wever et al., *Vade-mecum pour l'inventaire du patrimoine géologique national*, SGF, Mémoire, hors série n°12, p. 49 ~ 52.

② Parmi les critères permettant l'inscription des sites naturels sur la liste du patrimoine mondial de la convention de 1972, le 8e critère prend en compte les exemples représentatifs des grands stades de l'histoire de la Terre, y compris le témoignage de la vie, de processus géologiques en cours dans le développement des formes terrestres ou d'éléments géomorphologiques ou physiographiques ayant une grande signification. Cf. *Patrimoine mondial*, n° 52, 2009 p. 10. Les critères vii et viii sont essentiellement tournés vers la géomorphologie.

③ C'est également l'UICN qui est chargée d'évaluer les propositions d'inscription géologique sur la liste du patrimoine mondial, avec l'aide d'experts pour les biens géologiques et géomorphologiques (Association Internationale des Géomorphologistes et l'Union Internationale des Sciences Géologiques). Elle dresse une liste de 13 critères supplémentaires pour évaluer les biens relatifs aux sciences de la Terre.

④ Cf. C. Jones, "History of geoparcs" in *The history of geoconservation*, op. cit. pp273 - 279 et P. J Boylan, "Geological site designation under the 1972 UNESCO World Heritage Convention", in *The History of geoconservation*, op. cit., p. 280 ~ 305. Outre le fait que seuls 72 sites sur 851 étaient repérés en 2008 au Patrimoine Mondial principalement (转下页注)

verselle exceptionnelle, n'apparaît pas comme le plus approprié pour généraliser une protection du patrimoine géologique/géomorphologique à l'échelle mondiale.　Les biens géologiques restent encore sous évalués[1] ou dominés par les critères culturels d'inscription. [2]

La conscience des limites du label PM en la matière explique sans doute le soutien de l'UNESCO aux initiatives en faveur de la géologie depuis les années 1990, avec la mise en place de groupes de travail, l'élaboration d'une liste de sites géologiques dans le monde (GILG-ES[3]) suivant des critères avant tout scientifiques, le soutien au dispositif des Géoparcs avec les directives adressées aux Etats parties pour contribuer à défendre ce patrimoine émergeant.　C'est aussi vraisemblablement l'objectif prioritaire de conservation du label PM qui a incité les géologues à ambitionner un label aux objectifs plus ouverts, associant géoconservation, développement durable et éducation pour un même projet de territoire, même pour des patrimoines ne présentant pas une valeur universelle exceptionnelle.

3）Le Géoparc: un projet à l'initiative des scientifiques?

L'émergence de l'idée de géoparc est due à la rencontre de deux chercheurs, Guy Martini[4] (France) et Nicolas Zouros (Grèce) lors d'un congrès international de géologie à Pékin

---

(接上页注) ou accessoirement pour leur caractère géologique ou géomorphologique, les stratotypes caractéristiques de l'évolution de la Terre n'étaient pas repérés par les critères UNESCO (critère viii). L'absence de processus permettant aux représentants scientifiques de la géologie de se faire entendre et de participer à la labellisation Patrimoine mondial dans les structures UNESCO, le manque de reconnaissance de l'histoire géologique et l'absence d'intérêt de certains pays pour leur héritage géologique expliquent ce retard pour les biens en cause.

①　Cf. http://europeangeoparks. org; cf. également les propositions de valorisation du patrimoine géologique résumées dans le rapport établi par l'UICN en 2005, *Geological world heritage*, *a global framework*, http://unesco. org.

②　Pour exemple, Pétra en Jordanie, les fjords de Bergen en Norvège relient les éléments naturels au critère culturel, la catégorie des « paysages culturels » comme le paysage géologique de Tongariro en N[elle] – Zélande, ou ceux qui font émergé un patrimoine immatériel dans le rapport particulier des populations au sacré comme à Uluru Ayers Rock en Australie diluent également la référence aux seuls biens géologiques de valeur universelle exceptionnelle.

③　La classification établie par l'UNESCO en 1991 s'appuie sur les références établies à Digne la même année. Le projet GILGES (Global Indicative List of GEological Sites) s'est prolongé sous la forme du projet GEOSITE, un temps soutenu par l'IUGS, et repris depuis par le groupe ProGEO. La liste des géosites remarquables est en voie de réalisation dans plusieurs pays européens sur la base des inventaires scientifiques nationaux, cf. L. Erikstad, "History of geoconservation in Europe", in *The history of geoconservation op. cit.* p. 253 ~ 254.

④　Arrivé à Digne en 1978 comme étudiant de l'université de Provence pour réaliser un inventaire des sites géologiques des environs, Guy Martini fit émerger l'idée d'une Réserve naturelle qui fut adoptée par arrêté ministériel 84 – 983 du 31 – 10 – 1984. Devenu professeur de géologie, et directeur de la Réserve en 2012, il est parti vivre en Espagne en 2000 pour gérer des programmes Européens consacrés au développement durable, avant de devenir en 2004 Conseiller de la Ministre de la Culture du Gouvernement de Castille et Leon, chargé des politiques culturelles et assumant durant 6 ans la Direction du Festival International des Arts de Salamanque, plus important Festival Espagnol de créations contemporaines, cf. http://provence – alpes. france3. fr.

en 1997. [1]Constatant le manque d'intérêt du grand public à la cause géologique, ils se mirent d'accord sur la sollicitation d'un financement de la Commission européenne dans la valorisation du patrimoine géologique au sein de projet de développement de territoires sur le modèle des initiatives de la Réserve Géologique de Haute Provence développées depuis 1984. [2] Martini réussit à convaincre quatre partenaires européens déjà investis dans la conservation des biens géologiques pour se constituer en réseau de géoparcs : la réserve naturelle de Haute Provence, le parc culturel de Maestrazgo/Terruel (Espagne), le parc et museum d'histoire naturel de la forêt pétrifiée des îles Lesvos (Grèce), le parc naturel de Vulkaneifel (Allemagne). La solidarité entre géologues prévalut ainsi sur les schémas de protection/valorisation patrimoniaux nationaux. Les objectifs signalés étaient de coopérer dans un souci de développement durable et de respect des identités respectives, de résoudre de façon imaginative à l'aide d'expériences

---

① Sur l'origine du projet, cf. G. Martini, N. Zouros, "European geoparks : geological heritage and european identity. cooperation for a common future", *European Geoparks Magazine*, 2001, issue 1, p. 4.

② « *L'implication d'une poignée de personnes (dont Guy Martini à l'échelle nationale puis internationale,) pour faire reconnaître le patrimoine géologique a permis de faire émerger cette notion, de faire naître les premières réserves géologiques et d'en faire la promotion. L'organisation à Digne, au sein de la Réserve géologique de Hte Provence créée en 1984 du premier symposium international sur le patrimoine géologique a donné à la Réserve un rayonnement international alors même que les actions de médiation expérimentées en son sein allaient servir de modèle* [la RGHP fut même considérée par G. Martini en 2008 comme se développant depuis son origine en 1984 « comme un géoparc » dont l'expérience peut servir aux nouveaux membres, "Geoparks… a vision for the future", *Geoscience 2008*, n° 7 – 8, p. 185]. (⋯) *La période postérieure à 1991 est une phase de développement avec l'extension du territoire (la Réserve compte aujourd'hui 59 communes, contre 36 en 1991 et représente une superficie de plus de 2 300 km2), l'accroissement de l'image internationale de la Réserve (le moulage de la Dalle aux ammonites pour le Japon ⋯), le début d'un mariage réussi entre la Réserve géologique et l'art contemporain, et les programmes de développement durable autour de patrimoine géologique* ». Dans le contexte des programmes européens Leader II des années 1990 qui avaient pour objectif de soutenir en zones rurales défavorisées des projets innovants de développement local, « *la Réserve géologique a élargi son champ d'action vers l'économie locale. Le projet construit autour d'une réserve géologique repensée comme une « entreprise – territoire », a été soutenu par les institutions et les élus* » alors que « *le pays dignois n'existait pas encore* ». « *La RGHP a conçu un projet de développement touristique autour du patrimoine géologique impliquant de très nombreux partenaires locaux. Une politique de réseau a été développée. Afin d'impliquer la population locale et les différents acteurs, des rencontres et des formations ont été organisées par la réserve* ». (cf. *infra* 2ᵉ partie) « *Néanmoins, le projet lancé au sein de la réserve peine à obtenir durable les financements utiles au développement du territoire, ce développement local n'étant pas une des missions essentielles définies par l'État pour les réserves naturelles (conservation, connaissance), un poste d'agent de développement ne peut être financé dans ce cas. Si les collectivités territoriales sont localement impliquées, les limites du statut de protection ont constitué un argument supplémentaire à l'imagination d'un statut et d'une structure nouvelle comme le Geopark, capable de joindre le projet patrimonial et le projet de développement économique* ». Sur tous ces développements, cf. Myette Guiomar, "Le patrimoine géologique en prise avec son territoire", *Lettre de l'OCIM*, n° 123, mai juin 2009, pp. 31 – 39 http : // ocim. revues. org/238 ; voir également le site de la Réserve Géologique de Hte Provence, http : //www. resgeol04. org/ ; L. Erikstad, "History of geoconservation in Europe" in *The history of geoconservation*, *op. cit.*, pp. 249 – 257 ; C. Jones, "History of geoparcs" *The history of geoconservation*, *op. cit.*, pp. 273 ~ 279 ; ou *European Geoparks magazine*, n°1 p. 4.

comparées les problèmes propres à chaque site, et d'associer largement dans un réseau Européen les territoires présentant de telles caractéristiques géologiques. ① La géoconservation globale devait être une ambition partagée, non le but propre de chacun des sites. L'initiative trouva l'appui des programmes européens Leader IIIC, INTEREG II et INTEREG III et celui de la Division des sciences de la Terre de l'UNESCO dès 1999. ②

La convention fondant le label Geopark③ fut signée à Lesvos④ le 5 juin 2000 entre les quatre partenaires, le label fut déposé comme marque commerciale dans tous les pays de l'Union Européenne la même année. Une première rencontre sur le site de Maestrazgo en Espagne en 2000 rassemble les représentants de 20 potentiels géoparcs européens et le projet s'élargit à 12 sites membres dès 2001. ⑤ La signature la même anneé d'une convention de coopération avec l'UNESCO plaçant le réseau sous son patronage⑥ enracine le projet dans une légitimité durable alors que les financements de l'Union Européenne assurent sa viabilité. ⑦ La convention complémentaire de Madonie en 2004 fait du réseau européen l'intermédiaire obligé pour toute candidature d'un territoire européen au Global Geopark Network institué par l'UNESCO.

II Le croisement des intérêts publics de protection et privés de valorisation économique du patrimoine dans le projet de territoire du « Géoparc »

1) La singularité du label Géoparc: la protection/valorisation du géopatrimoine comme projet de développement territorial

Le « géoparc » constitue une nouveauté parmi les outils de protection/gestion du patri-

---

① http://www.europeangeoparks.org.

② L'UNESCO a soutenu de 1999 à 2001 le projet des Géoparcs par le biais d'un programme de financement en 1999 (prog. 156 EX 11 Rev) avant de réduire son soutien aux seules actions internes aux pays, (http://www.unesco.org). Elle avait participé à l'initiative du projet en développant le projet de programme Geoparc de l'UNESCO dès 1997, cf. C. Jones, "History of geoparks", in *The history of geoconservation*, *op. cit.* p. 274.

③ Le nom de *géoparc* ressort des propositions de la Division des sciences de la Terre de l'UNESCO dès 1997, et remplaça la notion de *réserve* initialement choisie, cf. N. Tobari Farsani, "Geotourism and geoparks as novel strategies for socio economic development in rural areas", *International journal of tourism research*, n° 13, 2011, pp. 68 ~ 81.

④ La convention de Lesvos des 3/5 – 6 – 2000 fonde le réseau européen; (cf. M. L. Frey et al. Geoparks, a regional European and global policy, in *Geotourism: sustainability*, *impacts and management*, sous la dir. de D. Newsome, Ross Dowling ed. Oxford, 2006 pp. 95 ~ 117).

⑤ http://www.europeangeoparks.org.

⑥ Programme Géoparc de l'UNESCO, 15 – 4 – 1999, 156 EX 11 Rev, http://unesdoc.unesco.org/images/0011/001151/115177f.pdf.

⑦ Les fonds LEADER IIC, INTEREG III B ET INTERG IIIC, INTEREG IV de l'Union Européenne assurent la pérennité financière du projet, cf. C. Jones, "History of geoparks", in *The history of geoconservation*, *op. cit.* p. 277.

moine, *influencé par les outils anglo saxons mis en œuvre dans la protection de la nature.* [1] Son opportunité pour les géologues fut multiple : visant tout à la fois à éviter la confusion en termes d'image dans l'esprit du public et des populations locales liée à la multiplicité de statuts protecteurs, le géoparc s'est voulu différent des modèles de gestion des parcs nationaux ou réserves de Biosphère concentrés sur la conservation durable des sites. Il n'entend pas écarter la présence humaine qui a participé à façonner le site dans la durée et qui assure son attractivité pérenne pour les visiteurs. Destiné à être utilisé pour un site d'intérêt incontestable, ce label vise tant à la conservation du site qu'à l'éducation du public en sciences de la Terre et au développement durable du territoire. [2]

De ce fait, bien qu'attaché à la protection de l'objet géologique, le géoparc se singularise par une approche patrimoniale holistique à même de relier les patrimoines naturel et culturel dans une même perspective de protection et mise en valeur, obligeant à un inventaire préalable et hiérarchisé des richesses valorisables sur le site et à leur promotion globale. [3] En ce sens, il peut apparaître comme un statut dérivé des parcs nationaux nord américains ou des biens classés PM de l'UNESCO. [4] S'y ajoutent la volonté d'y associer la création artistique et l'éducation aux sciences de la Terre pour valoriser « l'esprit du lieu », donner à sentir l'espace, penser le temps… Cette ambition est justifiée par la singularité symbolique du patrimoine géologique et

---

[1] Cf. l'exemplarité des sites australiens et les réunions des groupes de travail tenues à l'UNESCO à partir de 1991 pour dresser une Liste indicative Mondiale des Sites Géologiques (GILGES), (E. B. Joyce, Assessing the significance of geological heritage sites : from the local level to world heritage, in Actes du 1er symposium, *op. cit.*, pp. 37 ~ 43 ; du même auteur, Australia's Geoheritage : history of study, a new inventory of geosites and applications to geotourism and geoparks, in *Geoheritage* 2010, n°2 pp. 39 ~ 56). Dans le même temps la logique des financements européens LEADER pour les projets de développement des territoires ruraux à partir de 1991 et le modèle du « parc culturel » espagnol associant patrimoine matériel et immatériel promeuvent la conservation patrimoniale et le développement durable comme objectifs complémentaires, cf. *Geosciences*, n°7 – 8, mars 2008, p. 182 ~ 190.

[2] Sur toutes ces caractéristiques du géoparc, ses structures, son mode de fonctionnement en réseau et sa gestion, Cf. "La charte du réseau européen des Géoparcs", http : //europeangeoparks. org.

[3] Les vertus de tels inventaires sur la connaissance des sites, à l'instar de ce que l'on connaît pour le patrimoine culturel en France depuis 1964, ne sont pas à démontrer. Ils facilitent le repérage et la connaissance, puis la conservation et la valorisation, voire le recours à des mesures juridiques de protection ; cf. pour l'exemple la réserve naturelle du Toarcien in *Geosciences*, 2008 *op. cit.*, p. 170 ~ 176 ; cf. P. de Wever, "Un inventaire du patrimoine géologique pour la France", in *Lettre de l'OCIM*, n° 121, 2009, pp. 12 ~ 20.

[4] Cf. les méthodes systématiques utilisées par Parc Canada dans la définition du patrimoine de ses sites, ou la Valeur universelle exceptionnelle défendue pour les biens du patrimoine mondial par l'UNESCO invitant à une lecture holistique des patrimoines du site classé, cf. A. Charbonneau, " « L'intégrité commémorative de Parcs Canada » préalable aux mesures de protection des territoires in *Val de Loire Patrimoine Mondial*, *identité*, *protection*, *valorisation*", Actes du colloque d'Orléans, 7 – 8/12/2012, à paraître aux PUR en 2013.

son impact fondamental sur le développement des civilisations sur le territoire. ① Le géoparc entend dépasser les modèles de médiation traditionnels des parcs pour laisser le visiteur déambuler dans un espace aussi vierge et sauvage que possible, débarrassé de sa qualité de « produit touristique à consommer », pour vivre librement une expérience de relation directe à la nature. ② Cet idéal ambitieux conduit à privilégier une médiation sans impact visuel sur le site, et à valoriser une interprétation reliant le passé de la Terre vers ses futurs possibles. ③

Deuxième particularité, le projet de développement durable et la valorisation du site par le développement de circuits, de musées, de programmes… font du géoparc un outil économique et social tourné vers l'avenir pour le territoire ET ses habitants, plus qu'une mesure exclusivement protectrice du site. L'interaction entre le développement socio - économique et culturel et la préservation de la nature constitue même l'un des repères des géoparcs dans la perspective de l'Agenda 21 élaboré à Rio del Janeiro en 1992. ④ De ce fait, le géoparc, comme les parcs naturels, concerne non un site mais un territoire suffisamment étendu dans lequel la spécificité géologique ou géomorphologique d'importance internationale est remarquée. Et le géoparc, à l'instar du dispositif PM, n'est pas une mesure de protection juridique mais est conçu comme un label, à savoir un signe distinctif d'excellence, tel qu'on en trouve dans le monde économique. La marque « réseau Géoparc Européen » (EGN) illustre cette double évolution qui incorpore peu à peu le droit du patrimoine dans les dispositifs environnementaux et qui emprunte les mécanismes du milieu économique pour accroître la valorisation de biens plus qu'elle ne recourt aux servitudes juridiques contraignantes pour garantir leur conservation. Marqué par une dynamique de valorisation, le géoparc s'appuie sur une série d'engagements périodiquement

---

① Les promoteurs de cette intégrité holistique des patrimoines soulignent que l'élément géologique n'a pas un impact seulement sur la nature. Du fait des ressources énergétiques ou minières ou de l'usage du sol pour l'agriculture, la forêt etc… pour lesquels la géologie est l'élément déterminant, ce patrimoine géologique est à la base du développement culturel des sociétés, des villes, des paysages, cf. R. K. Dowland, D. Newsome, *Geotourism*, *op. cit.* p. 111.

② Certains auteurs soulignent la nécessité de dépasser la seule valorisation géologique ou géomorphologique sur la base des parcs naturels existants et introduisent l'originalité la plus grande de ce type d'outil de valorisation du territoire en termes d'objectifs: il s'agirait de faire de ces géoparcs des lieux d'histoire de la Terre non anthropisés dans lesquels la philosophie, l'écriture et l'art pourraient se rencontrer pour que le visiteur revisite l'échelle du temps et décale son regard par rapport à la chronologie humaine, expérimente un autre rapport à la Nature en dehors de toute intervention humaine et touche au patrimoine tangible et immatériel. Bref un lieu unique où le patrimoine géologique, par son caractère transcendant entre nature et culture, ferait le lien entre un passé très ancien et les projets du futur dans laquelle l'humanité est appelée à s'inscrire. Ce vœu s'exprimait déjà lors du 1er symposium de 1991, G. Martini appelait à " « *transmettre une façon différente de percevoir notre Terre et lui permettant de redécouvrir le Temps* (…), *la relativité de ce qu'il perçoit comme une réalité immuable* » et qui n'en est une que pour sa propre perception personnelle", in *Actes du 1er symposium*, *op. cit.*, p. 111 ~ 118; p. 188 ~ 190.

③ Cf. G. Martini, N. Zouros, "Geoparks… a vision for the future", *Geoscience* 2008, n° 7 - 8, pp. 182 ~ 190.

④ http://europeangeoparks. org.

évalués qui assurent la pérennité du label, tout en pouvant se combiner avec les outils juridiques de protection traditionnels pour ses éléments les plus remarquables. La démarche conduit les demandeurs du label à se plier de leur propre fait aux cahiers des charges prédéterminés par l'autorité de délivrance, et à assurer son respect continu au fil des évaluations périodiques. Le risque pour les acteurs locaux est une sanction moins juridique et solennelle qu'économique et symbolique vis – à – vis du marché touristique, à savoir le retrait du label. L'enjeu de protection peut y trouver son compte sous certaines conditions.

Au regard de ces principes, la charte de Lesvos,[1] inspirée des préconisations de l'UNESCO établies en 1997, fixe les critères de reconnaissance du géoparc et constitue un cahier des charges pour ses membres. Le géoparc doit être dirigé par une structure capable d'assurer des enjeux de protection des patrimoines, notamment géologique, et de développement durable au sein du territoire. Chaque site, dans le respect de ses traditions nationales, est libre dans le montage juridique de cette autorité gestionnaire (administration publique, entreprise privée ou d'économie mixte[2]). Si le lien entre valorisation patrimoniale géologique et développement du géotourisme constitue une des grandes originalités du géoparc, il ne doit pas conduire à aliéner la ressource patrimoniale. De ce fait, le commerce des éléments géologiques est par principe défendu[3] et l'éducation des visiteurs aux sciences de la Terre est un objectif complémentaire. Mais à l'inverse des parcs nationaux qui excluent la présence humaine et les activités économiques, l'association des entreprises locales à la réalisation de produits liés au patrimoine local, le partenariat avec les artistes, les responsables du tourisme et producteurs sont évalués comme la clef de voûte d'une géoconservation pérenne.[4]

---

[1] Cf. Charte de Lesvos, http://www. europeangeoparks. org.

[2] Les exemples en Europe du Sud Est montrent la diversité des choix faits: Le Hateg Country Dinosaur geopark en Roumanie est géré par l'université de Bucarest, comme le Géoparc Papuk en Croatie est impulsé par des géologues de l'université de Zagreb et des responsables du parc naturel de Papuk; le géoparc de l'île de Rab est géré par une structure associant la municipalité de Rab, les chercheurs de l'université de Zagreb et les représentants croates de ProGEO. Les initiatives de géoparc sont fréquemment collectives, associant universitaires et administrations, Cf. T. A. Hose et al. "Defining the nature and purpose of modern geotourism with particular reference to the United Kingdom and South East Europe", *Geoheritage*, 2012, n° 4, pp. 25 ~ 43.

[3] Les statuts des géoparcs interdisent ce trafic qui amoindrit la valeur géologique du site; certains auteurs conduisent à nuancer le propos lorsqu'il s'agit de site d'extraction de pierres dont une part des déchets subsiste sur le site et peut être utilisée pour des souvenirs, comme le Gea Norvegica Geopark. Un plan de gestion semble indispensable à la préservation de ces sites, cf. L. Erikstad, "Geoheritage and geodiversity management: the questions for tomorrow", *Proceedings of the geologists' association*, juil 2012, 7 p.

[4] Cet enjeu de respect des traditions locales des habitants se pose en réaction aux pratiques suivies lors de l'institution des premiers parcs nationaux, obligeant les habitants à déménager et vivre en dehors du parc, N. Tobari Farsani, "Geotourism and geoparks as novel strategies for socio economic development in rural areas", *International journal of tourism research*, n° 13, 2011, pp. 68 ~ 81.

Au regard de la pratique, la structure du géoparc se révèle être un statut alternatif aux mesures légales de protection ou au label PM pour le développement des territoires, mais n'est pas sans risque. Ainsi en Australie, le statut de géoparc est – il vu comme facilitant la valorisation économique de géosites géographiquement proches, insuffisamment remarquables pour justifier le statut de parc national, en lien direct avec d'autres richesses patrimoniales (naturelles et culturelles) pour le développement de territoire. C'est un statut qui se distingue des parcs nationaux et des sites PM lesquels sont gérés par l'autorité publique, sont de petites tailles, sont soutenus par des budgets publics restreints, et valorisent avant tout la nature biologique. La promotion du Kanawinka Global Geopark en 2008 traduit cette nouvelle logique de valorisation patrimoniale. [1]De surcroît, le géoparc se superpose à des sites bénéficiant de mesures légales de protection sans leur porter atteinte dans leur conservation ou leur autonomie de gestion. Il les met au contraire en réseaux au bénéfice du développement touristique commun du territoire auxquels ils appartiennent. [2] Vu comme un levier de développement en Pologne, le géoparc exige en revanche la formation et la sensibilisation préalable des acteurs locaux et une coopération globale pour favoriser de telles initiatives. L'exemple chinois est particulier car le géoparc semble utilisé comme alternative au label PM. La Chine dispose en 2007 d'un réseau de 139 géoparcs nationaux dont seulement 22 remplissent les critères pour être reconnus à l'échelle mondiale du GGN. [3] L'impulsion pour le développement de ces sites semble revenir essentiellement aux autorités gouvernementales, et les sites ainsi promus cumulent pour beaucoup d'entre eux plusieurs mesures de protection (parc forestier national, Aire d'intérêt historique et national, réserve naturelle nationale…). La plupart ont été reconnus geoparks en un temps record entre 2004 et 2007 et sont géographiquement concentrés dans le sud – est près des zones de population, ce qui souligne la primauté donnée à l'objectif d'économie touristique sur la géoconservation. [4] Ils rassemblent des aires déjà protégées à différents titres (culturel, naturel…) rassemblées dans un espace plus vaste qu'est le géoparc, confrontant parfois plusieurs autorités publiques sur l'aire géographique concernée et des intérêts conflictuels peu favorables au développement durable et à la géoconservation.

---

① Cf. E. B. Joyce, "Australia's geoheritage: history of study, A new inventory of geosites and applications to geotourism and geoparks", *Geoheritage*, 2010, n° 2, pp. 39 ~ 56.

② Cf. La stratégie de développement des géoparcs en Pologne (B. Wojtowicz et al. "The perspectives of the development of tourism in the areas of geoparks in Poland", *Procedia Social and Behavioral Sciences*, 2011, n° 19, pp. 150 ~ 157).

③ Cf. Wang Lianyong, "Multi designated geoparks face challenges in China's heritage conservation", *Journal of geographical sciences*, 2007, pp. 187 ~ 196.

④ Le manque de lien entre la protection et la valorisation économique, notamment touristique, est avancé comme explication au retard de certaines régions dans la géoconservation de sites remarquables, cf. Huang Song, "The geological heritages in Xinjiang, China: its features and protection", *Journal of geographical sciences*, 2010 n°20, pp. 357 ~ 374.

2）Le fonctionnement coopératif et la structuration en réseaux régionaux et mondial des géoparcs

Le réseau European Geopark Network（EGN）, organisé en association, s'est doté d'institutions et de règles de fonctionnement qui valorisent l'initiative coopérative de ses membres. ① Les modalités même de fonctionnement des deux sessions annuelles du comité de coordination promeuvent les caractères collectif et égalitaire de l'organisation, par la prééminence faite aux décisions collectives du comité sans esprit de représentation nationale② ni instance de supervision. ③ L'initiative des acteurs locaux pour définir le Geopark est préférée à l'établissement d'un statut générique par des organismes centraux comme pour les parcs nationaux. ④ L'obligation de présence des représentants des géoparcs, l'échange circulaire préalable d'informations et la constitution de réseaux thématiques de données, la préparation préalable en groupes de travail des projets communs, l'acculturation nécessaire des nouveaux membres aux décisions antérieures du comité participent à maintenir cette dynamique collective. L'absence de financement interne⑤ et d'une structuration plus poussée est délibérée et se fonde sur une logique dynamique : outre l'économie financière d'un appareil administratif, elle vise à encourager une division égale des responsabilités au sein du réseau, et à maintenir une attitude active des membres au bénéfice de tous.

L'initiative privée à l'origine du projet ressort également de différents protocoles d'organisation de l'EGN. C'est d'abord la distribution des voix au sein du comité scientifique dans lequel les membres fondateurs conservent une place à part à côté d'instances extérieures et

---

① Un coordinateur et vice coordinateur élus assurent le soutien des actions du réseau. Un comité de coordination pilote la gestion du réseau. Il réunit deux représentants de chaque site, un scientifique géologue et un directeur de géoparc, administrateur territorial ou expert en développement économique local ou tourisme. Ce comité débat de l'ouverture du réseau et coordonne les actions et programmes entre membres. En parallèle, un comité scientifique réunissant des membres des sites fondateurs et des représentants de l'UNESCO, l'UICN ou l'UIGS intéressé à la promotion du patrimoine géologique délivre ses recommandations sur les orientations du réseau et l'adhésion de nouveaux membres. http: //www. europeangeoparks. org.

② Il n'y a pas de quota maximal de représentation nationale au sein du comité de coordination, juste un plafond de 5 géoparcs par Etat pouvant voter sur les décisions à prendre, http: //www. europeangeoparks. org.

③ Si l'UNESCO se voit reconnaître un droit de véto à l'admission de nouveaux membres Géoparcs au sein du comité de coordination, ni l'UICN ni l'UIGS ne se voient reconnaître un droit de vote. http: //www. europeangeoparks. org.

④ Le statut des parcs nationaux a été défini par l'UICN et la Commission Mondiale des Aires Protégées, cf. N. Tobari Farsani, "Geotourism and geoparks as novel strategies for socio economic development in rural areas", *International journal of tourism research*, n° 13, 2011, pp. 68～81.

⑤ Soutenus par des programmes ou financements d'organismes internationaux tels que l'UNESCO ou de l'Union Européenne, le réseau des Géoparcs européens ne dispose pas de fonds propres. Les coûts liés aux réunions des comités sont alternativement couverts par le site hôte de la réunion. http: //www. europeangeoparks. org.

de représentants des géoparcs. [1] C'est aussi sans doute le rejet implicite d'une structuration juridique sur le modèle des structures publiques[2] et la primauté faite à la langue anglaise, langue de diffusion scientifique des travaux des géologues et de dialogue au sein de l'UNESCO, dans la construction et la communication internationale du réseau. Cette démarche « d'entreprise » se prolonge par la mise en réseau transnational, l'établissement de certifications de qualité pour les produits et services du géoparc et la réévaluation quadriennale des critères d'attribution du label aux sites. [3] La logique de coopération et d'échanges dans la gestion de ces sites comme dans la recherche vise à éviter toute compétition entre territoires ou disciplines, au bénéfice global d'une géoconservation comme ambition partagée, à même d'être défendue comme politique européenne à part entière, sur une base identique à la conservation du patrimoine naturel ou culturel. [4]

Dans cette logique, différentes initiatives du réseau EGN sont mises en avant par chaque Géoparc. [5] Au-delà de la diffusion de l'European Geopark Magazine et d'une présentation sur internet de l'activité et des enjeux des géoparcs, les membres promeuvent chacun le « Geopark corner », un lieu de diffusion au sein de leur site pour présenter le réseau dans un site touristique majeur de leur territoire (avec des produits jumelés des différents sites comme des cartes présentant plusieurs sites européens… etc). Ils participent aux actions concertées du réseau et mettent en place sur leur site la semaine européenne des Géoparcs[6] et différentes activités pédagogiques et formations au montage de dossiers de candidature des Géoparcs. D'autres actions collectives non inscrites spécifiquement dans la charte peuvent être menées et tous se rejoignent sous un logo de communication commun dans leurs différentes actions. Une action di-

---

[1]　L'UNESCO, l'UICN et l'UIGS ont voix au comité, et G. Martini, N. Zouros et A. Schüller ont voix en tant que membres fondateurs. Les autres membres de ce conseil sont élus pour deux ans par le comité de coordination auxquels s'ajoutent les coordinateur et vice coordinateur dirigeant le réseau. http: //www. europeangeoparks. org.

[2]　Parc Naturel Régional, Etablissement Public…pour des exemples français. Le vocabulaire institutionnel du réseau, d'inspiration anglaise, reste attaché à une dimension associative privée du réseau (comité de coordination, coordinateur, groupes de travail…), bien plus qu'à une institutionnalisation sur le modèle des organismes publics (président, commission, assemblée…) et reflète les choix de ses membres fondateurs comme l'origine scientifique des initiatives prises. http: // www. europeangeoparks. org.

[3]　En 2009, quatre anciens géoparcs étaient ainsi signalés comme ne remplissant plus les critères imposés, cf. *Patrimoine mondial*, 2009, n°52, *op. cit*, p. 59.

[4]　Cf. L. Erikstad, "History of geoconservation in Europe" in *The history of geoconservation*, *op. cit.*, pp. 249 ~ 257; p. 255.

[5]　http: //www. europeangeoparks. org; cf. également *Patrimoine mondial*, 2009, n°52, *op. cit.* p. 58.

[6]　Cela comprend des tours guidés, des discussions, des activités pour les enfants… Elle s'est tenue du 24 mai au 9 juin en 2013, cf. http: //www. europeangeoparks. org.

rectement ciblée sur la population locale vise à sensibiliser aux connaissances géologiques. ①

A l'échelle mondiale, cette culture du réseau a conduit à une structuration des géoparcs au sein du Global Network of National Geoparks, ② sous le patronage de l'UNESCO, et avec la bienveillance de différents organismes internationaux③ à compter de 2001. Cette initiative prolonge les partenariats anciens établis par l'UNESCO avec les géologues et les organisations intéressées au patrimoine géologique, même si l'UNESCO n'a pas pour autant mis en place un programme spécifique pour les géoparcs. ④ Le Global Geopark Network, à l'instar de l'exemple européen, a établi une plateforme de coopération et d'échange entre les sites et professionnels du patrimoine géologique, permettant aux géoparcs de tirer bénéfice des expériences partagées sous la forme de modèles de bonnes pratiques indépendamment des initiatives nationales des Etats. ⑤ L'encouragement à la structuration de réseaux régionaux à l'échelle des continents ou

---

① Cf. L'exemple malaisien, au géoparc de Langkawi, où les populations peu diplômées sont directement ciblées par les actions de pédagogie, cf. N. Azman et al. "Public education in heritage conservation for geopark community", *Procedia social and behavioral sciences*, 2010, pp. 504 ~ 511.

② Il est officiellement institué en juin 2004 lors de la première conférence internationale sur les géoparcs tenue à Pékin, et compte fin 2005 37 géoparcs: 25 européens et 12 chinois, (P. de Wever, *Vade mecum··· op. cit.*, p. 53). En 2008, le GGN regroupe 57 géoparcs: 33 en Europe, 20 en Chine, et 4 en Australie, Iran, Malaisie et Brésil (Cf. *Patrimoine mondial*, 2009, n° 52, pp. 54 ~ 59). En 2012, le réseau rassemble 87 géoparcs; 49 en Europe, 26 en Chine, et 12 répartis entre le Brésil, la Malaysie, l'Australie, l'Iran, le Canada, le Japon, la Corée, l'Indonésie, le Vietnam, cf. http: // www. globalgeopark. org/.

③ L'UICN, l'IUGS, l'organisation ProGEO, le Conseil de l'Europe, le groupe Malvern recommandaient, sur la base de la Déclaration des droits de la Terre rédigée à Digne en 1991, l'établissement d'un tel réseau mondial pour préserver l'environnement, favoriser le développement durable, élargir l'enseignement des sciences de la Terre, http: // www. europeangeoparks. org.

④ Des contraintes budgétaires, les risques de chevauchements entre label Geopark et label Patrimoine Mondial et de dévaluation du label des réserves de biosphères (MAB), l'absence d'expertise géologique au sein du programme MAB ont réservé l'implication plus avant de l'UNESCO au profit d'un soutien aux initiatives prises au sein des Etats membres par l'intermédiaire du « Global Geopark Network » placé sous son patronage. http: //www. europeangeoparks. org; Cf. N. Cayla, "Le patrimoine géologique de l'Arc Alpin", *thèse Université de Savoie*, 2009, pp. 27 ~ 35. Sur la coopération avec l'UNESCO par des accords de coopération du 20 avril 2001, la mise en place d'un réseau mondial en février 2004 et la Déclaration de Madonie d'octobre 2004 intégrant le réseau européen de géoparcs au réseau mondial des géoparcs de l'UNESCO, cf. http: //europeangeoparks. org.

⑤ Là encore, à l'image de l'exemple européen et sur l'inspiration du modèle de la RGHP, le réseau rassemble desstructures administratives, des organisations non gouvernementales, des scientifiques et associations pour établirun partenariat mondial aux objectifs voisins de ceux du réseau européen de préservation patrimoniale et dedéveloppement durable. L'ensemble des patrimoines des territoires (naturel, culturel, archéologique···) sont pris en considération dans une démarche holistique. Il fait également de la coopération et de l'échange les éléments privilégiés pour développer l'éducation, le tourisme et le développement local liés au patrimoine géologique des sites, http: //www. europeangeoparks. org; *Guidelines and criteria for National Geopark seeking UNESCO's assistance to join the Global Geopark Network*, 2006; cf. http: // www. globalgeopark. org/.

nationaux aboutit à la mise en place du Chinese National Geoparks Network en 2000 et à la naissance du réseau des géoparcs d'Asie et du Pacifique fondé en 2007[1] qui abrite désormais le précédent. L'Europe et la Chine sont les principales régions du monde où le géoparc s'est développé, l'Amérique du Nord (malgré la reconnaissance d'un géoparc au Canada) demeurant attachée à la géoconservation exclusive des activités humaines par l'intermédiaire de ses parcs nationaux[2] suivant la doctrine de la National Geographic Society. [3]

Cette hiérarchie de réseaux[4] veut faciliter l'association du monde universitaire, des écoles, des professionnels du tourisme, des entreprises. Aujourd'hui certains auteurs prônent une intégration plus poussée des organisations scientifiques et des réseaux de géoparcs au sein de l'UICN[5] pour rassembler en un seul réseau les défenseurs des patrimoines naturels biologique et géologique, au bénéfice d'une dynamique de coopération en faveur de la conservation patrimoniale mais aussi dans le but d'intégrer cet enjeu dans les politiques publiques régionales comme les directives habitat de l'Union Européenne,[6] alors que la géodiversité est encore largement ignorée par les mesures de protection légale nationales ou internationales. [7]

3) La coopération des acteurs au sein des géoparcs : le difficile équilibre entre les objectifs de conservation et de développement du territoire

L'action des géoparcs demeure un témoignage des partenariats locaux établis entre scientifiques, entreprises du tourisme, medias, politiques et représentants de la société,[8] dans la réalisation de formations, la mise en place d'itinéraires et programmes touristiques, la réalisation de documents pédagogiques scientifiquement indiscutables et d'émissions attractives dans les

---

① *Patrimoine mondial*, 2009, n°52, *op. cit.* p. 58.

② http: //www. globalgeopark. org.

③ T. A. Hose, Editorial: "geotourism and geoconservation", *Geoheritage*, 2012, n°4, pp. 1 ~ 5.

④ Cf. www. unesco. org/science/earth/geoparks. html; patrimoine mondial géologique: une structure mondiale.

⑤ Union Internationale pour la Conservation de la Nature, http: //www. iucn. org/fr/.

⑥ L. Erikstad, "Geoheritage and geodiversity management: the questions for tomorrow", *Proceedings of the geologists' association*, juil 2012, 7 p.

⑦ Si la convention pour le paysage du Conseil de l'Europe de 2000 impose différentes obligations aux Etats l'ayant ratifiée en matière de géoconservation et de défense de la géodiversité, et si un certain nombre d'Etats (Espagne, Pologne, Norvège pour l'Europe, l'Australie, Canada et Etats Unis pour les parcs nationaux) disposent de législations avancées sur ces questions, la plupart des pays agissent lentement et aucune législation internationale en la matière n'est intervenue. Ce sont des chartes de bonne conduite, des plans de gestion qui pallient, sans contrainte juridique réelle, à cette indifférence pour le géopatrimoine, cf. C. D. Prosser, "Our rich and varied geoconservation portfolio: the foundation for the nature", *Proceedings of the geologists' association*, 2012, 13 p.

⑧ Cf. L'exemple du géoparc Gerolstein dans le Vulkaneifel, R. K. Dowland, D. Newsome, *Geotourism*, *op. cit.* pp. 101 ~ 105.

médias... Le jumelage entre sites peut en être l'aboutissement. ① Plusieurs exemples peuvent être signalés.

La Réserve Géologique de Haute Provence, pionnière, avait expérimenté toute une gamme de propositions de valorisation du patrimoine géologique qui ont servi de modèles:

> « Avec l'aménagement depuis les années 1990 de circuits de découverte tels que « La Route du Temps », « Les hautes vallées de l'Asse »··· et la réalisation d'antennes muséographiques situées aux portes de la Réserve comme le musée Sirènes et Fossiles à Castellane, le musée Terre et Temps à Sisteron, la maison de la Géologie à Barles, c'est l'ensemble du patrimoine local qui visait à être valorisé et non pas le seul patrimoine géologique. Ainsi chaque circuit a été accompagné de la publication d'un ouvrage réunissant tout ce qui fait la richesse et la diversité d'une de ces petites unités géographiques: histoire locale, économie, faune, flore, architecture. Au cours de la même période se sont développés les projets d'art contemporain. Cette aventure a réellement commencé lors de la célébration des 10 ans de la Réserve. Sur toute l'année 1994, la RGHP en collaboration avec le musée de Digne a sollicité des artistes pour venir créer, s'exprimer sur le territoire et surtout dans le musée de la Réserve à Digne. Quelques années plus tard, la collaboration entre la Réserve géologique et le musée Gassendi de Digne, a donné naissance au Cairn: Centre d'Art Informel de Recherche sur le Nature. Dans ce cadre, un nouveau projet avec Andy Goldsworthy a vu le jour: « Refuges d'Art ». Un sentier de randonnée pédestre partant du musée Gassendi à Digne parcourt une grande boucle de 134 kilomètres à travers les massifs de la Réserve. L'itinéraire est ponctué de « Refuges », sites choisis par l'artiste. Ainsi, chapelles, abris de bergers, maison des Résistants, tous ces lieux ruinés ont été reconstruits à l'identique, lorsque c'était possible, et conçus de façon à héberger de façon pérenne une création et accueillir les randonneurs, le temps d'une pose ou pour une nuit ». ②

D'autres géoparcs comme le North West Highlands Geopark en Ecosse ont repris ce modèle français, dans le prolongement d'un tourisme déjà ancien où les « beautés de la nature » avaient été encensées par la littérature ou la peinture. La réinterprétation du site par des installations d'artistes contemporains vise à renforcer la prise de conscience des visiteurs des valeurs liées au géotourisme et au paysage naturel, sous la forme d'expériences émotionnelles complémentaires à la pédagogie scientifique de la documentation distribuée. ③

---

① Cf. L'exemple de jumelage de la Volcano House de Strohn dans le Vulkaneifel Geopark et la communauté irlandaise Bummahon du Coppercoast Geopark, in R. K. Dowland, D. Newsome, *Geotourism*, *op. cit.* pp. 111.

② Cf. Myette Guiomar, Le patrimoine géologique en prise avec son territoire, *Lettre de l'OCIM*, n° 123, mai juin 2009, pp. 31~39 http://ocim. revues. org/238; voir également le site de la réserve géologique de Hte Provence, http://www. resgeol04. org/.

③ J. E. Gordon, "Rediscovering a sense of wonder: geoheritage, geotourism and cultural landscape experiences", *Geoheritage*, 2010, 2, pp. 137~154.

Fondé dès 1984 comme discipline universitaire, le géotourisme[1] en Allemagne impliquait une coopération intégrée entre politiques, universités géologues et industrie du tourisme. Dans cette logique, Le parc Gerolstein de Vulkaneifel[2], membre fondateur du label géoparc le site avait déjà mis en place différentes actions (itinéraires de randonnée; événements) à l'intention du public associant l'action des institutions territoriales, des entreprises du tourisme et des géologues dans une visée pédagogique. Le succès du géoparc a conduit à réunir 257 sites ouverts au public au sein de 5 communautés associées et 2 districts qui ont mis en place une structure de société à responsabilité limitée pour assurer la pérennité financière du géoparc.

Enfin, l'exemple du Géoparc des forêts pétrifiées de Lesvos, membre fondateur, met en lumière l'articulation judicieuse réalisée entre éléments patrimoniaux pour une plus grande attractivité touristique et de ce fait, une meilleure géoconservation du site,[3] et l'accompagnement économique des entreprises touristiques, résidences hôtelières, artisans, et coopératives produisant nourriture et boissons qui assure le développement de la région.[4] D'autres exemples européens comme le Géoparc Naturtejo au Portugal ou le Géoparc Beiga en Italie sont des exemples de développement touristiques mêlant tous les patrimoines matériels et immatériels dans des itinéraires à destination des visiteurs, agrémentés de multiples attractions et divertissements reliés thématiquement aux richesses géologiques du lieu.[5] Bref, le « géoparc » est devenu une marque significative d'un développement du tourisme durable. Le savoir faire européen dans le domaine de la géologie partagé par la voie de la coopération contribue encore à accélérer le développement de territoires ruraux ou en pleine mutation pour lesquels le statut de géoparc est significatif de gain d'attractivité,[6] et pour lesquels la géoconservation de terri-

---

[1] Sur la notion de géotourisme donnée par les scientifiques anglo saxons, cf. les conclusions de R. Dowling, D. Newsome, "Geotourism' issues and chanlenges", in *Geotourism*, *op. cit.* pp. 242 ~ 254.

[2] Cf. M. - L. Frey et al. "Geoparks, a regional European and global policy", in R. Dowling, D. Newsome, *Geotourism*, *op. cit.*, pp. 95 ~ 117.

[3] Les géosites majeurs et sites de fossiles, les paysages, les sites naturels les châteaux, monastères, acropoles et villages traditionnels, la gastronomie et les événements culturels locaux… tous les éléments sont valorisés dans une même démarche d'attractivité touristique complémentaire, cf. N. Zouros, *op. cit.* p. 233. Mc Keever évalue l'effet induit du géoparc de Lesvos à 90 000 visiteurs par an, 35 emplois fixes et de nouveaux emplois saisonniers créés, (Mc. Keever et al, 2010. "The UNESCO global network of national geopark", in *Geotourism: The tourism of geology and landscape*, D. Newsome, R. Dowling éd. Oxford; 225 p).

[4] Voir également pour des exemples comparés de développement économique autour du géoparc et les activités et stratégies induites, N. Tobari Farsani, "Geotourism and geoparks as novel strategies for socio economic development in rural areas", *International journal of tourism research*, 2011, n° 13, pp. 68 ~ 81.

[5] R. K Dowling, "Geotourism's global growth", *Geoheritage*, 2011, n°3, pp. 1 ~ 13.

[6] Cf la région d'Idrija et Tolmin, en Slovénie, "Geological heritage as an integral part of natural heritage conservation through its sustainable use in the Idrija region, Slovenia", *Geoheritage*, 2010, n° 2, pp. 137 ~ 154.

toires par le biais d'inventaires géologiques, de législations protectrices et même la sensibilité des populations à la géologie sont encore balbutiantes. [1]

Conclusions : limites et critiques du géoparc

Les expériences de ces géoparcs montrent toutefois les limites de cet outil nouveau et de l'implication des intérêts privés. [2] D'abord, la sollicitation de ce label est tributaire de l'initiative des acteurs locaux, non de l'Etat, et les logiques territoriales et sectorielles qui s'expriment dans l'obtention de cette reconnaissance la compétition des territoires au sein d'un marché du tourisme⋯ , ne recoupent pas nécessairement l'objectivité scientifique de valorisation du patrimoine géologique ou géomorphologique. De plus, la spécialisation thématique des géoparcs peut nuire à leur réception par le grand public de la même façon que leur démultiplication augmente la concurrence entre eux et amoindrit leur singularité par rapport aux autres structures, tels que les parcs nationaux ou régionaux. En outre, au regard des sites aujourd'hui répertoriés, la question demeure de savoir si ces géoparcs sont destinés à tout espace et relief ou s'ils ont vocation à s'appliquer à des territoires aux reliefs peu significatifs[3] : la réservation de celui – ci aux seuls sites exceptionnels montagneux ou littoraux aurait pour effet de priver le label de sa légitimité première, à savoir être l'outil adapté et adéquat de promotion du patrimoine géologique/géomorphologique.

Mais surtout, ce « Janus à deux têtes » qui rapproche les intérêts public de conservation et privé de valorisation économique n'est pas sans susciter une série de critiques contre la survalorisation des éléments touristiques classiques aux dépens d'une considération réelle pour la géoconservation, l'éducation aux sciences de la Terre et la recherche. [4] La récente effervescence brésilienne au regard de sa richesse géologique dans le développement de tels géoparcs (30 sites potentiels et la labellisation du géoparc de Araripe en 2006) illustre l'attractivité d'un levier de

---

[1] Cf. la Grèce, N. Zouros, "Evaluation, protection et promotion des sites géomorphologiques et géologiques de la région égéenne, Grèce", *Géomorphologie*, 2005, n° 3 pp. 227 ~ 234 ; cf. également le Brésil où la protection des géosites n'est pas une préoccupation mais où le concept de géoparc est directement utilisé comme levier de développement territorial dès lors qu'on insuffle les connaissances suffisantes aux habitants pour une exploitation pérenne du géoparc, J. M. Piranha and al. "Geoparks in Brazil, strategy of geoconservation and development", *Geoheritage* 2011, n° 3, pp. 289 ~ 298.

[2] Cf. G. Martini et N. Zouros, "Geoparks⋯ a vision for the future", in *Geosciences*, 2008 *op. cit.* , p. 182 ~ 190 et les exemples de la réserve géologique de Hte Provence ; cf. M. Guiomar, Le patrimoine géologique en prise avec son territoire, *la Lettre de l'OCIM*, n°123 2009, pp. 31 ~ 41 ou Ch. Venzal, "Les partenariats au cœur de la stratégie d'introduction du géotourisme en France", *Teoros*, 29 – 2 – 2010, pp. 67 ~ 76.

[3] Cf. Cl. Portal, "*Reliefs et patrimoine géomorphologique. Applications aux parcs naturels de la façade atlantique européenne*", *Thèse université de Nantes*, 2010, 436 p, p. 138.

[4] Cf. T. A. Hose et al. "Defining the nature and purpose of modern geotourism with particular reference to the United Kingdom and South East Europe", *Geoheritage*, 2012, n° 4, pp. 25 ~ 43.

développement nouveau plus encore que l'ambition d'une géoconservation active. La mise en place de protections légales des géosites et l'effort d'éducation des populations et d'approfondissement de la recherche géologique apparaissent des préalables indispensables aux géologues brésiliens pour éviter un développement trop hâtif et inadapté de la formule du géoparc. [1] D'autres auteurs soulignent en complément que dans les géoparcs (comme dans les parcs nationaux), la surfréquentation touristique non encadrée conduit au résultat inverse de l'objectif initial de géoconservation et à des dégradations irréversibles. [2] Enfin, la structuration en réseau de sites égaux, malgré l'égide de l'UNESCO, n'empêche pas des divergences de compréhension des enjeux des géoparcs et une dérive possible vers une consommation touristique éloignée de la géoconservation. [3] Le développement des activités humaines et du tourisme doit trouver pour horizon indépassable la protection des patrimoines géologiques alors que les fonds dégagés par le géotourisme doivent pouvoir être affectés à la recherche et à la géoconservation pour maintenir une préservation efficace des sites

---

[1]　La formation de géologues, l'achèvement de l'inventaire national des géosites, la promotion de la géoconservation auprès des scientifiques et des habitants, constituent des préalables nécessaires J. M. "Piranha and al. Geoparks in Brazil, strategy of geoconservation and development", *Geoheritage* 2011, n° 3, pp. 289 ~ 298.

[2]　Une législation contraignant les comportements des visiteurs, une restriction d'accès, un encadrement en nombre suffisant d'agents, la mise en place de sentiers balisés et d'aires de vues…; semblent être des solutions à explorer, D. Newsome et al. "The nature and management of geotourism, a case study of two established iconic geotourism destinations", *Tourism management perspectives*, 2012, pp. 19 ~ 27.

[3]　Cf. Les critiques portées par T. A. Hose à l'égard des conceptions du géotourisme des Australiens, R. K. Rowling et D. Newsome, cf. T. A. Hose et al. "Defining the nature and purpose of modern geotourism with particular reference to the United Kingdom and South East Europe", *Geoheritage*, 2012, n° 4, pp. 25 ~ 43.

公众参与文化遗产开发的利益补偿制度研究[*]

田　艳^{**}

【摘要】 当前我国西部地区文化遗产开发中的利益分配主要依据政府或投资商为主导的"谁投资，谁受益"原则进行，这种利益分配非常不均衡，作为文化遗产主人的传统社区的利益被忽视，影响当地的社会稳定、文化遗产保护以及旅游业的可持续发展，因此，有必要构建文化遗产开发中的利益补偿制度。民间有郎德苗寨的"工分制"、西江苗寨的"奖励制"、岜沙村的"集体所有制"、落水村的"家屋管理制"等变相的补偿机制的实践，而现有的补偿理论并没有涉及对文化遗产开发的补偿。由于文化多样性与生物多样性有很多类似之处，比照《生物多样性公约》中规定的生物资源补偿机制构建文化遗产开发中的利益补偿制度较为可行。文化遗产开发的补偿机制主要包括以利益分享为主的文化遗产补偿实体制度和以事先知情同意为核心的程序制度。考虑我国传统社区的实际，文化遗产的集体管理是比较适合西部传统社区的一种文化遗产开发中利益补偿的运作方式。

【关键词】 文化遗产；旅游开发；利益补偿；利益分享；知情同意

目前在很多西部地区发展比较迅速并逐渐成为当地支柱产业的旅游业主要依托的是传统社区的文化遗产，包括文化遗产中的物质部分和非物质部分，传统社区的民众、政府、开发商都从中获得了相应的利益与回报。但与此同时，在文化遗产开发过程中也存在着诸多矛盾和问题，值得我们关注，否则将会影响当地旅游业的可持续发展以及传统社区的新农村建设。这其中主要的矛盾在于由文化遗产开发而引发的利益分配问题，由于利益分配不均衡而引发了对文化遗产本身以及旅游业发展的考验。那么我们能否根据现有的相关补偿制度的理论，构建文化遗产开发中的利益补偿制度来化解当前困扰实践的这一紧迫问题？这里所说的文化遗产开发中的补偿制度，是指对传统社区的文化遗产进行商业性开发或不正当性使用时，应对传统社区进行补偿的制度。

* 本文系作者在其已发表的《民族村寨旅游开发中的利益补偿制度研究》一文基础上修改而成，原载《广西民族研究》2010 年第 4 期。

** 田艳，女，黑龙江桦川人，中国政法大学博士后，中央民族大学法学院副教授。主要研究方向：民族法学；人权法学。该文是中央民族大学自主科研项目"少数民族传统文化开发中的利益补偿制度研究"的阶段性成果之一。

一、文化遗产开发中利益补偿制度构建的必要性

(一) 现行的文化遗产开发中的利益分配制度

当前的文化遗产开发的形式比较多样，各地根据本地的实际情况，采用了适合于本地的开发模式，有的是以政府为主导的开发模式，即政府进行基础设施投资和运行，如贵州的西江千户苗寨和从江县的岜沙苗寨；有的是以基层传统社区为主导的开发模式，如贵州雷山县的上郎德村和云南泸沽湖畔的落水村；有的是引进投资商开发并以投资商为主导的开发模式，由于在开发之初很多地方缺乏基础设施建设的前期投入，采用这种模式的比较多，如云南西双版纳的傣族园。这些文化遗产开发的模式虽然不同，但是，在利益分配问题上基本遵循"谁投资，谁受益"原则，主要体现在政府或投资商参与的文化遗产开发中对旅游门票的分配上，都是以政府或投资商为主导的，体现了前述原则。

长期以来，对文化遗产尤其是非物质文化遗产的采集和利用，譬如收集、整理、改编等，常常被误认为原始创作，而真正的民族民间文化的参与者、传承者却很难从中受益。随着市场经济的发展和国际文化贸易的增长，在对少数民族文化遗产的使用中，少数民族文化遗产的拥有群体和使用者之间的利益矛盾会越来越突出，迫切需要建立包括知识产权在内的法律保护制度，以鼓励少数民族传统文化的传承和创作，合理开发和利用中国的民族文化资源。[①] 这是目前学者们的主要观点，但是通过知识产权来保护文化遗产的一个根本前提是文化遗产的"私有"，而目前文化遗产尤其是非物质文化遗产却被认为是处于"公有领域"，在此用于专指那些对私人所有来说是不合格的知识产权内容，而且任何公共成员都有合法授权来使用的这些内容。在著作权法中，所有过了法定保护期的作品都将进入公有领域，成为全人类的共同财富，此时，任何人基于任何原因都可以自由地对作品进行派生演绎或其他各种开发和再开发活动，进行各种方式的使用都是合法合理的。传统观点认为，文化遗产是人类产生、使用、经历历史场合传承至今的人类共同财富。无论是物质文化遗产，还是非物质文化遗产，它们都是一种公共资源，具有时代性和不可替代性，具有符号和象征的作用。同时，根据我国的立法体制和《立法法》第 8 条第 (七) 项的规定，私法视角的文化遗产法律保护只有在国家法律层面上才能确立。目前在文化遗产的私法保护只有《宪法》、《民族区域自治法》、《著作权法》等法律中所确立的相关原则。云南、贵州、福建、广西等地的关于传统文化保护的地方性法规，由于立法权限的限制也无法对关于传统文化的民事权利做出相关的规定。因而，通过改造目前的知识产权制度来保护传统文化需要首先创立传统文化属于特定群体所有的"私有"制度，这还有很长的路要走。

---

① 吴烈俊：《中国民族民间文学艺术的法律保护》，《西南民族学院学报》2003 年第 3 期。

（二）文化遗产开发中利益分配不均衡的现实表现——以傣族园为例

傣族园位于云南省西双版纳傣族自治州首府景洪市东南 27 公里处，共由 5 个傣族村寨组成。自从 1999 年正式开发以来已经走过十年的历程，这种"公司＋农户"的经营模式也经历了众多考验，自始至终都伴随着公司与农户之间的利益纠纷。目前，公司已投资 4600 万元建成景区大门、迎宾广场、泼水广场、民族歌舞剧场、旅游厕所、水电地下管线、游览道路、主体绿化等基础设施的建设。在政府的引导下，公司以极其低廉的价格租到了村民的林地 19.25 亩，田地 452.4 亩，每年公司付给村民的土地补偿金是 23.1 万，但公司的电瓶车承包费、泼水广场租赁费和允许外地人来园内搞"傣族婚俗展示"这三个项目一年的收入就在 30 万以上，简言之，公司付给村民的补偿过低。为了深入了解傣族园公司与村民在利益分配上的冲突与风险及其可能的解决途径，我于 2009 年 7 月对傣族园进行了田野调查，主要采用了参与观察和入户访谈的方法。以下是部分调查结果：

在资源投入上，农户提供的是傣族村民在长期生活劳作中所创造的绚丽多姿的民族文化和美丽的自然风光，确切地说，公司看中的正是这里独特典型的竹楼院落、佛寺、傣族节日、日常生活风情、自然环境等文化资源和自然资源。但是，在农户收益方面，其实村民们为公司打工，或者卖一点儿水果和烧烤，赚到的钱并不多。村民认为公司的作用是双重的，一方面公司的宣传扩大了傣族园的知名度，让更多的游客来到了傣族园，但是一般团队都只安排两三个小时游览傣族园，不会在里面食宿，所以总的来讲村民的收入是有限的；另一方面，到傣族园吃饭的有相当部分是当地人，如景洪人或者勐罕镇的人，考虑到进傣族园要收门票，他们只是在有熟人朋友介绍的情况下才会来，所以，公司的存在也阻挡了一些想到傣族园吃饭但又没法绕过门票的客人。村民认为公司自己也承认傣族园最大的卖点是傣家竹楼、世代生活在傣族园里的村民及其创造并保存发展的传统傣族文化。既然景区有价值的资源都属村民所有，那么村民就应该参与门票分成。2009 年傣族园的普通门票价格是 100 元，团体 50 元，本地人 20 元，黄金周 150 元，因而傣族园公司的实际收益是很可观的。

在我进行入户访谈的时候，还了解到一个案例：目前傣族园的很多村民都有私家车，岩香叫也不例外。2009 年 6 月的一天，岩香叫想利用自己的私家车拉几个客人进入傣族园，这样就可以躲过傣族园公司的门票，岩香叫本人也可从中获得与客人预先商谈好的额外收入，这类事情近些年来在傣族园也经常发生。但这次公司的保安拦住了岩香叫的车，请求他为车上的客人买票进入园区，进而双方发生争执，岩香叫打电话叫来三个朋友帮忙，他们四人一起殴打保安，致保安受轻伤，岩香叫因此被当地公安机关判处劳动教养三个月的处罚。透过前述案例，我们可以看出，目前傣族园内的村民与公司之间因为利益分配而引发的冲突已经白热化。通过此次调查，我们也了解到，傣族园内的五个村寨的村长每年都同公司商谈利益分享的问题，但多年来都没有解决。如果这些矛盾和问题不能及时得到妥善处理，可能还有进一步升级的趋势，这对当地的社会稳定、民族文化保护以及旅游业的可持续发展都产生了一定的负面影响。

二、文化遗产开发中利益补偿制度构建的路径分析

（一）国内现有补偿制度分析

行政补偿是指行政主体的合法行为使行政相对人的合法权益受到特别损失，或者行政相对人为了维护和增进国家、社会公共利益而使自己的合法利益受到损失，行政机关依法对相对人所受损失予以适当补偿的制度。它是国家调整公共利益与私人或团体利益，全局利益与局部利益之间关系的必要制度。《宪法修正案（六）》第22条规定"国家为了公共利益的需要，可以依照法律规定对公民的私有财产实行征收或征用并给予补偿。"2004年3月22日，国务院发布的《全面推进依法行政实施纲要》第31条提出要"完善并严格执行行政赔偿和补偿制度"。此外，相关制度规定还存在于《野生动物保护法》（第14条）、《城市房地产管理法》（第19条）、《外资企业法》（第5条）、《土地管理法》、《森林法》、《城镇国有土地使用权出让和转让暂行条例》等法律法规中。但这些都不过是对行政补偿制度的原则性规定。2004年通过的《行政许可法》第8条可以说是对行政补偿原则性规定的进一步具体化。

在行政补偿制度之外，还存在着一些其他的补偿制度，比较有代表性的有如下两种，即民族自治地方的补偿和生态补偿。前者是指，2001年2月28日修订的《民族区域自治法》第65条和第66条的规定，确认了民族自治地方获得利益补偿的权利。同时，这项以"开发者付费，受益者补偿，破坏者赔偿"为原则的制度也应适用于民族自治地方为野生动植物保护、文物保护、历史遗迹保护等方面做出贡献的情形。而生态补偿机制研究是目前世界上生态环境建设领域研究的热点和难点问题。国内学者对生态补偿概念的理解有广义和狭义之分。生态补偿从狭义的角度理解就是指：对由人类的社会经济活动给生态系统和自然资源造成的破坏以及对环境造成的污染的补偿、恢复、综合治理等一系列活动的总称。广义的生态补偿机制则还应包括对因环境保护而丧失发展机会的区域内的居民进行的资金、技术、实物上的补偿、政策上的优惠，以及为增进环境保护意识，提高环境保护水平而进行的科研、教育费用的支出。

前述的这些补偿制度都是源于相对方的合法利益受损，相关方基于法律的相关规定来对相对方的受损利益进行适当的补偿，来使其受损害的利益恢复到原初状态，进而在当事各方之间寻求可能的利益平衡。但是，由于传统文化目前仍被视为"公有领域"的东西，也就是现行法律没有相关规定来保护基于传统文化而获得的利益，因而无法通过前述这些法律规定的补偿制度来保护传统社区的文化利益。因而，我们只能在现有法律体系之外寻找其他可能的路径来保护传统社区的相关利益。

（二）比照生物资源补偿机制构建文化遗产补偿制度

《生物多样性公约》（即CBD）第15条第7款要求各缔约方采取适当的立法、行政

及政治措施，建立起合理、公正的机制，使那些提供基因资源的缔约方能够分享基因资源的研究与开发的成果以及基因资源的商业及其他利用所产生的利益。其中对生物资源提供国设置了很多保护性规定，例如，要求国外的研究机构在获取遗传资源的时候应当事先告知生物资源所属国，并取得其同意；以及生物资源提供国参与技术研究和开发以及利益分配等规定。这些规定对各国的专利法产生了重大影响，尤其是得到发展中国家大力支持。2002 年，CBD 又通过了《关于遗传资源的获取及公平和公正分享因利用该资源而产生的利益之波恩准则》，更进一步将事先知情同意及利益分享原则和与遗传资源相关之传统知识联结起来，赋予传统知识之使用者应获得该知识持有者之事先知情同意并应分享因使用该知识所产生利益的义务。①

1. 以利益分享为主的文化遗产补偿实体制度

利益分享是 CBD 的核心思想之一，即生物资源的提供者有权从生物资源的获取者处得到适当的经济补偿，分享使用这一生物资源带来的利益。由于生物资源丰富的国家多为南半球的发展中国家，而技术先进、有条件利用生物资源产生巨大收益的国家多为北半球的发达国家，这一思想实质上是南北共同分享利益。TRIPS 和 UPOV 没有提及任何关于利益分享的问题，也没有任何调整权益所有者与资源提供者间关系的条款。前述的《波恩准则》也指出，惠益分享机制可能因惠益的类型、各国的具体条件以及所涉利益相关者而有不同。惠益分享机制应是灵活的，应由参与惠益分享的合作伙伴来决定，并因每一具体情况而异。惠益分享机制应包括在科学研究和技术开发方面进行充分合作，并包括那些从商业产品中产生的惠益，包括信托基金、合资企业以及条件优惠的使用许可。

由于文化遗产保护是文化多样性保护的重中之重，从一定意义上讲，对文化遗产的保护就是对文化多样性的保护。文化多样性与生物多样性具有很多的相似之处，在《保护和促进文化表现形式多样性公约》的制定过程中大量地参考了《生物多样性公约》的价值理念、基本原则与具体制度。虽然联合国教科文组织为了《保护和促进文化表现形式多样性公约》尽快通过，以促进文化多样性的保护，没有在该公约中明确规定利益分享制度，但这些具体的制度措施同样可以借鉴到文化遗产开发与保护的具体实施过程中来。利益分享是利益补偿的一种主要形式，并不因此排除其他的补偿形式。文化遗产开发也同样如此，由于经济发展、工程建设等原因造成传统文化的原生环境被破坏或者直接导致少数民族迁离原居住地，以及对文化遗产进行商业性使用或其他不正当使用，基于公平原则，应对传统社区进行利益补偿。生物多样性公约正式确认了各国对其生物多样性资源拥有各自的主权，要求缔约国采取措施保证资源提供国参与技术利益分享。

2. 以事先知情同意为核心的程序制度

一般而言，"事先"意味着获得权利方的知情同意必须在文化遗产开发进行之前，

---

① 周欣宜：《传统知识特殊保护制度之探讨》，载郑成思主编《知识产权文丛》（第 13 卷），北京：中国方正出版社，2006 年，第 303 页。

而不是"已经进行开发过程中"或"开发完成之后"，这是因为文化遗产开发涉及传统社区的文化尊严，对于不适宜进行开发的文化遗产，传统社区有权拒绝，所以强调程序上的"事先"对保护传统社区的文化尊严权，意义十分重大。"知情同意"的风险管理方式意味着第三者（专家、权威机构）判断的相对化、通过强制性的自由选择来推行某种自我负责的体制。它显然是一种分散风险的技术或机制设计，把损害发生时的责任从决定者转移到决定的被影响者、从特定的个人转移到不特定的个人的集合体（社会），并让一定范围内的每个人都承担部分责任。[①]《保护和促进文化表现形式多样性公约》也确认了文化主权概念，强调缔约国对其传统文化享有主权，相应地，如果他国对其文化遗产进行商业性开发，也应获得该缔约国的事先知情同意，参与开发过程，并进行利益分享。事先知情同意是对文化遗产进行开发的最重要的程序制度，也并不因此排斥其他相关的磋商、斡旋、听证等程序制度。

获取和惠益分享制度，应以国家或地区范围内的全面获取和惠益分享战略为基础。该战略应以保护和可持续利用生物多样性为目的，可作为国家生物多样性战略和行动计划的一部分，而且促进公平地分享惠益。获取遗传资源过程所涉及的步骤可包括：在获取之前进行的活动、使用遗传资源进行的研制活动以及对遗传资源的商业化和其他使用，包括惠益的分享。同样的，在对文化遗产进行商业开发时，也应得到该国的预先知情同意并进行利益分享。

三、文化遗产开发中利益补偿制度的模式选择

虽然我国法律并没有确认文化遗产开发的补偿制度，但是，根据本人 2010 年 6 月在贵州黔东南地区所做的调查，在我国广大的社区中存在着多种事实上的文化遗产开发的补偿制度。分析这些制度的相关设计、安排以及其在实践中的运行过程，将会对我们深入研究传统文化补偿制度提供有益的借鉴及民间智慧的启发，下面选择几种比较典型的模式进行粗略的探讨。

（一）郎德苗寨的"工分制"

传统文化社区各个族群利用社区内的传统管理方式来建构操作性强、效果明显的传统文化补偿机制，是最具有实践价值的，最因地制宜的，特别值得在条件类似的地方推广。

上世纪 80 年代，贵州省雷山县的上郎德村在省文物局的推动下率先开发文化遗产时，重新启用大集体时期我国农村普遍采用的工分制来管理资源、分配收益。上郎德村在十年前就已经被列为"全国重点文物保护单位"，但是，20 多年来，工分制不仅在郎德沿用至今，还在附近陆续兴起的旅游村寨中不断复制而被称为乡村旅游的"巴

---

① 季卫东：《中国法治正处在历史的十字路口》，《中国改革》2010 年第 1、2 期。

拉河模式"。郎德人认为，所有人都为村寨的建设和保护出过力，寨子是大家的，应该家家都受益。社区最主要的旅游项目——苗族歌舞表演由村寨集体举办，所有村民（外嫁妇女及学龄前儿童除外）均可参与旅游接待并按贡献大小计工分进行分配。根据笔者的调查，基本规则是技艺越高、服饰越精美、承担角色越多者工分越高。妇女、儿童、男人，各有工分档次；有服装和没有服装的，也有区别；在活动中唱歌和没有唱歌的，亦有区分。这些都是村委会通过召开村民会议讨论制定的章程。

他们制作了不同颜色的计分票，代表不同的场次，但是票面的额度和种类是相同的，计分票分为银角票、演员票、盛装票、长衣票、芦笙票、迎客票六类，每类的分值不同。银角票有4分和8分两种；演员票有2分、3分、6分、10分四种；盛装票有2分、3分、6分三种；长衣票有2分、3分、6分三种；芦笙票只有一种，就是1分；迎客票也只有1分一种。值得一提的是，这些计分票不是一次性发放的，而是分阶段发放的，并配合一系列的扣分值，主要的有迎客迟到扣4分，没戴帽子扣1分等。同时对老人和儿童予以照顾。为了挣到自己满意的钱，家家户户自己置办苗族盛装。另外，记工分只针对表演活动，吃饭、住宿等服务内容的生意，都是自己办自己得，所以，有条件的人家就搞"农家乐"，旅游部门要求进行厨艺培训，也都积极主动参与。有了钱的人们修建房屋，全部都是吊脚楼，而且在原有样式的基础上有自己的创新。①

由此可见，今天的工分制既考虑了每个人在歌舞表演中不同的贡献，同时又考虑到村民的整体利益，是村民们在不断协商中逐渐完善起来的，不同利益群体不断提出自己的诉求，在这个工分制中得到了体现。虽然繁琐了些，却始终体现着公平的本意。而且，这个工分制仅限于歌舞表演，或者说是以工分制来体现文化资源的共有，它并不涉及其他农活，也没有改变土地承包制度。② 工分制存续的20多年间，资源共有的观念更加深入人心。人们自觉地保护他们的传统建筑和村寨的原生风貌，社区的道路、供水、供电、展览馆等公共设施得到较好的管理和维护。③

显然，这个村寨的文化遗产保护，已经进入了良性的、自觉的社会化保护的阶段。不仅如此，如果我们能在相关立法中确认这些苗族的传统文化是属于社区集体所有的，那么每个人都有权利从对传统文化进行旅游开发的收入中获得应得的份额，即使是那些没有参与到旅游中的人。正因为我国的相关立法中还没有"确认这些苗族的传统文化是属于社区集体所有的"，郎德苗寨的利益分配方式可以看做是一种变相的补偿，事实上，这个苗寨的传统文化利益分配的方式基本是合理的，使村寨的所有人都从旅游开发中受益。当然，参与到实际的传统文化开发活动中的人都付出了自己的劳动，理应再获得一份劳动报酬。

---

① 麻勇斌：《贵州文化遗产保护研究》，贵阳：贵州人民出版社，2008年，第170页。

② 本刊记者：《透视郎德的工分制》，《人与生物圈》2010年第1期，第30页。

③ 李丽：《公平PK效率：郎德苗寨在旅游大潮中的坚守（二）》，《人与生物圈》2010年第1期，第22页。

（二）西江千户苗寨的"奖励制"

贵州省雷山县西江村的旅游开发自 2009 年起由县里组织成立了旅游公司和景区管理局，西江村每年获得景区门票收入中的 150 万元（自 2011 年起改为门票收入的 15%）作为传统建筑保护的奖励基金，为此，雷山县政府制定了《雷山县西江千户苗寨民族文化保护评级奖励办法》，其中规定：由村委会根据传统建筑保护情况（80%）、卫生状况（20%）、户数等三个因素进行评级后分配，新建房屋未满三年无资格参加分配，砖房用木料包装的给分比较少，砖房未进行包装的不给分，一般最少的 2400 元左右，最多的为 4000 元左右。此外，还有一种奖励方式，就是景区门口的迎宾仪式，基本是一种变相的利益分配，每天村里以老人为主的队伍身穿民族服装在寨门口列出两队迎接游客，普通老人每天 14.5 元，吹芦笙的、盛装女孩、主持人每天 20 元，吹笙筒的每天 17 元。根据笔者的调查，2010 年 6 月 18 日，参加欢迎仪式的老年妇女有 65 人，老年男性有 13 人，主持人 1 人，吹芦笙的 8 人，吹笙筒的 10 人，盛装女孩 7 人，节假日有中小学生参加，按照同样的标准计算报酬。西江的这种奖励制制定的一个基础是承认所有传统建筑及其主人对传统文化开发所做的贡献以及作为传统文化主人所应获得的利益，通过奖励来进行利益分配，进而补偿传统建筑及其主人对旅游开发的支持与配合。

（三）岜沙村的"集体所有制"

贵州省从江县的岜沙村文化遗产开发的前期投入也是在政府的主导下完成的，但该村的管理体制是门票与演出收入分开，门票一般为 12 元，由县旅游局派工作人员轮流值班，收取景区门票，每年门票收入的 10% 归村里，其余的归属于旅游局。岜沙村的演出收入单列，演出收入为每场 800 元，一年演出 300 场次左右，演员每演出一场的报酬为 10 元，其余的收入归村集体所有。以 2010 年 6 月 27 日为例，岜沙村演出队的成员共有 40 多人，当天连演三场，但参加演出的不足 30 人。扣除每场付给演员的报酬之外，一半以上的演出收入归属于岜沙村集体所有。为了维护这种集体所有制，岜沙村还在其村规民约中规定了如下几个条款来保护其传统文化，主要包括：第 24 条规定，要加强本村旅游景点的保护，凡是破坏旅游景点设施、风景树者的，罚款"三个一百二"，[①] 情节严重交司法机关处理。第 25 条规定，要保持古朴的传统意识，凡是 7 岁以上的男子头式都要留发髻，并终生保持这种发式，如不留发髻，就不能享受国家给予的优惠政策待遇。第 27 条规定，村内民房的建筑必须保持岜沙村原有的建筑风格，外观必须为木质；本村的其他传统习俗要长期保持，使岜沙村成为我县发展民风民俗旅游重点景区。如前所述，岜沙村传统文化开发的前期投入是在政府的主导下完

---

① 即罚 120 斤米、120 斤酒、120 斤猪肉，意思就是罚违反村规民约者请全寨人吃饭。类似的习惯法还有罚"四个一百二"、罚"三个一百"等。

成的,但是从江县政府并没有从演出收入中提取一定的份额,而是在扣除演员报酬后都留给了村集体所有,承认该社区作为文化主人所应享有的权利,可以说是对传统文化开发的另外一种补偿方式。

(四) 以家屋为本的管理体制

在云南省泸沽湖畔的落水村的文化遗产开发中,制定了一套规范旅游从业人员行为的村规民约,同时也包含旅游收益的分配原则,这套体制是具有摩梭特色的,它的基础仍然是以家屋为本。

> 落水村的旅游发展是村民的自发行为,起初经历了一段混乱时期,家屋之间为争夺游客吵架,甚至斗殴,也有宰客现象,一系列的混乱现象导源于无章可循。正是在这种情况下,新上任的村长格则次若将旅游体制的建设放到工作的首位。他先是成立10人组成的村民委员会,又咨询村中老人,做年轻人的工作,制定村规民约。除了家庭设立的旅馆不好统筹外,所有划船、牵马、跳舞,由集体统筹安排,每个组,由全村轮流支派,每个火塘要有人参加,收入统一按火塘分配,即每个家庭都有一份统一的收入,即使是贫穷家庭只要有人参与,都能拿到一份,并且每项收费明码标价,统一管理。另外,还制定了许多罚款条例,比如,服务于游客时,如不穿民族服装,罚款;村人在公众场合吵架,罚款;向游客多收钱,罚款……随着旅游体制与规章的落实,落水村恢复了昔日的平静和谐。但是,旅游体制的推行,靠的不仅是村长的个人威信,他背后也有一定的家族背景,格则家是村里的大户,再加上汝亨、彩塔、达巴三个大家庭属于村内的旺户,这三户又与格则家是亲戚关系,所以,村长背后是四大家族,公众事务与家族力量天然地结合在一起。①

落水村的管理体制创新有明显的特点,该体制依托于传统的摩梭文化,仍然是以家屋为基础进行文化遗产的管理,摩梭文化是村落集体所有的,每个人都有权利进行划船、牵马、跳舞等活动,每个人也无权阻止他人进行同样的活动,因而出现了恶性竞争等最初的混乱局面。在格则村长的主导下,制定了规范大家行为的村规民约,也同时规定了依托传统文化进行的旅游的利益分配方式,使全体村民的传统文化产权得以顺利实现。

四、文化遗产开发中利益补偿的具体措施

(一) 文化遗产开发中利益补偿的实施机制

中国目前还没有对传统文化以及文化遗产进行补偿的相关规定。国际社会对利益

---

① 刘晖:《旅游民族学》,北京:民族出版社,2006年,第338页。

分享制度之实现机制主要有两种对立之观点，即为"立法机制"和"契约机制"，前者指基于通过协商谈判将相关各方的权利和义务明确化，并纳入有关国际法中的一种利益分享解决方案。在此机制下，有关各方仍得以通过契约或协议的形式设定相应的权利义务，但不能违反立法中所确立的准则。后者指以契约的形式确定利益分享之方案，在契约中规定当事人的权利和义务，旨在通过相关主体的意思自治来实现利益分享的目的。① 发展中国家倾向于选择前者，发达国家倾向于选择后者，在利益分享的实施机制上始终无法达成一致，原因在于，如果在单个的个案中通过契约机制来确定双方的利益分享方式，那么拥有先进技术和雄厚资金的发达国家开发方必然占有谈判的优势，很可能不利于对占有资源一方的发展中国家的权益的保护。

本人认为，无论采取哪种实现机制，在对文化遗产进行利益补偿时应根据个案的具体情况，综合考虑不同方案的优势，在与当地受影响群体进行充分协商的基础上，进行恰当的制度设计。原因有以下几个方面：（1）我们必须尊重民族自治地方对本地区发展方式的选择权和参与权。《在种族或民族、宗教和语言上属于少数群体的人的权利宣言》中规定，少数人有权有效地参与文化、宗教、社会、经济事务及公共生活。在不与国家法律相违背的情况下，少数人有权有效参与全国及地区内有关其本身及居住地的决策。这是国际社会的共识，也代表了少数人权利保护的发展趋势，中国政府非常重视该宣言。毫无疑问，中国的少数民族也不例外，也应享有对自身事务，尤其是本地区发展方式的选择权和参与权。因而，我们只能建议一些可供选择的补偿方案，具体措施应由少数民族自己做出决定。（2）目前的利益补偿主要有股份公司和金钱补偿两种形式。考虑到中国的实际情况，民族地区的多数群众文化水平比较低，如果全面地采用股份制，他们很难真正地行使他们的股东权。现代社会的股份公司的运作是有相当的风险的，由于自身文化素质的限制，股份制的补偿方式不一定适合中国少数民族的情况。本人认为，采用金钱补偿的方式可能更合适，在这方面，我们可以参照生物多样性公约的具体制度设计。

（二）文化遗产开发中利益补偿的实施方式——文化遗产集体管理

根据一般的法理，文化遗产补偿的实施主体就是对文化遗产进行商业性使用或不正当使用的自然人、法人和其他组织。文化遗产补偿的对象就是事实上占有、使用并传承传统文化的传统社区。我国的传统社区应包含如下一些要素：1. 居住在特定的地理区域；2. 拥有共同的语言、习惯、传统或其他显著的文化特征；3. 传统上共同使用周边特定的资源；4. 人类共同体。但在事实上，传统社区的具体边界还需要根据实际情况进行科学认定。

事实上，由于一个作品是"原创"还是"改编"不仅关系到作者名誉上的满足

---

① 周欣宜：《传统知识特殊保护制度之探讨》，载郑成思主编：《知识产权文丛》（第13卷），北京：中国方正出版社，2006年，第307页。

感，还影响到作者应得的收入，正如"乌苏里船歌"案所表露出来的，改编者经常回避甚至忽略这一事实。我国的相关规章对如何平衡原作者和改编者之间的利益是有相关规定的，如国家版权局 1999 年发布的《出版文字作品报酬规定》第 9 条，1993 年版权局发布的《录音法定许可付酬标准暂行规定》第 5 条等。但是，前述两个规章中都有"已进入公有领域除外"的排除条款，按照现在的知识产权法，我国的文化遗产多数都已经进入公有领域，是无法在前述两个规章的框架内进行利益分享的。相反，如果我们能够在法律上确认文化遗产补偿制度，那么传统社区至少要获得 30% 左右的预期利润，这将极大地激发传统社区保护其传统文化的积极性与热情，也是促进民族地区与传统社区加快发展的重要契机，值得国家立法部门从战略发展的角度来重视这一制度的创设与实施。

根据我国很多传统社区的实际情况，可以考虑由依法成立的类似"文化遗产协会"的集体管理组织对文化遗产补偿进行集体管理。它的职责与著作权集体管理组织的职权类似，主要包括：1. 与使用者订立文化遗产权或者与文化遗产权相关的权利许可使用合同；2. 向使用者收取使用费；3. 向文化遗产权利人转付使用费；4. 进行涉及文化遗产权或者与文化遗产权有关的权利的诉讼、仲裁等。由于我国文化遗产的数量众多，进而无法成立类似著作权集体管理组织会员大会这样的权力机构。所以，对文化遗产补偿的集体管理组织的监督就显得尤为重要，这就要求"文化遗产协会"在签订合同时，事先商请所在社区，通过当地的社区组织或者社区代表大会履行相关的民主决策手续，或者由有关专家与当地社区代表通过"一事一议"的方式进行民主决策，然后做出相关决定。同时还有必要将其每一个转让合同都向社会公众进行公示，接受公众的监督。

Le régime de compensation lors de la valorisation et de l'exploit du patrimoine par le public

Tian Yan

Résumé：Le développent rapide du tourisme dans la région Ouest de la Chine s'appuyant principalement sur les patrimoines cultuels matériel et immatériel des communautés locales. La valorisation et l'exploit des ressources patrimoniales du patrimoine culturel présentent une diversité，mais elles sont conformes aux pratiques culturelles traditionnelles locales. Les habitants de la communauté locale, le gouvernement et les investisseurs répartissent les avantages découlant des actions de valorisation. A l'heure actuelle, le partage des avantages se fait selon le pourcentage d'investissement. C'est ainsi qu'il présente une inégalité entre les investisseurs privés et publics et les habitants. Cette inégalité est la question clé pour la protection et la valorisation du patrimoine culturel. Le non bénéfice des avantages des communautés locales pourrait affecter la stabilité sociale, la protection du patrimoine et le développent durable du tourisme. Il est nécessaire d'établir un régime de compensation pour garantir les intérêts des communautés locales lors de l'exploit des ressources patrimoniales du patrimoine. Il existe au niveau local des pratiques qui équilibre le partage de bénéfice entre les habitants des communautés locales et les investisseurs, telles que la pratique de crédit personnel au village miao à Langde, le système de récompense au village miao de Xijiang, la propriété collective à Basha, ainsi que la gestion des maisons par les habitants eux même à Luoshui etc. A l'heure actuelle, le régime de compensation en Chine est prévu pour des actions d'utilité publique ou garantissant l'autonomie étique et des actions de protection écologiques, il n'existe pas pour des actions de protection du patrimoine culturel. Pourtant ce régime est nécessaire pour la valorisation du patrimoine culturel. La diversité culturelle présente des similitudes avec la diversité biologique, le régime de compensation fixé par la Convention sur la biodiversité pourrait s'appliquer à l'exploit du patrimoine culturel. Ces vingt dernières années, les principes de juridiction nationale, de répartition des avantages, d'accord préalable sont généralisés. La Chine peut en inspirer et les appliquer. Lors de l'application de ces principes, il faut qu'ils soient conformément aux pratiques culturelles traditionnelles locales.

公众民族文化自觉意识开发路径探索[*]

——基于重庆非物质文化遗产保护实践的思考

吴安新　　刘　慧^{**}

【摘要】 结合重庆非物质文化遗产保护的相关实践，指出民族文化复兴的关键在于启蒙和开发公众的文化自觉意识，通过多渠道、多方式提高公众的传统文化认知水平，加强其文化素养，使其主动参与、乐于参与各项文化传承活动，并从传承方式、学校参与、民间管理的视角及路径提高公众民族文化自觉意识。

【关键词】 非物质文化遗产；文化认知；文化自觉

引　言

随着城镇化、工业化进程，工业文明取代了农耕文明，钢筋混凝土森林代替了农家庭院，机器化大生产取代了手工艺作坊，很多优秀的传统文化在经济环境等社会生态环境的冲击下濒临灭绝或正走向灭亡。尤其是在全球化进程加剧，西方文明侵入的情况下，本已脆弱的传统文化在异质文化的强势介入中越发岌岌可危。我国的传统文化在此夹缝中艰难前行，悠久的中华文明面临着前所未有的困境。

的确，自洋务运动以降，形成的"中学为体，西学为用"思潮，在多年的变迁中，西学渐盛，而中学之"体"似乎已体无完肤，从公众来看，尤其是青年人对西方文化符号的认同已远胜传统文化，如对西方"情人节"喜闻乐见，而对传统"七夕"的逐渐淡漠；对好莱坞大片、韩剧趋之如鹜，而对国产影视漠视，甚至有的连传统的二十四节气、基本的历史知识都不能够说清，等等，诸如此类的例证，使得国人不得不思索，难道是我们的文化已然落伍，还是我们当代的国人缺失了文化自觉？从国人"中国式过马路"到"某某到此一游"的劣迹斑斑，难道这些都是我们的文化因子所造就，若如此，那又如何解释香港等地常大规模进行"弟子规"等传统文化的诵读活动？是

＊　本文系教育部人文社科项目"非物质文化遗产的民间法保护研究"（10YJCZH172）的部分成果和重庆市社科规划项目："非物质文化遗产保护中的县域政府角色与责任"（2011YBYS093）的部分成果。

＊＊　吴安新，男，山东济宁人，副教授，西南政法大学法学博士研究生，重庆文理学院教务处副处长。研究方向：理论法学、非物质文化遗产法律保护等。刘慧，女，山西平遥人，四川美术学院硕士，从事非物质文化遗产教育传承方面的研究。

否是我们在过于关注经济发展的过程中，或多或少地忽略了文化精神的洗礼？

我们知道，不同的环境，不同的时代孕育了不同的文明，积累了人类在不同境况和挑战下的智慧，是人类的共同的精神财富。事实上，一个地方、一个民族文化内涵的逐渐散失，在某种程度上就意味着该地区、该民族凝聚力源泉的消失。而且一种文化的消亡，不仅损害了依赖该文化生存的人民的利益，而且会使全人类丧失一种有可能弥补其他文化缺憾的文化资源。我们有理由相信如果传统文化被破坏、被消灭，不仅仅创造该文化的民族被剥夺了文化产品，从文化上受到剥削，而且，其他文化群体的研究、欣赏、被激励的机会就不复存在。可以说，在某种程度上，保护传统文化，就是一个民族保护自己的文化个性，保护本民族的精神和品格。所以，传统文化的弘扬，肩负着反抗"文化霸权"、维护国家文化安全的神圣使命，又必须以"软实力"的形象背负起让中华民族和平崛起于世界强大民族之林的历史重任。

一个民族的复兴，尤其是文化的复兴，从本源上在于这个民族公众的文化自觉。所以，如何在快速发展的现代社会中，使传统文化生机盎然，使公众的文化自觉意识有效开发，是亟须研讨的命题。

一、何谓文化自觉

何谓文化自觉？费孝通先生在《关于"文化自觉"的一些自白》一文中，提到文化自觉就是生活在一定文化中的人对其文化有"自知之明"，明白它的来历、形成过程、所具有的特色和它的发展的趋向。[①] 从费老这个界定来观察我国传统文化目前的窘状，生活在我们文化群落中的国人对我们的文化是否有足够的"自知之明"，我们的国人是否能了解我们所属的文化的精神内涵，可能都是需要打上一个大大的问号的。这也可以解释，我们的传统文化消亡的速度为什么那么快，而不能把一切归咎于经济的发展、工业化的进程，这些客观的外在因素加上我们内在的淡漠，这种淡漠不仅仅是文化保有人的淡漠，还包括生活在这一文化群落的公众的淡漠，导致着传统文化的这种发展现状。

2003 年在我国兴起的非物质文化遗产保护运动，从本质上是对传统文化的一种认知，一种自觉。有学者甚至指出，标着着"五四"运动以来的文化革命的终结，中国开始以自己的方式重建着文化从社会中来的传统。[②] 应该说，非物质文化遗产的保护运动，正在为传统文化的延续和创新提供空间，在为启蒙和开发公众的文化自觉意识方面做着最大的努力。

文化从本质上是属于民族，属于那个文化群落的民众，它来源于社会，来源于创

---

① 费孝通：《关于"文化自觉"的一些自白》，《学术研究》2003 年第 7 期。

② 高丙中：《非物质文化遗产保护的中国实践和文化革命的终结》，高丙中先生在重庆大学人类学研究中心的学术讲座，2013 年 5 月。

造它的民族。一个民族的文化传承发展离不开这个地区民族的文化自觉，毕竟文化这种话语形式内化于该文化群落的民众。在《保护非物质文化遗产公约》第 15 条中规定："缔约国在开展保护非物质文化遗产活动时，应努力确保创造、延续和传承这种遗产的社区、群体，有时是个人的最大限度的参与，并吸收他们积极地参与有关的管理。"这意味着公众的参与对于文化传承的重要意义，意味着民众的文化自觉需要政府的引导、全社会的共同关注。

但在目前，公众真正参与非物质文化遗产传承保护的路还很漫长，以世界遗产为例，截止到 2013 年 6 月，我国拥有世界遗产 45 处，在拥有数量上位居世界第二，被列入的人类非物质文化遗产杰出代表项目近 30 项，却只有福建木偶戏一项在 2012 年 12 月入选联合国教科文组织优秀实践名册。

在我国自上而下的非物质文化遗产保护历程中，官方话语始终占据主导地位，民间基本处于失语状态，公众参与的积极性没有得到充分的调动。究其因，有国家管理与地方参与相互脱节的因素，有政府引导力度、政策激励、制度规范不健全等方面的缘故，但更多的还在于民众民族文化自觉意识淡薄不愿参与的因素，毕竟前两者都是相对容易解决的，比如在政策激励、法律规范方面，我国已经出台了《非物质文化遗产法》，从法律保障上鼓励民众的积极参与并给予有贡献的保护或参与主体以表彰和奖励。而后者，如何激发公众内心的文化自觉之弦，激活其文化认知之码，打通民众文化自觉的经络，加强公众的参与业已成为我国非物质文化遗产保护甚至传统文化复兴、延续的基础环节。

二、文化认知的激活

公众的民族文化意识淡薄，第一位的要素在于其对民族文化认知的缺失。所谓文化认知，就是指民众对于本民族文化的一种感知和认识，是否明白本民族文化的来龙去脉，并能够在此基础上形成相应态度和基本的情感体验。从心理学上讲，认知是指人认识外界事物的过程，指人们获得知识或应用知识的过程，或信息加工的过程，是一个由信息的获得、编码（Encoding & Coding）、贮存、提取和使用等一系列连续的认知操作阶段组成的按一定程序进行信息加工的系统。通过这样一个认知过程，以把外部客体的特性转换为具体形象、语义或命题等形式的信息，再通过贮存，保持在大脑中，从而获得知识，认识这个世界。可以说，认知是知识获得的前提要件，所以，必须让民众认识我们的传统文化，让他们知晓传统文化的基本常识、常情。

对于此，我们以重庆的非物质文化遗产保护实践为例证。我们通过走访重庆大足地区居民，因为大足拥有世界文化遗产——大足石刻，对其的调查走访具有较好的样本意义。经过调查，我们发现，大足居民虽然知道他们有大足石刻，但对于大足石雕、大足剪纸等非物质文化遗产项目却并不熟知，甚至陌生。在这种情况下，要求他们自觉参与与保护大足石雕和大足剪纸也就成为了奢望。因此，我们以如何推介大足文化遗产为例，探讨激活公众的民族文化认知的路径，毕竟增强民众的文化认知水平是激发文化自觉的基石所在。

（一）传播媒介的多元介入引领认知

传统文化的传统传承与传播方式，尽管有着独特的效用，但对于公众集体意识的启蒙还是受限的。这就需要我们的传统文化与现代科技亲密接触，当然这种亲密接触，不能够破坏传统文化的本质属性。

其实，利用传播媒介来进行非物质文化遗产的宣传与保护，已被证实是比较有效的手段。目前需要的是综合利用这些传媒来为传统文化服务，传统媒体有传统媒体的优势，比如报纸可通过开辟专栏，可视的媒体可开辟专门的电视栏目等等。但传统媒体也有其弱点，尤其是在信息化社会，在知识爆炸的社会，人们读书看报看电视的时间被极大的压缩，人们开始关注一些新媒体，一些便携式的载体。非物质文化遗产以及传统文化的传播也理应跟随时代步伐。利用新媒体提升公众的文化认知水平，必将成为一种潮流。比如网络、微博、微信作为当今新媒体中最火爆的载体，作为被最广泛应用的个人媒介，应该被充分利用起来。例如微博具有一新（新媒介），三强（互动性强、自主性强、选择性强），三优势（目标人群精确、草根性强、全面表现性强）的特点，这些特点也使之理应成为公众传统文化的认知水平提升的一个重要阵地。当然，为了提高传播的集中性、深度性以及公众的高认可度，对于这一形式需要进行一定的程序规范和技术处理，使之具有权威性。还可以将之与传统媒介有机结合，通过良好互动，多元介入以引领公众对文化的认知。

当然，任何媒介的推介只是一种手段，其所推介的内容才是最重要的；对于接受群体而言，易于接受性是最为关键的。所以，要把传统文化的内涵进行充分挖掘，采用贴近人们生活、能够引起人们的共鸣或者是激发人们兴趣的话题来进行，只有这样人们才会去自发地对微博进行转发和评论，需要谨防的是过度的娱乐化或追求娱乐至上而有损传统文化形象的问题发生。

（二）政府多渠道推介助推公众认知

推动传统文化传承与创新，政府责无旁贷。正因为职责所在，无论是中央政府还是基层地方政府都理应通过多种渠道甚至创造多条路径来推动公众的文化认知水平的提升，除了惯常的政策激励推动之外，还应该多打"组合拳"，通过"捆绑式、带动式、融入式"等类似市场营销的模式向本地区的公众推介、宣传文化，不能因为文化对经济发展做出的贡献很小或几乎没有而忽略之。

比如捆绑式，大足的宝顶香会闻名于世，不仅当地的居民会每年相聚于此，而且也会吸引来自各地的专家、学者、游客前来。可有效地抓住这种机会，抓住这种文化空间，进行文化推介，除在宝顶香会时将大足地区的其余各项非物质文化遗产项目聚集到宝顶，进行统一展示、演出，还应该组织形式多样的活动，利用形形色色的媒体进行积极的推介，在短期内带动一轮思考，制造一种轰动，引发一股潮流，形成一种文化认知效应，这样的捆绑式所带来的不仅是可以加强公众对于大足地区其他非遗项目的认知，而且使得大足地区的整体文化形象得以展现。带动式，就是以点带面，通过一个或多个重点非物质文化遗产项目的推介带动其余非物质文化遗产项目，即充分发挥拥有世界级文化遗产——大足石刻的优势，将其他文化产品或形态与之相连，形成一个文化符号的聚集区，从而产生规模效应。融入式，则是政府利用自身的资源，通过政府采购，通过接地气，将大足的文化符号展现在民众生活的社区、融入到其生活方式中，如政府恰如其分地将大足石刻的代表性特点融汇到大足地区的城市建设中，将路旁的路灯雕成观音手的式样，让民众每天一仰头就知观音在身边在佑护；在民众憩息游戏的广场邀请大足石雕的传承人刘能风进行大型的石刻雕刻，等等。从而让大足的民众生活在浓郁的文化氛围中，时刻感受大足文化的深意，在潜移默化中推动公众的认知水平提高。

（三）公众主动参与体验认知

如今，观众对文化的渴望，已不再满足于单一的视觉刺激，而追求多种感官享受；不再满足于被动地接受他人的发明，而追求充分调动自身主观能动性的自我感悟式的发现。看看人们对各地所谓"印象系列"的逐渐反感，看看人们愈来愈喜欢到乡村、到田园去采摘、去种植，就知道人们更多地希望自己主观能动性的发挥。自己一次刻骨铭心的深度参与，可能要比走马观花的博物馆等的游览参观要深刻得多。如何让更多的民众有尝试、有参与的体验，对于文化的传承来说，可能是一种有益的带动。比如让我们的民众拿起剪刀，也来剪上几剪子，把之想象随刀剪的挥动来展现，让其感受其中的奥妙。我们的传统技艺类非物质文化遗产除保密的部分外可否能主动的开放于民众，让他们来感悟，了解相应流程，或许除了感悟之外还能激发某些创造。

另外，对于一些传统文化，可否有组织地推动民众的参与，比如在学校设立集体诵读日，来诵读《弟子规》等经典；可否在社区设立研习日，让社区群众集中研读，等等。诸如此类，可让参与者感受到文化的魅力，并形成一种惯例予以推行。当然，也有的地方追求把传统文化放到特定的故事情节中，让人们通过活生生的方式去体验和感受，传承和延续文化。比如"红岩精神"，工作人员用他们的理解诠释着、表演着，并吸纳游客和民众参与者，在设定好的故事情节中进行多角色的转换：时而被当做囚犯经历惨不忍睹的扫射，时而作为观众目睹残酷的酷刑……正是在这不同身份的转换和不同方式的体验中，参与民众能不断寻求超越表层的文化内涵，了解表演背后所要传递的文化意蕴，从而提升对民族文化、民族精神的认知。

三、文化自觉意识的启蒙与开发

启蒙和开发公众的文化自觉意识，就是希望其对本民族、本地区的文化有所认同，并以认真的态度或心情对待，达到一种自觉，养成一种态度，培育一种行为，形成一种习惯，树立一种信仰。当传统文化认同感成为一种习惯，当传统文化的优秀品格内化为自身的意识，就会善待文化，就会自觉地践行传承的使命。那么如何在认知的基础上，进一步启蒙和开发公众的文化自觉呢？

（一）传统文化传承方式的延续与创新

应该说，主动地去传承是文化自觉的最优体现，当然传承也理应成为提高公众民族文化自觉意识的重要一环。事实上，传统文化尤其是民间艺术遗产主要依靠世代相传的带徒传艺的传承方式得以保存和延续至今，传承在传统文化中占据重要的地位，正如乌丙安先生所言："带徒传艺活动，作为一种千百年来沿袭下来的民间艺术传承机制，并不是一种简单的技能技巧的传习方式和民间知识的传授方法，而是悠久的农耕文明时代民间文化特有的传承法则。"① 传统的带徒传艺的传承方式有其自身的文化价值存在，直至今日在某种程度上仍是传统文化存活、延续的根本方式。

当然，我们并不是要求多数的民众都去进行拜师学艺，毕竟这种传统的多年形成一对一的模式有其自身的规则，突然间转变成一对多，除了诸多的不适应外，还可能伤及文化本身。让公众参与传承，也不是意味着我们要否定这种传统的带徒传艺的传承机制。我们提出传承方式的延续，是希望通过多方的互动，传授者的展示、参与者的观摩、学习者的深入，等等，在互动中才能激发更多人的兴趣。只有有了更多人的参与，才会有更多的选择，传授者、学习者、参与者，在相互的选择中延续我们的传统。我们提出传承方式的创新，是希望在口传心授之外，找到一种更为普适的，让大众乐于接受的一种方式，而这种方式也许不是深入的授业，而是在适应现代社会的发展的基础上一种价值观的传递，一种文化的阐释，在某种程度上一种拓展，将传统文化的传承置于更广阔的民众间，在传统文化传承人神秘、小众的观念的基础上的大众化，开启传统文化多元传承的模式，从而唤醒了民众的文化记忆，激发其文化认知兴趣，有效激活其文化自觉意识。

（二）有效提升民间话语权

在我国的非物质文化遗产保护中，民间话语在官方话语的压制下，往往处于失语状态。这种自上而下的所谓的对传统文化的保护很可能因民间失语反对其产生一定的损坏。正如国家级非物质文化遗产——梁平年画的保护与发展，并没有调动更多的当地民众的积极性，而是形成了政府、专家与传承人单线发展的现象。导致梁平年画的存在与否，发展与否与当地居民的生活并无大的关联。而且这种政府、专家与传承人这一模式也导致了一些传承人夸大非遗项目的神秘性。这种将非遗项目束之高阁，将普通的民众拒之门外的做法也使得民间的文化最终成为少数人的文化，对于非遗项目

---

① 　乌丙安：《非物质文化遗产保护理论与方法》，北京：文化艺术出版社，2010 年版，第 7 页。

而言是百无一利的。面对这种情况，我们可以采取由民间主导，政府辅助的自下而上的相对开放的保护模式，强调公众的参与，将属于民间的文化归还于民间。而政府可以更有效、更灵活地进行非遗保护的协调。

另外，从历史上看，传统文化的传承主要力量也是民间的自觉传承，在传承上形成了一定的并且行之有效的规则，这些规则有时甚至超越国家法。例如一些传承人固守的"传男不传女""传内不传外"等规则，也许对之的转变，通过法律的强行改变或许只是一种理想。比如一些民族业已形成的良好的风俗、民约，政府通过强行的移风易俗在历史上似乎也没见到取得很好效果的，那么对于此，政府的退位也许是更好的选择，让位于民间管理，尊重其恪守的规则，提升其话语权。而只对那些可能濒危，如果不及时干预就消亡的文化遗产予以关注，予以引导。

（三）让传统文化扎根校园

学校教育是教育的主旋律，一种文化只要能扎根校园，其生命力就会得到焕发甚至拓展。近年来，随着流行文化的兴起，传统文化在年轻人们心中已经慢慢被淡忘。只有让学校里的受教育者更多地接触，才能更好地传递文化魅力，所以在很多地方开始尝试让京剧进课堂，开始尝试学生课间操以地方舞进行，开始办专门学校等等。教育管理者作为公众的一分子，作为社区的组成，也应该努力地让校园成为传统文化宣传、展示的场所，缔造良好的文化氛围，比如，在2013年6月的非物质文化遗产日，重庆市将非物质文化遗产的展示地点选在四川美术学院，使得传统的非遗文化与现代的当代艺术相碰撞，滋养出创新的潜力。在观赏了众多的非遗项目表演、展示后，很多学生都表示这次非遗进校园为他们今后的艺术创作带来了启发。而许多设计的同学则表示，这次活动也激发了他们对传统工艺再设计的兴趣。另外，还可以设置与传统文化相关的选修课，可以邀请传承人进入校园，为在校学生进行课程讲授，逐步把传统传授与正规的教育体系结合，如大足剪纸的传承人庞书麟老先生，被双塔中学聘任，将大足剪纸的技艺教授给在校学生，让当地的师生对自己所在地的这些非遗项目有所认知，从而形成文化自觉。

让传统文化扎根校园，不仅可以使得在校学生认知、学习传统文化，还可以解决部分项目的传承问题——通过非遗展示和学习可以激发师生对非遗项目的兴趣，拜师学艺，成为该项非遗项目的传承人，使传统文化得到保护和延续，形成文化自觉。

四、结论

经过政府、社会等方面的努力，传统文化在今天正通过"国学热"、通过百家讲坛、通过进校园等多种形式开始逐渐恢复，但是不能否认的是社会变革或变迁的速率也使社会各层对于传统文化的传承存在迷茫，毕竟在今天传统文化已不再是一套完整的安顿人心的意义系统和纪纲世界的价值体系，而是表现为由习俗所支撑的文化碎片。

这种严峻现实也告诉我们，民众优秀传统文化素养的养成和文化自觉不是一朝一夕的事情，是一件需要任重而道远的系统工程，这些必须要通过政府、社会、家庭等各方面协同努力方能最终恢复传统文化的风采。

La conscience culturelle éthnique du public : une ré flection sur la protection du patrimoine culturel immatériel à Chongqing

Wu Anxin et Liu Hui

Résumé：Revitaliser une culture éthnique consiste à sensibiliser la conscience culturelle du public, améliorer leur connaissance sur la culture traditionnelle. C'est ainsi qu'il faut inciter le public à la diffusion de la culture par différents moyens, tels que la transmission, la gestion etc.

Mots clés patrimoine culturel immatériel, identité culturelle, conscience culturelle

中国公众参与文物公益诉讼原告主体资格现状浅析

郭　萍*

【摘要】 随着我国公众"文化自觉"的日益觉醒，公益诉讼之于文物保护的重要性也在逐渐得到认同。不过，受制于我国立法对原告主体资格的限制，公众启动文物公益诉讼面临诸多障碍。本文试图通过对我国民事、行政诉讼程序立法中公益诉讼相关规定的梳理，指出我国公众启动文物公益诉讼面临的主体资格方面的制度困境及其原因，并提出解决思路。

【关键词】 文物公益诉讼；原告主体资格；公众参与；直接利害关系

所谓"公众参与"，是指公众在公共事务的决策、管理、执行和监督过程中拥有知情权、话语权、行动权等参与性权利，能自由地表达自己的立场、意见和建议，能合法地采取旨在维护个人切身利益和社会公共利益的行动。[1] 由目前学界对"公众参与"概念的阐释来看，"公众参与"中的"公众"，其主要特征为与政府保持相对独立性。[2]而所谓"公益诉讼"，简言之，是以保护社会公共利益为目的的诉讼。[3]

公益诉讼之于文物保护的重要性正在逐渐得到认同。相对其他保护手段而言，"诉讼"这一形式具有权利请求具体、一旦请求得到支持即具有强制执行力等特点，是公民经由法律赋予的诉讼权利的实践来实现文物保护公众参与的手段。通过公益诉讼形式来进行文物保护，也日益成为中国官方文物部门认可和推广的一种保护手段。只是，在官方所主张的文物公益诉讼制度构想中，似乎仅止于赋予公权力机关（如当地文物行政主管部门、检察机关）以原告主体资格，而"公众"作为原告参与文物公益诉讼的可行性，则尚未成为其关注重点；[4] 与此同时，由实践来看，包括文物公益诉讼在内

＊　郭萍，北京工业大学博士后研究人员，研究方向：文化遗产法。

[1]　戴雪梅：《和谐社会与公众参与问题研究》，《求索》2006 年第 8 期。

[2]　李拓等：《中外公众参与体制比较》，北京：国家行政学院出版社，2010 年，第 2～3 页；俞可平：《公民参与民主政治的意义》，载贾西津主编《中国公民参与》，北京：社会科学文献出版社，2008 年，"代序"，第 1 页。

[3]　江伟主编：《民事诉讼法（第六版）》，北京：中国人民大学出版社，2013 年，155 页。关于"公益诉讼"的具体内涵及外延，学界至今仍有不同说法，但其必包含"保护社会公共利益"之目的则无疑义。

[4]　《励小捷委员：完善制度，修订法律，加强文物保护》，2013 年 3 月 6 日，载中华人民共和国中央人民政府网站：http：//www.gov.cn/2013lh/content_ 2347092.htm，访问日期：2013 年 5 月 12 日。

的公益诉讼似乎仍"游走在法律边缘"①，立法缺失对公众参与文物公益诉讼的不利影响已经彰显。②

本文所探讨的公众参与文物公益诉讼原告主体资格，主要是指除政府以外的主体作为原告提起诉讼以实现文物保护目的的资格，包括民事和行政两类。刑事诉讼（除自诉案件外）由于其本身即是国家为经济、社会秩序管理等公共利益的需要而由检察机关提起的诉讼，其主体为"检察机关"而非本文所谓"公众"，暂不列入讨论范围。

具备原告主体资格，是公众启动诉讼程序的前提条件，固有法谚云："没有原告就没有法官"。根据我国现行立法，无论是民事还是行政诉讼，只有与被诉事由存在直接利害关系的主体才能成为诉讼原告。这一有关原告主体资格的规定，在客观上成为公众参与文物公益诉讼的障碍之一。

本文拟就中国公众作为原告参与文物公益诉讼的制度障碍展开研究，分析这一障碍产生原因，探讨构建中国公众参与文物公益诉讼的原告主体资格的可行性。

一、公众参与文物民事公益诉讼的原告资格问题

本文有关公众参与文物民事公益诉讼主体资格的讨论，将由下述两个案例展开。

2009 年，由 81 名中国律师组成的"追索圆明园流失文物律师团"（以下简称"律师团"）发起的一起公益诉讼，引发社会广泛讨论。该律师团意图以诉讼途径阻止法国佳士得拍卖行拍卖一对原属中国圆明园大水法构件、后由英法联军于战争中流失的鼠首和兔首。最终，法国巴黎大审法院以申请人"无直接请求权"为由驳回关于要求停止拍卖圆明园兔首和鼠首文物的诉讼申请。质言之，法院认为，该案件的申请人"欧洲保护中华艺术协会"并不具备原告主体资格，因此无权就其诉讼事由主张权利。

事实上，在这起引起全国媒体广泛关注的圆明园鼠首、兔首案件之前，国内早有文物公益诉讼的先例。"律师团"的发起人之一——刘洋律师即曾于 2007 年以某持有两颗龙门石窟佛首的美国男子为被告，向洛阳市中院提出返还佛首的诉讼请求。由于法院对刘洋律师是否具备原告主体资格争议未果，该案件至今悬而未决。

由律师刘洋所倡导或提起的这两起案件来看，在公众作为原告参加文物民事公益诉讼的实践中，其原告主体资格不符合民事程序立法有关起诉实质要件的规定，成为阻断公民通过诉讼形式参与文物保护的重要事由。现行《民事诉讼法》中有关起诉实质要件的规定，集中体现于第 119 条（2012 年 8 月修正前为第 108 条）："起诉必须符合下列条件：（一）原告是与本案有直接利害关系的公民、法人和其他组织；……"依

① 黄金荣：《走在法律的边缘——公益诉讼的理念、困境与前景》，《法律与社会月刊》（双月刊）2011 年第 4 期。

② 文物公益诉讼立法相对于实践的滞后性，可由下文所述两起民事公益诉讼案例及后文另一被不少媒体称为"文物公益诉讼第一案"的文物行政公益诉讼案件窥其一斑。

据该条规定，只有案件提起人与起诉案件具备"直接利害关系"，才符合立法对此类案件中原告资格的要求。如果提起文物公益诉讼的个人与该案件不具备直接利害关系，则不为适格原告。因此，法院基于原告主体资格不符合法定条件而作出"不予受理"的裁判结果是合法的。

不过，随着社会对公益诉讼制度的诉求日益强烈，在赋予公众作为文物民事公益诉讼原告主体资格方面，我国民事诉讼基本立法已有新进展。2012 年 8 月 31 日，十一届全国人大常委会第二十八次会议表决通过的《全国人民代表大会常务委员会关于修改〈中华人民共和国民事诉讼法〉的决定》的第九点提到："增加一条，作为第五十五条：'对污染环境、侵害众多消费者合法权益等损害社会公共利益的行为，法律规定的机关和有关组织可以向人民法院提起诉讼'。"首次在民事诉讼基本法律中确立了公益诉讼制度。虽然第 55 条有关公益诉讼的条款并没有直接提到对破坏文物的行为也可以提起公益诉讼，但至少在法律层面正式明确了民事公益诉讼制度的地位；而且，第 55 条中"等损害社会公共利益的行为"的兜底表述，也为将文物保护纳入民事公益诉讼范围提供了可能性。尽管如此，该法有关适格原告范围的规定仍引起理论及实务界的诸多争论。

从 2012 年修订的《民事诉讼法》第 55 条有关公益诉讼的规定来看，只有"法律规定的机关[①]和有关组织"能够提起公益诉讼。这一规定意味着：从现行立法来看，在公众参与方面，《民事诉讼法》仅确立了团体（有关组织）作为原告提起民事公益诉讼的法律资格，公民个人没有被赋予这一资格，即公众无法以个人名义成为民事公益诉讼的原告。置诸实践，即使前述案件中所涉当事人律师欲再以个人名义提起公益诉讼，则法院可直接依据《民事诉讼法》判断其不具备原告主体资格。而之所以作出这一制度设计，据推测，可能是为了避免公民"滥诉"导致的司法资源浪费，并对司法案件管理带来麻烦。[②]

另一方面，何谓第 55 条所指"有关组织"，即哪些组织拥有提起民事公益诉讼的资格，在现行立法中并不明确，还有待进一步完善。不过在《民事诉讼法》该条修正过程中，立法者曾有意将草案中原"有关社会团体"的表述改为"有关组织"[③]，体现

---

① 《民事诉讼法》及其他相关法律并未明确规定哪一机关可作为提起公益诉讼的主体。在实践中，为遏制国有资产流失，以由法律赋予其维护国家和社会公共利益职能的检察机关作为原告代为起诉追偿国有资产的案例并不鲜见，也不乏起诉请求得到支持的情形。相关报导可参见《立法对抗国有资产流失，检察机关保卫国有资产》，2003 年 6 月 5 日，载新华网：http：//news. xinhuanet. com/fortune/2003 – 06/05/content_ 904854. htm，访问日期：2013 年 6 月 12 日；但实际上，检察机关并无法定的民事公益诉讼原告资格，因此，对于检察机关是否有权直接提起民事公益诉讼，仍有争论。

② 《专家称民诉法修正案排除个人公益诉讼系不信任》，2011 年 11 月 11 日，载法律快车 http：//www. lawtime. cn/info/minshi/dongtai/2011111069255. html，访问日期：2013 年 5 月 1 日；或《民诉法修改的公益诉讼之争》，2011 年 12 月 1 日，载竞网：http：//www. thefirst. cn/1366/2011 – 12 –01/388765. htm，访问日期：2013 年 5 月 1 日。

③ 《公益诉讼制度迈出跨越性一步》，2012 年 9 月 7 日，载中国公益诉讼网：http：//www. pil. org. cn/q_ news/q_ news_ page_ 3447. html，访问日期：2013 年 5 月 18 日。

了其扩大原告主体范围的立法旨意——依据 2005 年 1 月 1 日起执行的《民间非营利组织会计制度》第 2 条规定，"有关组织"至少包括"社会团体"、"基金会"、"民办非企业单位"等三类。虽则如此，但是，在没有明确立法保障的前提下，社会组织提起的民事公益诉讼是否能得到法院受理，则全凭法院的自由裁断。而由一些从事诉讼实践工作的法律从业者的分析来看，由于目前官办和民办的社会组织在政策方面仍有区别，民办社会组织所提起的公益诉讼被法院裁判不予受理的可能性较大。① 因此，《民事诉讼法》未明确民办社会组织的法律地位，即在很大程度上将为数众多的民间组织拒于文物民事公益诉讼大门之外。

二、公众参与文物行政公益诉讼的原告资格问题

在公众作为原告参与文物行政公益诉讼方面，国内也已有实践。2007 年～2008年，北京市宣武区四处院落居民以其所居住的院落为应受保护的文物建筑为由，对宣武区建委颁发的《房屋拆迁许可证》提起行政诉讼，要求撤销宣武区建委核发的京建宣拆许字〔2006〕第 59 号《房屋拆迁许可证》中涉及宣武区前门西河沿街 222 号、226 号、224 号、244 号院的拆迁许可。一审和二审法院均支持了原告请求，判决前述拆迁许可内容无效。

该案件为国内第一起以文物保护为由提起的行政诉讼，被不少媒体称为"文保第一案"，也是为国内不少文物保护组织或个人所津津乐道的中国文物公益诉讼的典型案例。但这一案件并不意味着公众作为原告参与文物行政公益诉讼没有制度障碍。根据我国《行政诉讼法》第 41 条："提起诉讼应当符合下列条件：（一）原告是认为具体行政行为侵犯其合法权益的公民、法人或者其他组织。"即适格的行政诉讼原告必须是行政机关具体行政行为的相对人，否则不予受理。与民事公益诉讼类似，这一规定会使文物保护的"有关组织"及其他个人等非具体行政行为的行政相对人较难作为原告进入诉讼程序，在一定程度上成为建立我国文物行政公益诉讼的障碍。不过，2000 年3 月 10 起施行的《最高人民法院关于执行〈中华人民共和国行政诉讼法〉若干问题的解释》第 1 条则在某种程度上突破了《行政诉讼法》第 41 条有关原告主体资格的限制，该条规定："公民、法人或者其他组织对具有国家行政职权的机关和组织及其工作人员的行政行为不服，依法提起诉讼的，属于人民法院行政诉讼的受案范围。"根据该条，公民、法人或其他组织可就任何抽象或者具体行政行为提起诉讼，而不论该行政行为是否直接侵害到起诉者利益。此条规定可成为公众具有文物行政公益诉讼原告主体资格的法律依据之一。虽则如此，这一对原告主体资格的突破仍然以最高院司法解释的形式存在，而并未上升到"法律"这一更高的法律层级之上。而且，该案件的原告方，事实上仍是与宣武区建委的具体行政许可行为有直接利害关系的居民，只是案

---

① 参见：《民事诉讼法修订：谁有权提起公益诉讼》，《中国青年报》2011 年 9 月 20 日，第 3 版。

件背后的诉讼利益已经超出了私利的范围，才被冠以"公益诉讼"之名。因此，案件虽然胜诉，但这并不意味着我国司法已经承认公民个人或者组织作为文物行政公益诉讼的原告资格。

三、公众参与文物公益诉讼原告主体资格问题产生的原因分析

由中国公益诉讼的发展来看，其由 21 世纪初主张公益诉讼的主体"只能是国家机关，在我国就是检察院，即检察院代表国家提起"[①] 至如今公益诉讼主体可为"法律规定的机关和有关组织"在我国民事立法中的法律层面得以确立，不能不说是中国公益诉讼立法进程的重大进步，但由实践的需求来看，这一制度目前显然仍不能算是完善。

就判断一起诉讼是否为公益诉讼而言，有学者提出可由主观及客观两方面考察，即主观上诉讼提起人应是为了公共利益提起诉讼，客观上该诉讼能够体现或实现公共利益。因此具有"超越个案的客观价值"[②] 文物之所以受到不同于一般"物"的特殊保护，就在于其具有"准公共产品"的属性，国家保护并促进文物历史、艺术、科学价值实现的结果之一，即为公众提供公共文化服务这一公共利益。因此，如果因个人行为或行政机关的具体行政行为致使文物及其环境历史风貌受到破坏，即会造成对不特定公众文化利益的损害。而"不特定公众"所拥有的文化权利，正是公共权利（或利益）的一种表现形式。由此，在文物保护的多种手段中，公益诉讼提起的事由之一——构成对公共利益的侵害这一条件已经成就。以文物保护为起诉事由，应是现行法律所允许的。

由此更凸显明确公众参与文物公益诉讼原告主体资格的必要性。《民事诉讼法》和《行政诉讼法》中有关诉讼原告主体资格的规定，直接导致法院无法确认公众作为原告的主体资格，并进而倾向于对该类案件作出不予受理或驳回起诉的决定，使得案件无法进入审理程序，公众对于文物所享有的实体诉讼权利也因这一程序上立法的缺失而无法得到主张，由此在客观上限制了文物公益诉讼的启动，或使得诉讼请求得不到支持。

由立法逻辑层面分析，造成这一现象的直接原因，则是文物公益诉讼中的"公共利益"所暗喻的利益主体的不特定性，与诉讼原理中要求原告与诉讼事由的紧密关联之间存在冲突。在传统原告资格理论下确立的我国民事、行政公益诉讼制度，都要求原告必须与被诉利益具有"直接利害关系"。这一理论忽略了公共利益的存在，实际上成为以包括文物保护在内的社会公共利益为起诉事由的公益诉讼制度发展的障碍。公

---

① 该观点由时任最高法院研究室处长的曹守晔、中国政法大学教授韩象乾于2001年提出，参见马守敏：《公益诉讼亟待开放》，《人民法院报》2001年6月15日，第 B1 版。

② 有关这一主题较系统的论述可参见颜运秋：《公益诉讼理念研究》，北京：中国检察出版社，2002年12月；或黄金荣：《走在法律的边缘——公益诉讼的理念、困境与前景》，《法律与社会月刊》（双月刊）2011年第4期。

益诉讼之所以区别于一般的诉讼形式存在的合法性，即在于其意在维护整体的、普遍的公共利益，而非局部的、特殊的自身利益，这是公益诉讼的特点之一。[①]

而实际上，所谓"公共利益"，也即意味着受益对象（即为与这些公共利益相关纠纷的潜在原告）的不确定性及广泛性，并不要求原告必须与被诉利益有直接利害关系。

相反，如果起诉者与被诉利益有直接利害关系，法院完全可以以原告得通过公益诉讼以外的传统诉讼形式（如代表人诉讼）实现其利益作为理由，不受理有关公益诉讼的案件。因此，对"公益诉讼"仍要求起诉者与案件具有"直接利害关系"，实际上否定了"公益诉讼"存在的必要性，显然是不合理的。

四、公众参与文物公益诉讼原告主体资格问题的解决思路

事实上，公众作为原告参与文物公益诉讼所面临的制度冲突，既是所有类型的公益诉讼都面临的问题，同时，也是公益诉讼区别于其他类别诉讼而独立存在的合法性之一。从法理上来讲，之所以对诉讼参加人的原告资格进行审查，意在确定当权力或者权利出现滥用或者误用时，何者可以提起诉讼，衡量标准为拟起诉者与该行为的利害关系。[②] 解决公众参与文物公益诉讼主体资格的困局，也应从这一问题着手。现行《民事诉讼法》既已明确民事公益诉讼的法律地位，则法院在受理"法律规定的机关和有关组织"提起的公益诉讼时，不应再以"直接利害关系"作为案件立案的实质要件。不过，《民事诉讼法》并未就何为"社会公共利益"予以明确，有可能导致法院在立案审查时出现由于对这一概念理解不同，而作出不同裁判结果。为尽量避免由于这一可能性导致《民事诉讼法》的这一重大立法进步无法发挥应有效用，应尽快出台有关民事公益诉讼案件受理标准的有关规定。

至于是否应赋予个人以文物公益诉讼原告主体资格，有公益诉讼的法律从业者表示，立法者所谓为预防个人"滥诉"情形出现而不承认其原告资格的考虑，其实并无有力证据作为支撑。[③] 而由相关媒体对参与《民事诉讼法》第55条立法工作的立法者的访谈来看，前述法律从业者的判断并非毫无依据。而且，也有长期从事法律研究及实践工作的专家表示："公益诉讼需要大量的时间、精力，不用担心有人去滥诉"。[④] 因

---

① 有关公益诉讼的特点，不少学者均有论述，系统性论述则可参见张艳蕊：《民事公益诉讼制度研究——兼论民事诉讼机能的扩大》，北京：北京大学出版社，2007年3月，第6~9页；颜运秋：《公益诉讼理念研究》，北京：中国检察出版社，2002年12月，第21、22页；黄金荣：《走在法律的边缘——公益诉讼的理念、困境与前景》，《法律与社会月刊》（双月刊）2011年第4期。

② 颜运秋：《公益诉讼理念研究》，北京：中国检察出版社，2002年12月，第157页。

③ 语出中国公益诉讼网主编李刚，参见《民诉法修改的公益诉讼之争》，2011年12月1日，载竞网：http://www.thefirst.cn/1366/2011-12-01/388765.htm，访问日期：2013年5月1日。

④ 语出湖南省高级法院副院长吕忠梅，参见叶逗逗：《中国公益诉讼艰难破冰》，2012年10月15日，载财经网：http://www.caijing.com.cn/2008-10-15/110020480.html，访问日期：2013年4月20日。

此，立法者并无充分证据将个人由文物公益诉讼原告范围内剔除。与之相对，现行
《宪法》第 2 条所赋予人民的"通过各种途径和形式，管理国家事务，管理经济和文化
事业，管理社会事务"的权利，则有可能由于诉讼程序法中并未经过严格论证的诉讼
权利的限制而有所减损。

Les réflexions sur les demandeurs qui intentent une action colletive pour défendre le patrimoine culturel

Guo Ping

RésuméAvec l'accroissement de la conscience culturelle, l'importance de l'action collective pour défendre le patrimoine culturel est reconnue par le grand public. Cependant, la qualité de demandeur est restriente par la législation actulle, l'action collective est très limitée en Chine. Cet article présente d'abord le régime de la procédure civile et celui de la procédeure administrative, souligne ensuite les difficultés d'engager une action collective par le public et enfin propose des solutions souhaitables.

Mots clés : action collective pour défendre le patrimoine culturel, qualité de demandeur, particpation du public, intéret propre

公众能否被赋予文物保护公益诉讼的原告资格？

彭 蕾*

【摘要】 文物保护关涉公共利益，可以启动公益诉讼。公众参与文物保护公益诉讼是由文物的公益性决定的，也是法律赋予的权利和对文物行政执法权力的有益补充。公众参与可分为有利害关系的公益诉讼和无利害关系的公益诉讼两类。个人或组织可以单独起诉，检察机关可视情况与之配合共同诉讼。公众参与文物保护公益诉讼的法律程序也有一定的特殊性，首先应庭前审查，防止滥诉。庭审过程中，由于文物损害程度的认定相当复杂，当被告是法人的情况下，可以考虑采取举证责任倒置。同时适当限制原告的撤诉权、与被告调解或和解权等诉权。最后应对公众参与诉讼的合理支出给予相应补偿，还要考虑给其一定的奖励，以鼓励其关心公益，保护文物的高尚行为。

【关键词】 文物保护；公益诉讼；原告资格；

今天，绝大多数中国人基本不用为食不果腹、衣不蔽体而忧虑了，物质愈加丰富的当下，丰富精神文化生活的愿望更加迫切。文物作为国家民族传承的文脉，是公众了解过往历史、感受艺术魅力的重要载体，能使人产生精神愉悦和民族自豪感，公众接触文物的欲望日渐强烈，文物更多地进入到公众视野。随着人们对文物了解的深入，热爱文化、珍惜文物的情结逐渐凝成，保护文物的需求与日俱增，人们不再认为文物保护工作仅仅是政府的责任。公众参与文物保护的途径多种多样：学习文物保护的知识，参与文物保护义务宣传活动，结成文物保护小组，向有关部门举报损毁文物的行为，对损毁文物者提起诉讼等等。最后提到的诉讼，可以依起诉目的是为了个人私利还是社会公益分为普通诉讼和公益诉讼，又因起诉对象是民事主体还是行政法主体而分为民事诉讼和行政诉讼，原告为了社会公共利益而对某民事主体提起的诉讼是为民事公益诉讼。本文将围绕是否可以因文物遭到破坏提起民事公益诉讼，以及公众是否可以充当此类诉讼的原告等问题展开讨论。

一、几个相关的概念

（一）何谓公众

"公众"是一个经常被用到的词，比如公众舆论、公众利益、公众账号，刑法中还

---

* 彭蕾，博士，中国文化遗产研究院，副研究馆员。

有"非法吸收公众存款罪",等等。而至于"公众"的内涵可谓莫衷一是：有的解释为"社会上大多数的人"；有的干脆将"公众"与"大众"、"群众"、"人民"画等号；有的认为"公众"有广义和狭义之分，前者具有排己性，后者具有排他性；有的认为"公众"是面临共同问题，持有共同立场、具有共同诉求的社会群体。在本文中，笔者将"公众"具体化为对文物怀有良好感情，见到文物受损会有所行动的组织和个人。

（二）何谓公共利益

"公共利益"一词显然是一个抽象的、框架性的概念，其内涵与外延也会随着时代的变迁而变化，所以无论学界还是实践中始终未能做出一个统一、精确的定义。综合各方理论学说，本文认为"公共利益"基本上可以说是一定区域内全体或是绝大多数公民共同的最基本的需要，同时这一"需要"应契合当地法律精神和公序良俗。根据国内外的实践经验，以下方面无疑涉及公共利益：污染环境；侵害消费者权益；危害公共安全；扰乱市场经济秩序；侵吞国有资产；破坏文化、教育、医疗、卫生、社会保障等社会公益事业；等等。

（三）何谓公益诉讼

公益诉讼，顾名思义是为了维护公共利益而启动，并由法院依法追究特定相对人法律责任的诉讼活动。它并不执拗于起诉人的利益是否一定受到侵害，只关心国家、社会或是不特定多数人的公共利益是否已经或可能受到损害。公益诉讼的诞生，意味着人们把投入在坚守私利上面的精力逐渐向维护公共利益转移，其实有的时候，私人利益和公共利益往往交织，无分你我。所以如果是主观为私益，客观为公益而提起的诉讼也应被认为是公益诉讼。

二、可否以民事公益诉讼名义保护文物

公益诉讼发轫于古罗马，至今在欧美日等法制发达的国家盛行多年，并且已经形成一套颇为成熟的公益诉讼制度。但其在我国的发展程度只能说尚处于初级阶段。从事公益诉讼理论研究者众，实践中也进行了一定的探索。① 2012 年对公益诉讼的倡导者和推动者来说是个重要的年份，是年 8 月 31 日，十一届全国人大常委会第二十八次

---

① 近些年，不断有政府主管部门、组织或公民为了维护公共利益（包括主观为了维护私人利益，客观有利于维护公共利益、促进公益事业发展、推动有关法制得以健全的情况）提起诉讼，中国法学会民主与法制网还分别在 2011 年和 2012 年评选出年度"中国十大公益诉讼"。此外，司法部门也为应对日益增多的公益诉讼案件进行了一定的尝试，比如海南省高级人民法院于 2011 年 1 月成立国内首个环境保护审判庭，同年 7 月发布《关于开展环境资源民事公益诉讼试点的实施意见》，9 月又联合海南省财政厅发布《海南省省级环境公益诉讼资金管理暂行办法》。

会议上表决通过了《关于修改〈中华人民共和国民事诉讼法〉的决定》。修改后的民诉法新增了"公益诉讼"条款，该法第 55 条规定："对污染环境、侵害众多消费者合法权益等损害社会公共利益的行为，法律规定的机关和有关组织可以向人民法院提起诉讼"。这是我国诉讼法中首次出现公益诉讼的规定，被认为是中国法制史上的破冰之举。其中有关公益诉讼案件范围的规定，采取的是列举加兜底的架构形式，这实际上为拓宽公益诉讼案件范围预留了空间，所以文物保护在法律文本上暂未列明，并不会妨碍进行相应的诉讼实践。那么文物保护是否可以诉诸民事公益诉讼呢？

（一）文物与环境

不可移动文物或名胜古迹，是人文环境的重要组成部分。在相关法律中两者往往是结合在一起保护的，这一点在《中华人民共和国文物保护法》（2002 年）（以下简称2002 年文物保护法）和环境保护法中都有所体现。比如，在 2002 年文物保护法的第19 条禁止在文物保护单位的保护范围和建设控制地带内建设污染文物保护单位及其环境的设施，禁止进行可能影响文物保护单位安全及其环境的活动。环境保护法要求各级政府应当保护"人文遗迹"、"风景名胜"。在矿产资源法中规定在"国家重点保护的历史文物和名胜古迹所在地……""不得开采矿产资源"等。因此，对不可移动文物的污染破坏，也是对环境的污染破坏。修改后的民诉法"公益诉讼"条款中明确将"污染环境"列入损害社会公共利益的行为，也可以说为文物保护公益诉讼提供了法理依据。

（二）文物的公共属性

据信，在民事诉讼法修正案草案的审议过程中，曾有人大常委会委员提出应该将文物保护纳入公益诉讼范围，逐步建立文物保护公益诉讼制度。[①] 对于能否借助公益诉讼保护文物，主要取决于文物是否关乎公共利益。文物包括可移动文物和不可移动文物，它可能属于国家、集体或是个人，但又具有开放性，随着时间的推移，开放的范围也会随之变化，公私属性的边界会逐渐模糊。比如曾经为皇室独享的紫禁城，已建立故宫博物院对外开放；比如文物藏家曾经深锁阁中的心爱之物，因被赠与博物馆而受公众赏鉴。文物是一个国家或民族的智慧结晶和精神血脉，丰富多彩的文物造就了迥异独特的民族性格，也透视出了千姿百态的民族文化。那些经历漫长岁月沉淀下来的文物，无论其最初的创作者是谁，从本质上讲，都是历史上的公众创造的。文物是宝贵的社会文化资源，可以帮助人们了解历史、陶冶情操、增强民族自豪感、培养爱国主义情怀。文物满足了公众的精神文化需求，现世公众在欣赏祖先文化遗产的同时，也有责任将其真实地传承下去。文物一旦受到人为损毁，侵害到的无疑将是国家利益、

---

① 人大立法：《文物工作者建议以公益诉讼的方式保护我国文化遗产》，《法制日报》2012 年 6 月 5 日，ht-tp：//travel. ce. cn/jd/201206/05/t20120605_ 23381064. shtml，2013 年 3 月 4 日最后访问。

民族利益，亦即公共利益。因此，文物无论国有或私有，皆关涉公共利益，文物保护可以启动公益诉讼。

（三）文物保护民事诉讼的优势

2002 年文物保护法第 65 条规定："违反本规定，造成文物灭失、损毁的，依法承担民事责任。"这一规定表明，对于造成文物破坏的责任单位或个人，尚未构成犯罪的，除行政处罚之外，还可以对其提起民事诉讼，这样做的优势在于：

1. 约束力强。目前，文物主管部门尚不具有行政强制执行权，做出的行政处罚决定往往会受到各种各样的阻挠难以落实。而通过民事诉讼程序形成的法院终局判决对诉讼当事人具有约束力，如果一方拒绝履行，可启动强制执行程序。如此，可使破坏文物者付出应有代价。

2. 经济赔偿。通过民事诉讼可要求责任单位或个人承担停止破坏文物的行为、采取消除文物损毁危险的措施、恢复破损文物的原状、赔偿文物所有人损失等民事责任。目前文物违法很多是法人行为，一味追求经济利益罔顾文物安全，而现行法律规定文物违法行政处罚最高限额 50 万元人民币，这对文物违法行为人，尤其是法人来说几乎没有违法成本。通过民事诉讼要求责任单位或个人赔偿损失，相较于行政处罚存在更大的处罚空间，有望改变单纯依靠行政处罚治理文物违法行为力度不够，惩治效果不明显的现状。更多的经济赔偿可用于文物的维修与保护。

3. 社会影响。民事诉讼最终形成的法院判决将对其后发生的同类文物违法行为的处理产生示范效应。同时，也对潜在的文物违法行为人形成震慑效果，使其一旦产生损毁文物的想法便战战兢兢，立刻联想到从事文物违法行为将受到严厉惩罚。

三、公众可否成为文物保护公益诉讼的适格原告

修改后的民诉法中"公益诉讼"条款关于适格原告的规定，只有"法律规定的机关和有关组织"的模糊表达。至于具体有哪些"法律规定"，留待其他法律法规去解决。这是否属于立法懈怠暂且不提，本文关心的是公众在文物保护公益诉讼中的原告资格问题。

（一）可为适格原告的公众有哪些

1. 法律规定的有关组织

在民政部注册的与文物相关的社会组织共 24 家，其中国家文物局主管 18 家，中华人民共和国文化部主管 3 家，中国科学技术协会、中华全国工商业联合会、国家民族事务委员会主管的各 1 家。目前尚无一部法律法规对究竟哪些组织适宜提起公益诉讼做出规定。笔者认为如果上述社会组织章程中规定的设立宗旨和业务范围有保护文物的相关内容，即有可能被赋予民事公益诉讼的原告资格。比如，"中国文物学会"宗旨

是宣传、贯彻文物保护法，其任务是在国家民政部、国家文物局的领导下，对文物的征集、保护、维修、科技、管理、利用等方面，组织专题调查研究，向有关方面反映情况，提出建议。"中国古迹遗址保护协会"宗旨是从事文化遗产保护理论、方法与科学技术的研究、运用、推广与普及，为文化遗产的保护工作提供专业咨询服务，促进对文化遗产的全面保护与研究。"中国少数民族文物保护协会"宗旨是保护和抢救我国珍稀的民族文物，继承和弘扬中华民族的优秀文化遗产。

2. 公民个人

鉴于公益诉讼的目的是为了维护公共利益，其适格原告的范围不宜限制过严，这也是国家公共管理和法制建设的必然要求，而修改后的民诉法并未赋予公民个人公益诉讼的原告资格。可见，目前法律认为公民个人还不能主动参与到公益诉讼中来，这也许是源于这样一种观点：如果在刚起步阶段就将公益诉讼主体放开到所有公民的话，很可能出现场面失控乃至滥用诉权的情况。

对此，笔者认为，一些种类的公益案件，诸如环境污染、侵害消费者权益、重大安全性事件等，都是与广大民众的切身利益休戚相关，而这种利益是最基本的，不可或缺的。一旦受到侵害，每个人都会积极地采取各种手段维护自己的利益，包括诉诸法律。而文物与此不同，很多类型的文物，比如古遗址、古墓葬、名胜古迹、民俗文物等如果遭到损害，民众虽然也会倍感惋惜，但如果与自己的实际生活关系不甚紧密，可能就无法激起更强的保护欲望，就不用说金钱、时间成本较高的民事诉讼了。所以，为了保护文物而提起公益诉讼的公民不是太多，而是太少了。

事实上，公民个人中比较适合，也比较可能成为公益诉讼原告的是律师群体。律师精通法律，对社会违法事件敏感，遇到诸如文物遭到损毁的情况具有诉诸法律的动力，进而以理性方式推动社会正义秩序的恢复。越多的文物保护公益诉讼发生，就越能激发起公众的法治精神，有利于形成保护文物的良好社会氛围。

（二）公众参与的必要性

1. 法律赋予的权利

我国《宪法》第 2 条规定："中华人民共和国的一切权力属于人民。人民依照法律规定，通过各种途径和形式管理国家事务，管理经济和文化事业，管理社会事务。"2002 年文物保护法开篇即是"为了加强对文物的保护"，去掉了原法该句中"国家"二字，在第 7 条中进一步规定："一切机关、组织和个人都有依法保护文物的义务。"这说明，2002 年文物保护法认为保护文物不仅是国家的责任和义务，也是社会组织和公民个人的责任和义务。

2. 政府行政权力的监督与补充

我国馆藏文物丰富，同时不可移动文物分布广，数量多，但是文物系统工作人员相对较少，导致文物保护工作千头万绪，文物行政执法难免有所疏漏。实际上，相比之下与文物接触更多的是广大的民众，有些人可能就生活在不可移动文物当中，如大型古文化遗址，或者居住在历史文化名镇、名村。如果民众对文物怀有爱惜之情，具备文物保护意识，富有文物保护责任感，一旦发现破坏文物的情况能及时向有关部门反映、举报甚至起诉至法院，将是对文物行政执法工作的有益补充。实际上，居住在大型古文化遗址，或是历史文化名镇、名村内的居民，在生产、生活中都会与文物有这样或那样的关联，对文物有认识，有感情，有保护的积极性。因此，早在20世纪50年代，国务院在《关于农业生产建设中保护文物的通知》中，就要求文化部门"必须发挥广大群众所固有的爱护乡土革命遗址和历史文物的积极性"，把"积极分子组成群众性保护文物的小组，同文化部门密切联系，进行经常的保护工作"。这些基层群众在文物保护中发挥了重要作用，作出了重要贡献，许多人受到政府表彰。①

我国目前正处于大规模经济建设的阶段，有些地方政府为了实现经济指标的表面美好，一味大干快上，有的建设项目和工业用地开发未经充分研究论证就仓促上马，不惜牺牲周遭文化遗产资源和生态环境。在"建设性破坏"、"保护性拆除"冠冕堂皇的口号下，一处处文物惨遭损毁，从而造成文物不应有的损失。这种情况下，公众提起公益诉讼，能起到监督保护的作用。

3. 法治意识的觉醒

如果公众被赋予了公益诉讼的原告资格，公众诉权得到制度上的保障与维护，将更利于引导公众遇到社会矛盾、不公与违法时有意识地通过法律途径解决问题，维护个人私益和社会公益。当这种通过法律途径解决问题的模式成为一种习惯时，公众将成长得更为理性，更具法治思维，社会正义逐渐形成，违法率低，违法必究，无论私益或是公益均得到有效维护。具体到文物保护方面，文物将得到公众自觉保护，"保护文物人人有责"将不再只是一句喊得响的口号，而是掷地有声。

结　语

总之，将文物保护纳入公益诉讼的范畴，赋予广大公众起诉之权利，是合理合法的。国家开展文物保护工作时应考虑、尊重并信任公众与文物之间的情感，注意保障公众的知情权、参与权。建立一套公众参与文物保护公益诉讼的行之有效的机制，有利于弥补文物行政执法工作中的疏漏，有利于克制膨胀的行政权力以牺牲文化遗产换取经济增长的政治冲动，有利于增强全社会对保护文化遗产的认同感，提高保护意识。

---

① 冯国，任珂：《陕西农民发现青铜器达1万余件》，2007年6月5日，：http：//finance. sina. com. cn/money/collection/qtq/20070606/14493666559. shtml，2013年5月30日最后访问；周艳涛：《老人13岁时捡到"吕后之印"上交45年后受表彰》，2012年12月2日，http：//sx. sina. com. cn/news/s/2012 - 12 - 02/073034277. html，2013年5月30日最后访问。

Les acteurs privés peuvent – ils intenter une action en justice au nom collectif dans le domaine de la protection du patrimoine culturel?

Peng Lei

Résumé：L'action au nom d'intérêt collectif n'est pas fondée sur l'intérêt propre du demandeur, mais fondée sur l'intérêt public de l'Etat, de la société ou d'un groupement des individus. L'intérêt public est une notion abstraite et non précise, il est variable selon les circonstances et les mutations de la société. De ce point de vue, il n'est défini ni par le monde scientifique ni par les pragmatistes. L'intérêt public est le besoin commun de l'ensemble de la population ou la quasi – totalité des individus d'un endroit donné. Ce besoin doit être en conformité avec la loi et l'ordre public.

Le patrimoine culturel est une ressource culturelle précieuse pour la société, il peut faire connaître l'histoire, donner la fierté à la population et renforcer le patriotisme. Le patrimoine répond au besoin cultuel du public. Lors de l'admiration des biens culturels, le public a l'obligation de le transmettre. L'endommagement causé au patrimoine lèse sans doute l'intérêt de l'Etat, ou de la Nation, c'est à dite l'intérêt général. Donc, le patrimoine culturel présente un intérêt général, sa protection peut être réalisée par une action au nom d'intérêt collectif.

En essentiel, le bien culturel est la production humaine, le public a les droits et devoirs de le transmettre et promouvoir. Le public est les individus et les associons ou les autres entités privées. Il a le droit d'intenter une action collective, c'est le caractère d'intérêt général du patrimoine qui détermine. Cette action est reconnue par la loi et porte un concourt aux administrations chargées du patrimoine. Selon l'intérêt du demandeur qui est lésé directement ou indirectement, l'action se divise en deux catégories：l'action intentée pour défendre l'intérêt propre et l'action intentée au nom d'intérêt collectif. L'individu ou l'association peut agir en justice tout seul et le parquet peut porter son concours si la situation exigée. L'action intentée par le public au non d'intérêt collectif doit présenter certaines spécificités：le contrôle de la recevabilité pour éviter un abus; pendant l'audience, à cause de la difficulté de mesurer le dommage, si le défendeur est une personne morale, il est souhaitable de prévoir le renversement de la charge de la preuve. En même temps, il faut limiter l'action de retirer la demande et de l'exercice de droit de réconciliation. Enfin, il faut prendre en charge certaines dépenses du public, par exemple, le frais d'alimentation ou de déplacement etc. et il faut aussi prendre en considération un régime de récompense pour encourager l'action du public à la protection du patrimoine cultuel.

Légaliser l'action collective défendant la cause du patrimoine culturel est favorable pour corriger les défauts d'intervention de l'administration, limiter l'abus de pouvoir qui traduit le sacrifice du patrimoine pour les motifs économiques et enfin accroitre la conscience et la sensibilisation à la protection du patrimoine culturel.

论我国文化遗产公益诉讼制度

崔 璨*

【摘要】 公众参与文化遗产保护的一个重要手段就是诉讼。中国传统诉讼制度对于诉讼主体资格的限制性规定将那些本应对文化遗产也负有重要保护责任的广大公众排除在法律认可的主体之外，其既是对公众参与文化遗产保护权利的剥夺，同时也是对公众保护文化遗产责任的漠视，无法满足文化遗产保护的需要。虽然在新修订的《民事诉讼法》中增加了有关公益诉讼的规定，但是其对于文化遗产保护是否可以适用公益诉讼制度没有明确规定。公益诉讼制度与文化遗产保护的价值追求相契合，能够弥补传统诉讼制度将社会公众排除在文化遗产保护主体之外的缺陷，因此，文化遗产保护适用公益诉讼制度既是必要的，也是可行的。本文对这一制度予以深入探讨，探索适合文化遗产保护的公益诉讼的新路径。

【关键词】 文化遗产；公益诉讼；可行性；措施

2012 年第十一届全国人大常委会在审议民事诉讼法修正案草案时，与会委员提出"国家应当把文化遗产保护纳入公益诉讼范围，逐步建立文化遗产保护公益诉讼制度"，[①] 文化遗产公益诉讼从此进入了立法视阈。2012 年 8 月 31 日通过的《全国人民代表大会常务委员会关于修改〈中华人民共和国民事诉讼法〉的决定》虽然已经将公益诉讼增加到《民事诉讼法》当中，规定"对污染环境、侵害众多消费者合法权益等损害社会公共利益的行为，法律规定的机关和有关组织可以向人民法院提起诉讼"，但是并未明确指出文化遗产保护是否可以适用公益诉讼制度。因此，为了更好地贯彻落实《民事诉讼法》有关公益诉讼的规定并实现对文化遗产的有效保护，有必要对文化遗产公益诉讼予以深入研究。

一、文化遗产的保护现状与救济制度分析

文化遗产作为一项重要的文化资源对民族文化的传承和复兴具有重要价值，随着

---

* 崔璨，河北工业大学人文与法律学院讲师，法学博士，天津，300401。

① 任茂东：《将文物保护纳入公益诉讼》，《中国人大》2012 年第 5 期，第 29 页。

对文化遗产重要性认识的提高，我国法律随之也加大了保护力度，无论是《宪法》还是《文物保护法》、《非物质文化遗产法》都强调了对文化遗产的保护，但是即便如此，文化遗产的保护效果仍然不尽如人意。如，文物盗窃屡禁不止，在文物收藏单位的盗窃中，有社会团伙作案，也有内外勾结作案，还有内部人员监守自盗；许多旧城在"旧貌换新颜"的同时，失去了原有的特色风貌；特别是片面理解经济建设，忽视历史文化保护，让更多高楼大厦和旅游发展吞噬了很多历史建筑，毁坏了不少历史名城的风貌等等。① 由此，我们不得不对文化遗产的保护和救济制度予以反思。总体而言，文化遗产的保护与救济主要存在以下几个方面的问题：

（一）对破坏文物的行为缺乏监督与约束

以不可移动文物为例，在我国，不可移动文物往往占据优势地理位置，特别是随着城市化进程的加速，一方面是房地产开发商的唯利是图，另一方面是部分城市决策者的盲动无知②，对开发商肆意破坏文物的行为多有包庇，不可移动文物面临着前所未有的危险处境。虽然《文物保护法》规定，由国务院文物行政部门主管全国文物保护工作，但是由于文物行政部门的性质及其职责所限，其对文物保护的监督不可能面面俱到，即便尽到了监督的职责，这种监督也往往具有被动性和事后性，对于文物破坏行为不能及时反应并防患于未然，无法有效约束文物破坏行为。而一旦出现破坏文物的行为，国家文物行政部门又没有及时履行保护职责时，在其他文物保护监督主体缺位的情况下，文物遭受实际破坏的风险就将明显加大。

（二）文物所有权人缺乏对文物社会属性的认识

文物具有特殊的社会属性。由于文物以其独特的文化价值在很大程度上承载着社会公共利益，这种公共利益在法律上体现为因文物而产生的利益为所有社会成员所享有，而非个人独享。③ 从某种意义而言，非国有文物已经俨然超出了普通意义上的集体或私有财产的含义，为了实现文物所承载的公共利益，非国有文物所有权，特别是处分权能的行使理当受到限制。对此，我国《文物保护法》也有明确的规定。然而，受物权法财产权观念的影响，对于非国有文物，文物所有权人通常会将其视为与自己所享有的其他可以自由处分的财产一样而对其任意处分。如，有鉴宝类综艺节目，在与文物所有权人签订协议的前提下，对于经过所谓专家鉴定的"假文物"当场"砸宝"。④ 对于真正的假文物，在双方协商的情况下予以处分，符合我国《合同法》的相关规定，其行为合法，但是考虑到我国当下文物鉴定技术还极不完善，经过专家鉴定

① 于海广、王巨山：《中国文化遗产保护概论》，济南：山东大学出版社，2008年，第25页。
② 单霁翔：《文化遗产保护与城市文化建设》，北京：中国建筑工业出版社，2009年，第2页。
③ 李玉雪：《文物的司法问题研究——以文物保护为视角》，《现代法学》2007年第6期，第136～146页。
④ 赵祖武，王刚：《砸宝砸出的法律问题："生死合同"是无效合同》，http://news.xinhuanet.com/collection/2012-08/24/c_123625491.htm.，最后访问时间：2013年1月25日。

的"假文物"中难免会夹杂着一些不易被轻易识别的"真宝"，对于这些隐藏在"假文物"中的"真宝"，所有权人的处分权应当受到限制，电视台"砸宝"的行为没有法律依据，从中也反映出对文物社会属性认识的不足。

（三）公民参与文化遗产保护的积极性有待提高

我国《文物保护法》虽然肯定了公众参与文物保护的做法，如在第 7 条规定，"一切机关、组织和个人都有依法保护文物的义务"，为广大公众参与文物保护提供了法律依据①，但立法只是将参与文物保护作为公众应当履行的一项义务，而不是法律所赋予公众所享有的权利。对此，存在两方面的问题。首先，对于公民所享有的权利，必然要求国家履行一定的义务予以保障，而对于公民所应当承担的义务，国家并不需要承担对应的义务。换言之，权利需要国家的积极行为予以保障，但是义务则不尽然。权利与义务应当对等，可见，国家对公民参与文物保护还未给予足够的重视，即便公众具有保护文物的自觉性，但由于缺乏法律上的权利依据而无法激发公众参与文物保护的积极性。其次，即便是将公众参与文物保护作为一项义务，义务的履行需要国家强制力予以保障实施，也就是说，需要对于不履行义务的行为由法律规定相应的惩处措施强制义务人履行义务，但是对此，《文物保护法》并没有相关规定，由此也削弱了法律在要求公民参与文物保护方面的权威。最后，从理论而言，义务应当与权利相对应，既然有义务的规定，那么就说明公民在文化遗产保护方面是享有权利的，但是具体到公民享有何种权利，是对破坏文化遗产行为控告、检举的权利还是提起诉讼的权利，对此，法律并没有明确规定。因此，无论是出于自觉还是迫于法律的威慑，公民参与文物保护的积极性都不高。

（四）文化遗产保护的司法救济途径有限

我国《民事诉讼法》第 108 条明确规定，只有与案件有直接利害关系的公民、法人和其他组织才有资格提起民事诉讼成为民事案件的原告；《行政诉讼法》第 2 条也规定，行政诉讼案件的原告应当是认为行政机关和行政机关工作人员的具体行政行为侵犯其合法权益的公民、法人或者其他组织。可见，只有受案件直接影响的主体才有资格提起民事或行政诉讼，由此，也限制了原告的主体资格。这种诉讼模式对于维护所有权人的利益以及案件中直接利害关系人的利益起到了积极的作用，而且能够节约诉讼成本、提高诉讼效率，但是文化遗产具有不同于普通意义上的物的特殊性，所有权人在行使对文物的所有权的同时，还应当维护文化遗产的公共利益，而公共利益的享有主体就是广义上的公民，对文化遗产的破坏所伤害的主体已经超出了传统诉讼法意义上的直接利害关系人。如果一味按照《民事诉讼法》和《行政诉讼法》有关原告主

---

① 王运良：《共有·共保·共享——关于社会参与文物保护的思考（上）》，《中国文物科学研究》2010 年第 2 期，第 1~8 页。

体资格规定，势必将公共利益享有主体——普遍意义上的公民排除出原告范围，普通公民对文化遗产所有权人不利于文化遗产保护的行为或者其他主体破坏文化遗产的行为没有发言权，无法对文化遗产破坏行为起到监督作用，公共利益也将得不到有效维护。

二、公益诉讼应当成为文化遗产保护的新思路

从以上分析可以看出，在传统诉讼模式下，广大公民作为文化遗产公共利益的享有主体，没有表达自己意志并实现公共利益的途径，传统诉讼无法有效捍卫文化遗产所表征的公共利益并实现保护文化遗产的目的。笔者认为，要想弥补传统诉讼对文化遗产保护乏力这一缺陷，必须引进公益诉讼制度，扩大享有诉权的主体范围，在文化遗产遭受破坏时，使更多的主体能够有权提起诉讼，最大限度地参与并表达自己保护文化遗产的意志。

所谓公益诉讼是任何组织和个人根据法律授权，就侵犯国家利益、社会利益的行为提起诉讼，由法院依法处理的司法活动。[①] 公益诉讼具有以下几个特点：首先，诉讼目的的公益性。公益诉讼以社会为本位，提起公益诉讼的前提是公共利益受到损害或有遭受损害的威胁，其目的不是为了实现对私人利益的救济，而是为了维护社会的公共利益，保证公共利益的实现。其次，诉讼主体的广泛性。在公益诉讼中具有原告资格的主体不再局限于具有直接利害关系的当事人，诉讼主体具有广泛性和不特定性的特点。如《美国区法院民事诉讼法规》第 17 条规定："法定情况下，保护别人利益的案件，也可以用美利坚合众国的名义提起"，从程序上为公益诉讼架桥开路，提供了切实、可靠的保证。[②] 最后，诉讼实效的预防性。公益诉讼的提起不以发生实质的损害为要件，任何个人或组织，对于可能危害或者已经危害社会公共利益的行为均可以依法提起诉讼，这将在客观上起到防患于未然的效果，改变传统诉讼事后补救的被动性，把危害社会公共利益的行为消灭在萌芽之中。[③] 可以说，公益诉讼是对我国传统诉讼制度的突破，可以弥补传统诉讼制度的不足。因此，我国《民事诉讼法》中增加公益诉讼制度能够使其与我国传统诉讼制度形成有益补充、二者相得益彰。

对文化遗产的破坏实质上也属于对公共利益的侵犯，为了切实保护文化遗产、使文化遗产公共利益得到有效救济，通过公益诉讼制度对文化遗产予以保护是完全必要且可行的。

一方面，文化遗产具有典型的公共利益属性，公益诉讼制度可以满足文化遗产公共利益的司法救济需求。如前所述，文化遗产具有社会属性，任何对文化遗产的破坏

---

① 颜运秋：《公益诉讼理念研究》，北京：中国检察出版社，2002 年，第 52 页。

② 李秀梅：《诉讼法理论与实践（2005 年卷）》，北京：中国方正出版社，2005 年，第 1001 页。

③ 王太高：《论行政公益诉讼》，《法学研究》2002 年第 5 期，第 42～53 页。

行为，不仅是对文化遗产所有权人所享有的所有权的侵犯，更是对文化遗产公共利益的践踏，特别是在文化遗产所有权人任意处分文化遗产、造成对文化遗产的破坏，或者所有权人对他人破坏文化遗产的行为不予有效制止的情况下，文化遗产的公共利益就得不到切实维护。因此，对文化遗产的保护，特别是对文化遗产公共利益的维护，除了需要所有权人的积极行为之外，还需要社会公众的广泛参与。但是，我国传统诉讼制度以保护私益为宗旨，严格限制原告资格，要求原告只能是受到案件的直接影响的主体，而司法具有"不告不理"和"有请方裁"、"有求必应"的特点①，是被动性的，在没有适格当事人起诉的情况下，司法程序不会自动启动。传统诉讼制度对公共利益的维护缺乏相应的诉讼机制设计，不承认广大公众提起诉讼的资格，因此无法对文化遗产公共利益的维护予以有效的司法救济。传统上以个人自由为中心的观念和作法已不能完全适应社会的需要②，"如果将法律理解为社会生活的形式，那么作为'形式的法律'的程序法，则是这种形式的形式，它如同桅杆顶尖，对船身最轻微的运动也会作出强烈的摆动"③，可见，程序设计的合理性是权利得以保障的前提和基础。公益诉讼最大的特点就是从程序上实现了对传统诉讼原告诉讼主体资格限制的突破，公益诉讼制度鼓励广大公众参与公共利益的维护，这与文化遗产公共利益保护的需求相吻合，能够为公众参与文化遗产保护提供法律依据，并能够最大限度地调动公众参与文化遗产保护的积极性，发挥公众保护文化遗产的应有作用。

另一方面，文化遗产公共利益的实现需要借助司法的力量。司法有助于实现文化遗产公共利益从应然状态到实然状态的转变。我国《文物保护法》对文物所有权的行使进行了一定的限制，从一个侧面反映出法律对文化遗产公共利益的承认和维护，但是这并不能说明文化遗产的公共利益已经得到了切实维护，法律文本的规定只是法律对文化遗产公共利益应然状态的规定，要想真正实现对文化遗产公共利益的维护就需要使这种应然状态转变为实然状态，而这一状态的转变有赖于获得司法上的救济，否则，只有法律根据而没有制度保障的权利形同虚设。④公益诉讼突破了传统诉讼的诸多制度性障碍，肯定了广大公民参与文化遗产保护的权利，赋予公民享有提起文化遗产相关诉讼的资格，并使公民所享有的文化遗产公共利益纳入司法保护范围，在文化遗产公共利益受到侵害时，使公民有权运用法律手段对公共利益予以维护，确保法律所保护的文化遗产的应然利益真正成为公众所享有的实然的利益，法律对文化遗产公共利益的维护也不再是一纸空文。此外，司法可以成为文化遗产保护中发挥公众监督作用的重要手段。从本质而言，公益诉讼制度是对现有法律救济制度的完善，在参与公益诉讼的过程中，广大公民获得了对国家公权力制约、对违法行为进行有效监督的权

---

① 江必新：《司法理念的辩证思考》，《法学》2011 年第 1 期，第 23～29 页。
② 张艳蕊：《公益诉讼的本质及其理论基础》，《行政法学研究》2006 年第 3 期，第 91～99 页。
③ ［德］拉德布鲁赫：《法学导论》，米健、朱林译，北京：中国大百科全书出版社，1997 年，第 120 页。
④ 孔豫湘：《公共利益领域举报制度研究》，硕士学位论文，湖南大学，2006 年，第 14 页。

利，公民以及其他公益诉讼参与主体在保护公共利益中的作用将得到充分发挥，不仅有权监督相关行政部门依法履行保护文化遗产的职责，而且在遏制破坏文化遗产的行为方面取得了法律依据，有助于对文化遗产保护负有职责的机关的权力运行机制建立和全社会保护文化遗产良好氛围的形成。

可以说，公益诉讼制度能够在文化遗产的保护和救济方面发挥积极作用。

三、文化遗产公益诉讼的路径

对于公益诉讼制度性的建构措施，学界已经有很多研究成果，他们对文化遗产公益诉讼的建构也具有积极的借鉴意义，对此，本文将不再赘述。本文将从文化遗产的特点出发，以制度建构的逻辑演进为视角对我国引入文化遗产公益诉讼的具体路径予以分析。

（一）从立法上确立文化遗产权

在国内立法方面，我国《宪法》第 22 条规定"国家发展为人民服务、为社会主义服务的文学艺术事业、新闻广播电视事业、出版发行事业、图书馆博物馆文化馆和其他文化事业，开展群众性的文化活动。国家保护名胜古迹、珍贵文物和其他重要历史文化遗产"；第 47 条规定"中华人民共和国公民有进行科学研究、文学艺术创作和其他文化活动的自由。国家对于从事教育、科学、技术、文学、艺术和其他文化事业的公民的有益于人民的创造性工作，给以鼓励和帮助"，以基本法的形式将文化权利作为公民所享有的一项基本权利规定下来。在国际公约方面，《经济、社会和文化权利国际公约》确认了公民应当享有广泛的文化权利，规定"每一缔约国承担尽最大能力个别采取步骤或经由国际援助和合作，特别是经济和技术方面的援助和合作，采取步骤，以便用一切适当方法，尤其包括用立法方法，逐渐达到本公约中所承认的权利的充分实现"，我国是《经济、社会和文化权利国际公约》的缔约国，因此，为本国公民文化权利的实现创造条件也是我国作为缔约国应当履行的义务。但是从现有法律文本可见，在我国，文化遗产权并未作为一项独立的权利被规定在法律当中，对文化遗产保护的法律依据是我国国内法以及我国所加入的国际公约有关文化权利的相关规定。虽然文化遗产权属于文化权利的一个组成部分，但是，随着权利分层的细化、公民权利诉求的提升以及文化遗产权区别于一般意义上的普通文化权利的特殊性，特别是在当前文化遗产面临前所未有严重破坏危险的形势下，文化遗产需要特殊保护，由此也就决定了文化遗产权应当作为一项单独的权利在我国法律中予以明确规定。而我国学界也意识到了文化遗产权的重要性，近年来也出现了一些专门针对文化遗产权的研究成果，且这些研究成果基本都是围绕文化遗产权作为一项独立权利的证成[①]，从而为我国文化

---

① 刑鸿飞，杨婧：《文化遗产权利的公益透视》，《河北法学》2005 年第 4 期，第 71～74 页；王云霞：《论文化遗产权》，《中国人民大学学报》2011 年第 2 期，第 20～27 页。

遗产权的建立奠定了理论基础。此外，文化遗产公益诉讼在本质上属于权利救济，而传统的法理学观点认为，权利救济的前提是申请权利救济方拥有权利且此项权利受到损害或者侵犯，[①] 因此，要确立文化遗产的公益诉讼制度，当务之急就是要解决权利问题，即需要从立法上明确规定文化遗产权，并规定文化遗产权的享有主体为广大公众，这是引入公益诉讼制度的前提和基础。

（二）明确文化遗产权的可诉性

法谚有云"有权利必有救济"、"无救济即无权利"。文化遗产公益诉讼制度的建立不仅需要从立法上明确规定文化遗产权，而且还需要进一步确认文化遗产权的可诉性。司法是权利保护的最后一道屏障，司法裁决具有终局性的特点。将宪法和法律赋予公民享有的文化权利纳入司法保护的范畴，不仅可以鼓励人们运用法律手段自觉维护公共利益，而且还有助于推进民主建设，弥补制度建构的缺陷，消除威胁公共利益的不利因素。文化权作为一项基本的公民权利虽然很早就被规定在我国宪法以及加入的相关国际公约当中，但是，长期以来文化权被理解为是一种抽象性权利，具有高度的原则性和纲领性，其更多的是一种权利宣示的作用，正如有学者所言，"社会主义的权利主要并不是一种请求权，而是一种政策宣言。它们确定了所要追求的目标和行为的公共标准，而不是保护个人自治。因此，社会主义的权利并不是一种武器（这意味着个人和社会之间存在潜在敌意），而更像是火车票：它们只是赋予持票者可以朝着指明的方向进行旅行"。[②] 可见，我国《宪法》中的公民基本权利条款不具有直接的可诉性[③]，也就是说，如果公民的文化权受到侵害，不能直接提起诉讼。文化权的不可诉性直接导致文化遗产权的不可诉，因此，要想成功引入文化遗产公益诉讼制度就必须突破文化权，或者更准确地说是文化遗产权不可诉性的理论障碍。事实上，世界很多国家和地区在立法和司法实践中都肯定了文化权的可诉性，如，联合国经济、社会和文化权利委员会在1990年第3号一般性意见中明确指出，《经济、社会和文化权利国际公约》规定的内容可以由司法机关立即适用；欧洲人权法院等机构也常常利用公民权利和政治权利的司法保障机制对公民的文化权利予以司法保障；南非在其《宪法》中规定了公民享有文化权利，并在第38条明确指出"本条中所列的任何人有权向合格的法院申诉、提出权利法案中的一项权利受到了侵犯或威胁，而法院可以给予适当的救助，包括发布权利公告"等等，这些都可以成为我国实现文化遗产权可诉性的理论借鉴。

笔者认为，解决文化遗产权的可诉性问题，需要与我国现阶段的国情相联系，具

---

① 刘康磊：《权利、义务：现行宪法社会权的理解与反思》，《西南政法大学学报》2012年第3期，第25～29页。

② 柳华文：《经济、社会和文化权利可诉性研究》，北京：中国社会科学出版社，2008年，第180页。

③ 王德新：《经济、社会和文化权利可诉性问题探析》，《北方法学》2010年第6期，第210～124页。

体可以概括为两种途径：其一，在修订《文物保护法》和《非物质文化遗产法》时，将文化遗产权明确规定在其中，这样不仅可以将文化权利这一宪法中的公民基本权利转化为普通法律中的权利，而且还能够明确文化遗产权的法律地位，由此，作为普通法律所规定的文化遗产权具有可诉性也就自然符合了传统宪法学理论的要求。其二，在出现侵犯文化权的案件发生时，可以援引最高人民法院的类似批复，使文化权利或文化遗产权具有可诉性。如，最高人民法院曾针对"教育权"作了重要批复，认为侵犯宪法所保护的公民受教育权应当承担法律责任。这也就意味着，最高人民法院以其鲜明的态度表明其立场：公民的基本权利即使没有转化为普通法律规范上的权利，在受到侵害时，法院可以直接适用宪法以保护公民基本权利，从而更加明确了对侵犯公民基本权利宪法救济的司法态度。① 由此，文化遗产权在遭遇侵犯时，可以依据这一批复予以诉讼。然而，考虑到我国法律体系的统一和宪法的地位及其传统功能，笔者建议现阶段应当优先采用第一种方式，即在文化遗产保护相关法律当中增加文化遗产权的规定，从而实现文化遗产权的可诉性。

（三）其他具体制度设计

首先，文化遗产公益诉讼的立法模式与体例安排。本次《民事诉讼法》的修改结束了学界长期以来对公益诉讼制度立法模式的争议，通过在传统诉讼制度之外增加公益诉讼的规定，从而确立了我国公益诉讼制度的法律地位。然而，毕竟这次对公益诉讼制度的规定只是增加了一个条文，属于对公益诉讼制度的一般性规定，在内容上还很宏观和抽象，可操作性相对较差，更没有考虑到公益诉讼制度在文化遗产这一特殊领域的特殊性。因此，对于文化遗产公益诉讼制度的建立和完善，笔者认为，当务之急不仅是要进一步细化《民事诉讼法》有关公益诉讼制度的一般规定，而且要根据文化遗产的特殊性，有针对性地制定适用于文化遗产领域的公益诉讼制度，具体应当从以下几个方面进行：一方面，要遵守《民事诉讼法》中有关公益诉讼的一般性规定；另一方面，要在《文物保护法》、《非物质文化遗产法》等有关文化遗产保护的单行法中增加文化遗产公益诉讼的具体内容，逐渐形成一般法律与特别法律相结合、程序法与实体法相结合的综合性立法模式，这样不仅可以正确贯彻落实《民事诉讼法》有关公益诉讼的立法规定，而且能够针对文化遗产这一特殊领域将公益诉讼制度进一步细化，如，能够对可以提起文化遗产公益诉讼的主体——"法律规定的机关和有关组织"的具体所指等予以明确，从而提高公益诉讼制度的可操作性。当然，文化遗产公益诉讼的这种立法模式的建立还有赖于司法实践经验的积累和前期的充分调研。要注意在实践中积累公益诉讼的司法经验，为立法改进提供参考，毕竟公益诉讼在我国刚刚获得法律地位，而文化遗产公益诉讼就更无先例可循。好在随着公民权利意识的提升，我国当前司法实践中已经出现了民间热心人士发起的文化遗产公益诉讼的行为，如国

---

① 马成福：《论公民基本权利的宪法救济制度》，《江淮法治》2003 年第 11 期，第 31~32 页。

内首例个人提起的追索流失文物诉讼①，从而开创了我国文化遗产公益诉讼的先河，特别是随着这些案例的不断出现以及司法机关在处理类似案件中所积累经验的增加，都将为我国文化遗产公益诉讼制度的立法提供良好的实务借鉴，对此，司法机关应当及时总结。同时，最高人民法院所出台的类似司法解释、批复等虽然不具有直接的法律效力，但是也可作为立法机关立法的宝贵参考，作为制定文化遗产公益诉讼制度立法的重要依据。

其次，对于可以提起文化遗产公益诉讼的情形必须有法律的明确授权。公益诉讼与传统诉讼的一个显著差别就在于公益诉讼制度放宽了原告主体资格。公益诉讼制度的建立使得传统诉讼制度通过限制诉讼主体资格进而限制滥诉的防线被突破了，滥诉不仅会对有限的司法资源造成浪费，而且还有可能有损公益诉讼制度设置的初衷，"如果不控制滥诉，实际上是在维护以原告为代表的一种公共利益的同时，有意无意地牺牲了另一种公共利益"②。因此，公益诉讼制度需要通过其他手段实现对滥诉的防范，笔者认为，目前最有效也是最符合我国诉讼制度现状的应当是通过法律的明确授权对滥诉行为予以控制，即对于可以提起公益诉讼的破坏文化遗产的情形，必须有法律的明确授权，只有依据法律的明确规定才能提起公益诉讼，从而达到维护法律严肃性的目的。这种方式在其他国家也有类似的立法先例，如意大利就规定，为避免出现那种半开玩笑性质的诉讼行为，起诉的权限仅限于被行政机关证明了的、有信誉的团体行使。③ 日本《行政案件诉讼法》第 42 条规定，民众诉讼只有在"法律上有规定时，限于法律规定者，才能够提起"，如《公职选举法》中规定的选举诉讼、当选诉讼，《地方自治法》规定的居民诉讼等。④ 因此，对于文化遗产公益诉讼，笔者建议采用列举式的规定对于可以提起公益诉讼的情形予以一一明示，这样不仅可以防止滥诉的发生，而且能够针对文化遗产保护这一特殊情形予以特殊考虑，使法律的规定更具针对性，同时还能够使公益诉讼与传统诉讼在体制上形成自洽，维护我国诉讼体系的完整性和统一性。

---

① 望开源：《北京律师起诉美国人偷盗龙门石窟佛首》，《河南商报》2007 年 6 月 25 日。

② 叶明：《公益诉讼的局限及其发展的困难——对建立新型经济诉讼的几点思考》，《现代法学》2003 年第 5 期，第 31 ~ 36 页。

③ ［日］小岛武司：《司法制度的历史与未来》，汪祖兴译，北京：法律出版社，2000 年，第 115 页。

④ 王太高：《论行政公益诉讼》，《法学研究》2002 年第 5 期，第 42 ~ 53 页。

L'étude sur l'action collective pour défendre le patrimoine culturel

Cui Can

Résumé: Le patrimoine culturel n'appartient pas seulement à son propriétaire, il constitue également la richesse commune de toute l'humanité. Sa protection dépend à la fois de son propriétaire et de la participation du public. Engager une action en justice constitue un moyen important pour sa protection. Souvent le principe selon lequel seule la personne qui justifie un intérêt propre peut agir en justice exclut l'action collective intentée par le public. Cette situation ne répond pas au besoin actuel de la protection du patrimoine et limite l'exercice de l'action en justice. La décision sur l'amendement de la loi sur la procédure civile est adoptée le 31 août 2012. Un nouveau article qui prévoit l'action collective est ajouté. Cependant, cet article ne prévoit pas l'action collective defendant la protection du patrimoine. L'objectif de l'action collective est de défendre l'intérêt commun de toute la société, cela s'accorde avec l'intérêt général qui s'attaché au patrimoine culturel. Le fait de reconnaitre le public comme le demandeur peut combler la lacune du régime procédural classique. Bien que la loi ne prévoie pas la possibilité d'intenter une action collective pour défendre le patrimoine culturel, néanmoins dans certaines mesures, elle légalise l'action collective. Sur cette base, il est nécessaire de préciser davantage l'action collective afin de trouver une soultion appropriée.

Mots clés: patrimoine culturel, action collective, possibilité, mesure

文物保护公益诉讼法律问题研究

王 维*

【摘要】 文化遗产是我国历史文化的载体和见证，具有历史、艺术、科学等研究价值和不可再生性、不可替代性等特点，文化遗产的保护关乎国家和民族利益。2012 年新修订的《民事诉讼法》虽已首次正式确立公益诉讼制度，但我国目前文物保护公益诉讼仍存在主体严重缺位和行政执法严重不足的问题，立法应当在文物保护领域拓宽公益诉讼的主体范围，明确相关主体可以通过民事诉讼和行政诉讼对损害文物行为主张权利。此外，还应当完善文物保护公益诉讼禁令制度等相关配套措施，切实加强文化资源的法律保障。

【关键词】 文物保护；公益诉讼；禁令制度

引 言

文化遗产是我国历史文化的载体和见证，是我们祖先劳动实践的结晶，也是人类重要的文化财富，具有历史、艺术、科学价值和不可再生性、不可替代性等特点，保护文化遗产关系到国家和民族利益。然而近年来，不可移动文物遭受破坏和损毁的事件时有发生，在近 30 年来消失的 4 万多处不可移动文物中，有一半以上毁于各类建设活动，不可移动文物的法律保护刻不容缓。① 作为文化遗产法律救济的重要渠道之一，公益诉讼在我国已经从理论走向实践，并呈蓬勃发展之势。十多年来，公益诉讼的触角已经遍及国有资产流失、破坏自然资源、污染环境等多个领域。然而，在文物保护领域，公益诉讼虽然已经开始介入，却仍然显得力不从心。2013 年 1 月 1 日修订实施的《中华人民共和国民事诉讼法》（以下简称《民诉法》）新设置了公益诉讼等重要诉讼制度。同年年初，全国政协委员、文化部副部长、国家文物局局长励小捷在政协提

---

* 王维，中国人民大学法学院 2012 级博士研究生。

① 参见路甬祥副委员长在十一届全国人大常委会第二十七次会议关于检查《中华人民共和国文物保护法》实施情况的报告，载中国新闻网：http://www.chinanews.com/gn/2012/07 – 11/4025972_ 2. shtml，2013 年 10 月 11 日访问。

案中指出，国有文物属于社会公共利益范畴，因此，损害国有文物应当适用公益诉讼。① 从而进一步将我国文物保护公益诉讼问题引入公众视野。

尽管《民诉法》第55条确认了"对污染环境、侵害众多消费者合法权益等损害社会公共利益的行为，法律规定的机关和有关组织可以向人民法院提起诉讼"，但是仅靠在民事诉讼法中加入一条或者几条公益诉讼条款，远不是全面解决公益诉讼的可取之道。下文将对文物保护的公益诉讼制度进行梳理，尝试着在现有法律理论框架下建构文物保护公益诉讼制度，以解决其在理论和实践中的诸多问题。

一、文物保护公益诉讼领域的案例思考

（一）文物保护领域公益诉讼的一些典型案例

1. 金某诉杭州市规划局颁发项目许可证案

杭州市民金某认为杭州市规划局为浙江省老年大学项目颁发项目许可证的行为违反《杭州西湖风景名胜区保护管理条例》第24条"任何单位都不准在西湖风景名胜区内新建、扩建与风景名胜无关的建筑物"的规定。为了保护社会公共利益，金某于2003年2月25日依法向浙江省西湖区人民法院提出行政诉讼，要求法院依法撤销杭州市规划局为浙江省老年大学项目所颁发的项目许可证。2003年2月28日，西湖区人民法院以"起诉人不具有起诉的资格"为由裁定不予立案。金某不服西湖区人民法院的裁定，又向杭州市中级人民法院提出上诉。2003年4月17日，杭州市中级人民法院以同样的理由作出了维持原裁定的裁定。②

2. 郭女士诉北京市宣武区建设委员会北京四合院拆迁案

北京的郭女士所居住的四合院被北京市宣武区市政管理委员会以"城中村"环境整理为由，将前门西河沿街222号的四合院纳入拆迁范围，而该院属于文物保护控制地带（其隔壁的正乙祠系北京市文物保护单位）。郭女士认为，将这个四合院纳入拆迁范围予以拆除明显违反《文物保护法》的规定，宣武区建委核发的《房屋拆迁许可证》严重违反法定程序等。为了不被拆迁，郭女士起诉北京市宣武区建设委员会，申请确认北京市宣武区建设委员会核发的拆迁许可证中涉及宣武区前门西河沿街222号院的拆迁许可内容无效。这场行政诉讼以郭女士的终审胜诉而宣告结束。市一中院最终判决拆迁许可证涉及该四合院的内容无效。③

① 参见励小捷委员提案：《关于利用民事诉讼惩治文物违法的提案》，载国家文物局网站：http://www.sach.gov.cn/tabid/1455/InfoID/38367/Default.aspx，2013年5月31日访问。

② 案例来源参见中国公益法网：http://www.dfpilaw.org/show_news.asp? id = 847&classid = 5&boardid = 5，2013年5月31日访问。

③ 案例来源参见《四合院拆迁行政案——公益诉讼助力文化遗产保护》，载在线律师网：http://www.148-law.com/commonweal/caselt.htm，2013年5月29日访问。

（二）上述文物保护诉讼案件引发的思考

1. 谁是提起文物保护公益诉讼的适格主体

行政公益诉讼的特点是原告提起诉讼并不是自身的利益受到侵害，而是为了保护公共利益。由此引发我们的思考：正如金某状告杭州市规划局案中，公民个人提起的行政公益诉讼其结果大多是以"起诉人不具有起诉资格"为理由裁定不予立案。那么对于损害文化遗产的行为，普通个人及其他社会组织等主体是否有权启动这一司法程序？

2. 如何避免原告终审胜诉面临的"惨胜"

在北京拆迁四合院案中，北京市文物局为保护该四合院作出积极的努力，包括致函宣武区文委和北京市政管委等单位，但最终仍无法避免文物被部分拆除的命运。同时，本应予以保护的四合院，最终已经被拆除大半，虽然以原告的终审胜诉宣告结束，但可谓是一次惨胜。这也引发了我们的思考：法律在面临人类珍贵的历史文化遗产有被毁坏危险的时刻有没有相应的"禁令制度"，能够使得被告立即停止侵害文物，以使文物得到及时保护？

二、文物保护公益诉讼的受案范围及"公益"之理解

（一）文物保护公益诉讼的受案范围

本节讨论的问题是是否所有涉及文物保护的案件都能够提起公益诉讼？《物权法》将所有权分为国家所有权、集体所有权和私人所有权。据此，《文物保护法》将不可移动文物的权利归属相应的分为国家所有、集体所有和私人所有三类。其中，不可移动文物中比较重要的文物大多被纳入了国有的范畴，这是因为不可移动文物文化层面的价值更为突出，它的公共精神财富的属性更为显著，重要的不可移动文物具有全民公共财产的性质。集体所有不可移动文物和私人所有不可移动文物同样与公共利益存在密不可分的联系。因此，不可移动文物在受到毁损危险时应当被纳入文物保护公益诉讼案件范围。

可移动文物与不可移动文物相比，在收藏、展示、流转、进出境等方面具有特殊性，但其在所有权归属方面与不可移动文物一样，并无本质差别。因此，除了极少部分不涉及公共利益的可移动文物以外，大部分文物涉及破坏，都可以提起文物保护公益诉讼。

（二）文物保护公益诉讼中的公共利益如何理解

在我国，对于文物保护公益诉讼而言，确定原告主体资格的首要问题便是需要澄清公益诉讼的概念。学界对公益诉讼的概念存在不同的理解。学者普遍认为可以从狭义和广义两个角度对公益诉讼进行界定。狭义的公益诉讼是指仅仅涉及公共利益或具

备公共因素、原告与诉争案件之间不存在直接利害关系的诉讼形态。广义的公益诉讼是指涉及公共利益或具备公共因素的诉讼。广义的公益诉讼并不关注原告与诉争案件之间有无直接利害关系，只要诉讼中涉及公共利益，或者具备公共因素，都可以称为公益诉讼。这类案件的胜诉产生的效果可能不仅仅及于原告本人的社会效果，同时也维护了不确定多数人的利益，具有了公共利益的因素，但是从原告角度而言，这仍然是其作为私主体因自己的权益受到侵害而提起的公益诉讼案件。笔者认为，公益诉讼的目的是通过个案实现对社会公共利益的保护，尽管在某些案件中也包含保护私益的诉讼请求，但是保护公共利益是整个诉讼的侧重点。将公益诉讼的原告资格限定于与其自身存在直接利害关系，诉讼的目的纯粹是为维护社会公共利益而非自身直接利益的观点有失偏颇。对于普通公民或社会团体、组织而言，其个体利益、团体利益与公共利益经常是同时存在的。公共利益包括了个人利益、团体利益在内。当公共利益受到损害时，个人作为社会的一分子与社会整体相互依存，其利益一般也会直接或间接地受到影响。正如在拆迁四合院公益诉讼案中，有人质疑原告与诉讼标的有直接利害关系，因而不是行政公益诉讼，他们认为只有纯粹的"利他"性质的公益诉讼才是公益诉讼。无疑，很多类型的文物公益诉讼在"利己"的同时也做到了"利他"，如果牵强的将"利己"与"利他"分离，无疑是违反人性的做法。作为人类珍贵的历史文化遗产，某些不可移动文物尽管有可能为私人所有，但由于其珍贵的历史文化价值，加之从公物制度理论角度出发，是否能够把一项财产归入公物法的范畴，主要决定于以下两个关键性的因素：一是其是否承载（直接的）共同利益功能；二是是否适用公法规则。① 据此，该不可移动文物已经成为"私有公物"，其在面临毁损或灭失的风险时，所承载的个体利益、团体利益与公共利益往往同时体现出来。因此，在文物保护公益诉讼案件中，应当持广义的公益诉讼理念，把凡是具有保护公共利益的性质的民事（行政）诉讼皆归于公益诉讼的范畴。笔者赞同采用相对宽松的公益诉讼概念，其宽泛性在于强调只要起诉人在诉讼请求中包含了公共利益保护要求时，此诉讼即可称之为公益诉讼，并不要求起诉人起诉的唯一目的就指向公共利益。因此，无论起诉人直接起诉请求保护公共利益，还是在提出个人利益保护请求时附带提出公共利益请求，我们均可以称其为公益诉讼。

三、文物保护公益诉讼的适格原告类型探讨

由于诉权与实体权利义务之间的关联性与对应性，不同的权利损害所对应的诉权也不相同，诉权主体也自然不同。实体权利义务主体在法律允许的情况下可以让渡其诉权，产生文物保护公益诉讼诉权的多样性。但无论如何，实体权利的性质与归属是分析诉权归属的起点。

---

① 肖泽晟：《公物法研究》，北京：法律出版社，2009 年，第 24 页。

从文化遗产权角度而言，谁能主张文化遗产权利，进而提起文物损害之诉？王云霞教授认为，在现有的法律框架下，文化遗产权的主体包括以下几类：第一，个人，每个人不仅对其创作或传承的文化遗产有享用、传承和发展的权利，对其他国家、民族和人民创造的文化遗产也享有一定的接触、欣赏和利用的权利。第二，团体，文化遗产权的团体主要包括法人团体、社区或群体。第三，国家，国家作为国际法的主体，是各国文化遗产保护的重要权利主体。① 可见，对文化遗产这一特殊资源而言，以上主体应当都有可能享有正当诉权。

（一）主管行政机关的文物保护公益诉权

正如励小捷局长在提案中指出，文物行政主管部门是代表国家提起文物保护公益诉讼的最佳主体。国家对文物的所有权一般都由国务院代表行使，而国务院所设的行政主管部门具体负责文物的管理和保护，在文物遭受损害时由具体负责部门对侵害人提起诉讼也是这种授权的应有之义。并且，主管行政机关的公益诉权来源于国家对文物的所有权。因此，其可以主张所有者的权利范畴，包括恢复原状、停止侵权、赔偿损失等类型。《民诉法》第 55 条中"法律规定的机关"在规则方面暗含着极强的准确性。换言之，何种行政机关有权提起公益诉讼将完全依赖于相关实体法的特别规定。因此，为了畅通公益纠纷的司法救济渠道，使新设立的公益诉讼制度能够成为实际运行的法律，尽快调整修订相关法律，实现法律体系的协调统一。需要注意到的是，在我国，"机关"的概念比较宽泛，类型很多，包括立法机关、人民法院、人民检察院、行政机关等。因此，这里需要作目的性限缩解释，将"特定的国家机关"解释为人民检察院、行政机关较为适宜。

（二）检察机关的文物保护公益诉权

目前，学界对由检察机关作为公益诉讼的适格原告已经进行了深入的讨论。对于检察机关提起公益诉讼的呼声很高。但是，尚无明确的关于检察机关代表国家提起公益诉讼的直接规定。《中华人民共和国刑事诉讼法》第 77 条规定：被害人由于被告人的犯罪行为而遭受物质损失的，在刑事诉讼过程中，有权提起附带民事诉讼。如果是国家财产、集体财产遭受损失的，人民检察院在提起公诉的时候，可以提起附带民事诉讼。从法理角度看，刑事诉讼中的附带民事诉讼与一般的民事诉讼并没有本质上的不同。这一规定并不能推论出法律已经明确授权检察机关可代表国家单独提起民事诉讼。但是，这一规定不仅表明立法曾选取检察机关作为保护国家利益或公共利益的法定代表，也暗含了由检察机关代表国家提起公益诉讼的可行性。因此，在文物保护公益诉讼领域，检察机关也可以作为适格原告主体。

---

① 王云霞：《论文化遗产权》，《中国人民大学学报》2011 年第 2 期，第 21 ~ 24 页。

（三）社团组织的文物保护公益诉权

文物保护社团组织是否有权代表国家提起环境损害赔偿诉讼或是否有权代表公共利益提起文物保护公益诉讼？在我国，"组织"众多，根据 2011 年民政部门的统计，我国依法登记的社会组织多达 46.2 万个，社会团体约 25 万个、民办非企业单位约 20 万个、基金会约 2000 个。① 上述各种组织，情况复杂，良莠不齐，不一而足。因此，很有必要通过司法解释对可以起诉的有关组织的范围进行一定的过滤和限制。此次《民诉法》将公益诉讼的原告主体范围从"社会团体"延伸到"有关组织"，各种民办非企业单位和基金会均可成为公益诉讼的原告主体。文物保护组织作为社团组织的一种，完全符合社团的主要功能是对成员利益和公共利益的维护，对政府活动的参与和监督的功能性要求。一方面，社会团体组织成立的目的及其在社会中发挥的作用决定了其在民事公益诉讼中具有天然的优势。另一方面，鉴于我国公益性质的文物保护社会团体建立刚刚起步不久，应当适当放权、赋权于社会团体，给予其健康成长的土壤和空间。

（四）公民个人的文物保护公益诉权

《民诉法》第 55 条明确规定我国公益诉讼的原告主体资格为法律规定的机关和有关组织，将公民个人排除在公益诉讼原告主体资格范围之外。对于构建一套体系化的公益诉讼制度而言，这是未来必然要修补的遗憾，但同时也是立法对现实的理性妥协。

对此，汤维建教授认为，当国家利益和社会公共利益受到不法侵害时，公民个人已不再是袖手旁观，而是自觉的采取诉讼行动，对此立法应当给予支持、鼓励和引导。对于有可能会产生的滥诉。立法应当对此加以适当调控，并设置相应的前置程序，对于滥用公益诉权的行为，也应当规定相应的法律责任。鉴于我国目前公民意识的日益崛起，公民个人参与公共事务的力量愈加强大，同时，民众对于社会公益事业都有责任，赋予公民以文物保护公益诉权可以有效地补充公共执法所存在的不足，并对公共执法进行有效监督。②

四、文物保护公益诉讼的类型

民事公益诉讼并非保护公共利益唯一的诉讼渠道和方式，行政公益诉讼也是极为重要的保护公共利益的司法手段。这两种公益诉讼类型既联系密切又存在明显区别。同时，由于民事法律关系和行政法律关系的交叉与重叠，二者在解决公共利益保护问

---

① 数据参见民政部：《2011 年社会服务发展统计公报》中关于社会组织的相关情况报告，载中央政府门户网站：http://www.gov.cn/gzdt/2012 – 06/21/content_ 2166922. htm，2013 年 10 月 11 日访问。

② 汤维建：《公益诉讼的主体资格》，《中国审判》2012 年第 6 期。

题上存在着交叉与重合，二者共同促进了文物保护公共利益诉讼机制的发展。

依学界通说，有两类典型的公益诉讼形式。一类是诉请撤销行政机关损害公共利益行为的公益诉讼，另一类是诉请行政机关查处损害公益行为和诉请行政机关履行其他维护公共利益职责的公益诉讼。① 这两类行政公益诉讼虽同属于行政诉讼范畴，但存在着很大差异。前者完全属于行政法诉讼，基本与民事行为无关；后者常表现在行政法律关系与民事法律关系的交叉领域。

（一）文物保护行政公益诉讼

1. 定海古城拆迁案

浙江省舟山市政府在旧城拆迁过程中涉及两起比较典型的行政诉讼案件（刘宅案、蓝府案）。以刘宅案为例，1999 年 7 月，拆迁户刘某以保护文物和名人故居为诉由，向舟山市定海区人民法院提起民事诉讼，法院作出维持市政府拆迁办的拆迁许可和拆迁公告的判决。刘某不服判决，于 1999 年 9 月向舟山市中院提起上诉。2000 年 4 月 15 日，市中院以（1999）舟行终字第 24 号作出行政判决书：驳回上诉，维持原判。2000 年 5 月 15 日，刘家大院被强制拆除。而早在 1984 年，该处建筑就被舟山市文化局下属的文物管理办公室登记列入《舟山市定海区文物图集目录》。②

2. 南京紫金山观景台拆除案③

2001 年，南京市中山陵管理局在中山陵风景区内动土兴建"南京紫金山观景台"，东南大学的两名教师得悉此事后，认为根据《南京市中山陵风景区管理条例》的规划原则，风景区各项建设设施应当与风景区环境相协调，观景台的钢筋建筑极大破坏了南京市民引以为自豪的紫金山自然景观，同时破坏了游客们享受自然景观带来的精神上的愉悦。于是以南京市规划局在对观景台的规划许可中未依法行政为由向南京市中级人民法院提起行政诉讼，要求南京市规划局撤销对"观景台"的规划许可。最终，基于各方面的压力，南京市中山陵管理局拆除了观景台，两位原告也因此撤诉。④ 尽管本案并未进入实质的诉讼程序，但是从案件的发展历程不难发现，公众以公益诉讼的形式对于监督行政权力的行使起到了积极的作用。

文物保护行政公益诉讼，是指公民或者组织认为行政机关（文物行政机关或政府）的行政行为危害公共利益，向法院提起的司法审查之诉。就诉讼主体而言，其具有"私人对公权机关，私人为公益"的特点；就诉求而言，它以私人请求法院通过司法审查撤销或变更行政机关的具体行政行为为目的。对这类"私人为公益"的文物保护公

---

① 孔祥俊：《行政诉讼中的公益诉讼》，《法制日报》2003 年 9 月 12 日，第 03 版。

② 中国文物报社：《中华人民共和国文物保护法·以案说法》，北京：文物出版社，2003 年，第 122 ~ 125 页。这个案件是由于政府用行政手段干预司法，因而该案一审、二审都没有跳出地方政府的"保护圈"，从而最终出现原告败诉的终审判决。

③ 中山陵风景区兼具自然景观资源和文化资源两方面特质，属于文化遗产范畴。

④ 路国连：《论行政公益诉讼——由南京紫金山观景台一案引发的法律思考》，《当代法学》2002 年第 11 期。

益诉讼，立法应当大力推动，并提供程序之便利和机制之保障。

定海古城拆迁案以及本文前述的北京四合院拆迁案是文物保护行政公益诉讼中的典型案例，即政府规划部门、建设部门违规审批、核准针对文物的非法建设施工。这类案件一般是诉请撤销行政机关损害公共利益行为的公益诉讼，可以视为行政公益诉讼。

（二）文物保护民事公益诉讼

文物保护民事公益诉讼。这是公民或者组织针对其他公民或者组织侵害公共利益的行为，请求法院提供民事性质的救济。就诉讼主体和诉求而言，其具有"私人对私人，私人为公益"的特点。

目前，还没有较为典型的文物保护民事公益诉讼成功的案例。但《民诉法》第55条规定："对污染环境、侵害众多消费者合法权益等损害社会公共利益的行为，法律规定的机关和有关组织可以向人民法院提起诉讼。"表明公益诉讼制度已被写入法律。

这种列举加概括式的规定，主要有两层意思：一是污染环境、侵害众多消费者合法权益的行为只有在损害公共利益时，才可基于维护社会公共利益提起公益诉讼。二是可以提起民事公益诉讼的案件包括但不限于"污染环境"、"侵害众多消费者合法权益"两类案件，公益诉讼的适用范围还可以根据实践的发展稳步拓展。但是从现有法律来看，尚没有明确将文物保护列入公益诉讼保护范围。但《民诉法》修正案的通过，仍为借助公益诉讼保护文化遗产提供了可能。即民事公益诉讼的介入，可以避免文化遗产保护中形形色色的行政干预，遏制非法侵害文化遗产的行为，将文化遗产保护纳入法治的轨道，依法解决涉及文化遗产的纠纷，依法保护文化遗产。

同时，民事公益诉讼的救济方式更加多元化，可以通过停止违法行为、判决赔偿等诸多方式来保护公共利益。而行政公益诉讼的判决基本上只能采取否定行政行为效力、撤销行政行为或责令行政主体履行法定义务等几种形式来实现对公共利益的保护。

（三）文物保护民事公益诉讼和行政公益诉讼的重合

有些情况下，相关方既可以提出民事公益诉讼，也可以提起行政诉讼，我们可以从一则案例谈起，如北京梁林故居被拆案。[①]

北京市东城区北总布胡同3号四合院（现为24号院）在1931年至1937年期间曾为梁思成、林徽因夫妇租住。该处故居已于2009年被国家文物局认定为不可移动文

---

① 梁林故居在第三次全国文物普查中的确被列为新登录项目，但未被核定为文物保护单位。依据文物相关法律规定，虽然文物普查项目保护级别较文物保护单位级别略低，但仍属于文物建筑，即便要迁移和拆除，也必须在征得东城区政府和北京市文物局的批准后才能进行。北京市文物局责成东城区文化委做出事故原因调查，东城区文委称，开发单位考虑到故居房屋腾退后，因陈旧、几经翻建、无人居住等原因，易出现险情，因此进行了"维修性拆除"。案例参见《北京文物局批梁林故居被拆称是最恶劣文物拆毁》，载 http://discovery.163.com/12/0209/10/7PQK7LH8000125LI.html，2012年6月3日访问。

物。2009 年，因涉及商业项目，24 号院门楼及西厢房被先后拆除。2009 年 7 月 10 日，北京市规划委员会叫停了对梁林故居建筑物的继续拆除。2009 年 7 月 28 日，北京市文物局发布通报称，该局已会同北京市规划委员会专题研究了北总布胡同 24 号院的保护问题，并责成建设单位调整建设方案，在建设规划上确保院落得到保留。2012 年年初，此前已被部分拆除的梁林故居再次被开发单位拆除了部分房屋。2012 年 2 月，北京市文物局与东城区政府曾联合发布对梁林故居被拆事件的调查进展情况。按照当时的要求，依照《中华人民共和国文物保护法》第 66 条 "擅自迁移、拆除不可移动文物的，造成严重后果的，处以五万元以上五十万元以下罚款" 的规定，对开发单位处以最高额度的罚款 50 万元，同时责令其恢复所拆除旧居建筑原状。

本案中，建设开发单位为某地产开发公司，该公司以 "维修性拆除" 作为施工的辩解之词。该房地产开发公司作为建设开发单位，实施了毁损文物的行为，对此，文物行政部门应当予以查处。文物行政部门如果疏于职守，就会侵害公共利益，构成行政法上的不作为。在这种情况下，如果行政公益诉讼能够成立，公民或相关组织就有权提起行政公益诉讼，要求文物行政部门履行法定职责，查处建设开发单位毁损文物的行为以保护公共利益。在上述案件中，北京市东城区文化委员会作为法定的文保部门却表现得非常 "后知后觉"。不但未在事先对其行为进行有效监控，而且在随后的事故原因调查中称：开发单位考虑到故居房屋腾退后，因陈旧、几经翻建、无人居住等原因，易出现险情，因此进行了 "维修性拆除"。可见其在监管上是存在着严重失职行为的。同时，从民事诉讼的角度看，该房地产开发公司毁损文物的行为还直接违法了民事法律的规定。如果民事公益诉讼成立的话，普通公民和相关社会团体也可以针对该公司提起民事公益诉讼。由此可见，在文物保护领域，由于行政法律关系和民事法律关系在某些情形下可能会同时存在，因此可能会出现行政公益诉讼与民事公益诉讼同时成立的局面，两类诉讼中存在交叉和重合。

关于民事公益诉讼与行政公益诉讼的差异的比较以及两者共存的意义，学术界已经进行了深入且广泛的讨论。① 本文不作赘述，只是需特别指出的是：基于我国文物保护的严峻形势而言，文物保护两种公益诉讼的救济方式多元化不失为一种有益的解决路径。在梁林故居被拆案中，仅对开发单位处以最高额度的罚款 50 万元。此外，还有未经批准擅自超范围施工，北京史家胡同 51 号院章士钊故居的修缮施工仅被处以行政处罚 20 万元。如果将国有文物纳入民事公益诉讼范畴，这在现实中意味着相关主体可以通过民事诉讼的途径，对损害文物的行为主张权利，这对于维护文物权益无疑增加了一种重要的保障。通过民事诉讼，可以要求责任人恢复文物原状或者为损害文物支付相应经济赔偿。法院判决有司法保障，更容易得到执行。相比行政处罚最高限额仅仅 50 万元、文物部门出具的行政处罚文书往往得不到执行来说，适用民事诉讼对惩治文物违法行为更有力度，无疑有利于文物保护。

---

① 参见马明生：《行政公益诉讼制度研究》，博士学位论文，中国政法大学，2008 年，第 32～34 页。

考虑到从我国现实出发，当事人的选择不仅受到行政公益诉讼和民事公益诉讼本身性质的影响，也受到诉讼制度外维权成本等因素的影响。譬如，如果民事公益诉讼原告资格较为宽松，诉讼成本较低，当事人会倾向于提起民事公益诉讼。因此，可以借鉴某些公法诉讼较为发达国家的立法经验，即当文物保护行政公益诉讼和民事公益诉讼同时成立时，法律应当赋予当事人选择权，即当事人有权决定是提起行政公益诉讼还是民事公益诉讼来保护公共利益。①

五、完善文物保护公益诉讼相关配套制度

无疑，完善文物保护公益诉讼，是需要一套体系化的配套制度的。从最高人民法院研究出台具体的司法解释角度看，首先应当明确将损害文物的案件纳入公益诉讼受理范围。再者，应当明确各级文物行政主管部门等法律规定的有关机关和组织，可以作为本行政区域内损害国有文物案件的诉讼主体；明确管辖法院的确定、诉讼请求的限定、原告搜集证据的权利、文物损害鉴定如何进行、是否需要缴纳诉讼费用、原告能否放弃诉讼请求或者与对方和解、法院能否调解、能否发布禁止令、如何确定裁判的效力范围、裁判文书如何执行等特殊程序问题。限于篇幅，本文不对以上所有具体配套制度进行叙述，择一重点而谈，针对不可移动文物的不可再生性，发布禁令应当是值得借鉴的制度之一。正如北京四合院被拆案中，本应予以保护的四合院，最终已经被拆除大半，如何避免最后的"惨胜"，我们能否从人类法制历史中找到合理的司法解决途径？罗马法中的"令状"制度可以起到很好的启示作用。

古罗马不存在独立抽象的国家概念，许多涉及公共利益的事情由人民直接行使权利进行干预。其中最为典型的一项制度就是民众诉讼，任何罗马市民针对侵害公共利益的行为都有权提起诉讼。在民众诉讼中，有一种来自于法官权力的令状制度，相当于现代的一项行政措施。根据这种制度，任何人对损害或者即将损害公有物的行为都可以直接向执法官申请颁布一道禁止或者恢复令状，以使侵害人停止侵害行为或者避免侵害的发生，这种令状被现代罗马法学家称为"民众令状"。②

可见，作为对公共事务进行管理和监督的重要手段，民众令状有效保护了共同体利益。作为公共利益的体现，不可移动文物具有不可再生性的特征。所以，一旦发现不可移动文物具有被毁损的危险，可以要求裁判机关颁发禁令，以使侵害人立即停止侵害，再进行诉讼。禁令制度如果能够被我国文物保护公益诉讼制度所借鉴和应用，不失为一种很好的保护不可移动文物的司法救济制度。

---

① 马明生：《行政公益诉讼制度研究》，第 32 页。

② 罗智敏：《论罗马法中的民众令状制度》，载北大法律信息网：www.chinalawinfo.com，2013 年 5 月 29 日访问。

参考文献

［1］周枏:《罗马法原论》，商务印书馆，1996 年。

［2］王云霞:《文化遗产法教程》，商务印书馆，2012 年。

［3］姜明安:《外国行政法教程》，法律出版社，1993 年。

［4］江伟:《中国民事诉讼法专论》，中国政法大学出版社，1998 年。

［5］肖泽晟:《公物法研究》，法律出版社，2009 年。

［6］刘年夫、李挚萍:《正义与平衡——环境公益诉讼的深度探索》，中山大学出版社，2011 年。

［7］贺海仁:《公益诉讼的新发展》，中国社会科学出版社，2008 年。

［8］项焱:《公益诉讼的理念与实践》，武汉大学出版社，2010 年。

L'étude sur l'action collective pour défendre le patrimoine culturel

WANG Wei

Résumé：Le patrimoine culturel est le vecteur de notre civilisation et le témoin de notre histoire, il présente une valeur historique, artistique et scientifique. Il est non reproductible et imremplaçable. Bien que la nouvelle loi sur la procédure civile de 2012 reconnaisse l'action collective, elle est encore très incomplète. Il faut, dans le domaine de la protection du patrimoine, reconnaitre les différents acteurs capables d'intenter une action collective et instaurer un régime d'interdiction pour certianes plaintes.

Mots clés: protection du patrimoine, action collective, régime d'interdiction

第三部分

NGO和地方政府在促进文化和自然遗产保护中的作用

地方社区和非政府组织参与文化遗产保护的研究

——以台湾 NGO 参与文化资产保护案为例

谢银玲 *

【摘要】在台湾，《促进民间参与公共建设法》、《文化资产保存法》、《政府采购法》和《遗址发掘资格条件审查办法》等立法为 NGO 参与文化资产保护提供了明确的法律依据。本文通过对 NGO 参与遗址挖掘和不可移动文化资产修复的两个具体案例进行分析，指出台湾 NGO 参与考古发掘和文化资产保存的可参考性，在此基础上总结台湾 NGO 在文化资产保护中的重要作用和其面临的主要问题。

【关键词】NGO；文化资产保存；考古发掘；公众参与

引论：文化遗产保存及修复的趋势

近四十年来，国际公约持续地提醒保存人类文明的积累不只是国际团体或政府的责任，公民以及关心民俗的团体也一直是被鼓励的责任主体。[①] 不同于 1972 年《保护世界文化和自然遗产公约》出台的时代，现在国际交往模式已经发生了重大改变，最能在国际间发挥政府"软实力"的是各国的非政府组织（Non – Governmental Organization，下称 NGO），NGO 参与文化遗产的保存是眼前及未来文化遗产保存及修复的重要趋势，在各国、各地区境内则有同属 NGO 的"第三部门"承担着相关保存业务。

关于 NGO 的定义及范围，由于各国文化、法律的差异，不同国家对 NGO 这个概念

---

* 谢银玲，中国社会科学院考古研究所文化遗产保护研究中心特约研究员、复旦大学文物与博物馆学博士候选人、华东政法大学国际法学博士。

① 1972 年《保护世界文化和自然遗产公约》（下称《世界遗产公约》）已考虑到现有关于文化财产和自然财产的国际公约保护不论属于哪国人民的这类罕见且无法替代的财产，对全世界人民都很重要，考虑到某些文化遗产和自然遗产具有突出的重要性，因而需作为全人类世界遗产的一部分加以保存……1976 年《关于历史地区的保护及其当代作用的建议（内罗毕建议）》宣示，自古以来，历史地区为文化、宗教及社会活动的多样化和财富提供了最确切的见证，这些昔日的生动见证对于人类和对那些从中找到其生活方式缩影及其某一基本特征的民族，是至关重要的；……每个公民承担责任，并赋予公共当局只有他们才能履行的义务；1989 年《保护传统文化和民俗的建议》建议成员国将该建议传达给对民俗保护问题负责的机构、部门或团体，传达给关心民俗的各种组织或机构，以引起他们的注意。同时鼓励其与涉及民俗保护的相关国际组织联系。

的指称所适用的对象范围也各不相同，从最宽泛的共性看，一般指非国家建立、独立于政府的组织，该名词原本与联合国或由联合国指派的权威非政府组织相关。由于其涵盖一切非政府的组织，从定义上不能排除以营利为目的的企业，但该名词一般习惯用于非营利的、鼓吹社会文化和环境可持续发展相关的团体上，其营运资金主要（或至少有一大部分）是来源于民间捐款。与 NGO 密切相关的非营利组织（Non - Profit Organization，下称NPO）是指不为组织所有者营利的组织。NPO 为组织倡导的服务对象和服务内容创造利益，其目标通常是致力于个人关心或者公众关注的议题，间接担任起弥补社会需求与政府供给间的落差之功能，由于 NPO 与作为第一部门的政府部门和作为第二部门的企业界私部门，形成第三种影响社会的主要力量，因此 NPO 有时亦被称为第三部门（the third sector）。实际上，NPO 的运作与企业一样需要产生利益，以提供其活动的资金，藉由公开筹款，或由公、私部门捐赠来获得经费，唯其收入和支出都是受到限制的（经常是免税的状态），因此具有独立、公共、民间等特性。一般的文化公益团体都是 NGO 的一种，而 NGO 也可能同时是 NPO。本文行文所指 NGO 乃指称所涉非营利的、非政府的各种社会公益组织。

就文化遗产的保护看，遗址与其所定着土地的地方政府应有更密切的关系，遗址的列册监管或确定之行政权由地方政府发起显然更加贴切，NGO 在文化遗产的保护与开发上，与政府力量具有互补性及其特有的优势。NGO 参与文化或自然遗产的开发与保存在西方已行之有年，恐怕也是亚太地区国家相关领域发展未来的重要方向之一。

一、台湾 NGO 参与文化资产保护的法律依据

台湾地区的《促进民间参与公共建设法》（2001 年修正，下称《促参法》）明文鼓励民间团体参与公共建设，又于《文化资产保存法》（2005 年修正，下称《文资法》）开放给民间团体参与考古遗址文化资产的保存和维护，以上两部法律准许并鼓励民间主体参与文化资产的发掘与保存业务，这意味着本地的 NGO 参与文化遗产的开发与保存有法可依。两法在一定程度上引导台湾考古研究的取径，走向文化资产考古学或公众考古学的领域。然两法虽施行有年，但配套成效直到近几年才逐渐显现。[①]

（一）《促进民间参与公共建设法》

台湾地区政府为提升公共服务水平，加速社会经济发展，特制定《促参法》促进民间参与公共建设，该法所称公共建设中的"文教设施"[②]，依据《促进民间参与公共

---

① 本文以下所涉法律、法规除非特别标明，否则一律指台湾法。

② 指以下供公众使用或促进公共利益之建设：一、交通建设及共同管道。二、环境污染防治设施；三、污水下水道、自来水及水利设施；四、卫生医疗设施。五、社会及劳工福利设施；六、文教设施；七、观光游憩重大设施。八、电业设施及公用气体燃料设施；九、运动设施；十、公园绿地设施；十一、重大工业、商业及科技设施。十二、新市镇开发；十三、农业设施。

建设法施行细则》（2010 年修正，下称《促参细则》）其范围包括涉及文化资产的"依法指定之古迹、登录之历史建筑及其设施"，这些条文成了台湾民间组织参与文化资产类公共建设的原始法源。[①] 至于何谓"民间"机构，《促参法》所称乃指依台《公司法》设立之"公司"或其他经主办机关核定之"私法人"[②]，并与主办机关签订参与公共建设之投资契约者。[③]

（二）《文化资产保存法》

以《促参法》及《促参细则》为基础，设立的台湾民间机构得根据《文资法》及其有关规定，个案参与文化资产公共建设，及其相关调查、发掘、营运、管理等业务。

2005 年修订的台湾地区《文资法》大幅修改了有关文化资产"管理权责单位"、"参与遗址发掘主体"的规定。管理单位方面包含：事权集中、"中央"与地方权责厘清、保存专业化及公有古迹保存等四个面向；发掘主体方面则面向广大专家，实质扩大了发掘者的申请范围，修正后的《文资法》对考古遗址发掘工作的规范将过去只能由公立或学术机构的限制，放宽为专家学者。[④] 其立法理由：鉴于文化资产的调查、保存及维护等工作具有"专业性"及"在地性"，故主管机关得委托下属地方所属机构或其他机构办理。[⑤] 其所谓"中央"系由"文化建设委员会"（下称"文建会"）主管[⑥]，在地方则为县市及直辖市政府。考古遗址是定着于地的文化资产，与定着地的地方政府关系密切甚于"中央"主管机关，遗址的列册监管由地方政府发起显然针对性更好。台湾地区文化资产保存规定此番考虑的优势在于：其一，遗址文化资产可受到地方行政机关就近的维护，免于"中央"的鞭长莫及；其二，民间参与遗址的普查、调查研究等涉及考古研究的工作，有助于台湾地区考古走向小区化及本地化，有助于建构更地域性的台湾考古文化架构和社会文化内涵，并推广考古学相关知识进入公众。尤其后者，在推动全民文化资产保存意识上深具意义。

此外，对发掘参与者的资质有了更加清楚的限制："遗址之发掘须由学者专家、学术或专业机构，向主管机关提出申请，并须经审议委员会审议、主管机关核定后，始得为之。"在配套作业上同时规定"发掘者，应制作发掘报告，于主管机关所定期限

---

① 《促参法》第 3 条第一项第六款、《促参细则》第 10 条第一项第四款。

② 台湾地区的"团体"依法有三类：合伙、法人及非法人。法人团体分为三种：公法人、私法人及行政法人。行政法人目前仅有一个，即"国立中正文化中心"，行政法人的规定基本为该中心的合法存在所设置，属于公办机构，不在讨论之列。社团法人（如公司、合作社、学会、协会等，包括非公益、营利团体）及财团法人（仅限公益性质）为私法人。本文所谓 NGO 涵盖了私法人的社团法人及财团法人。

③ 《促参细则》第 4 条。民间机构允许政府、公营事业出资或捐助，但不得超过该民间机构资本总额或财产总额百分之二十。

④ 《文资法》第 7、45 条。

⑤ 95.03.24 文中二字第 0952050712 号函释、相关函释："内政部"93.10.06 台内民字第 09300622902 号。

⑥ 配合台"行政院"组织改造，《文资法》各该规定所列属"行政院文化建设委员会"之权责事项（含中央主管机关之权责事项），自 2012 年 5 月 20 日起改由"文化部"管辖。

内，报请主管机关备查，并公开发表。同时亦规定主管机关须订定遗址发掘者的资格、条件、审查程序。"① 此准入规范无疑是管理上的一大进步，大大改善了过去考古发掘者（尽管皆来自公部门）未受严格资格限制和审查的缺失。公、私发掘者对所发掘出土的古物，应列册送交主管机关所指定古物保管机关保管。②

（三）《政府采购法》与《古迹历史建筑及聚落修复或再利用采购办法》

遗址的调查与考古发掘不同于一般的公共建设，施工单位不仅应具有工程技术，文史与人类学方面的专业基础与关怀不可或缺。因此，民间机构向主办机关申请受托公共建设案的过程中，除了《促参法》及《文资法》外，另有两个阶段将涉及《政府采购法》（下称《采购法》），其一，是申请人争取受托案"投标"时的第一次审议会议，须依严格政府采购审议程序审查；其二，是参与公共建设之申请人与主办机关于申请及审核程序产生争议时，其异议及申诉，准用政府采购法处理招标、审标或决标争议之规定。③ 此处突出了的文化资产保存工作的行政色彩，NGO 参与时不得脱离"公共利益"的价值选择。民间的参与单位在取得受托权后，亦须时时记取此类业务的公共性。

《采购法》本为应对所有的政府对外委托事项，政府机关办理古迹、历史建筑及聚落之修复或再利用有关之采购，除了前述的投标首次审议会议及投标程序争议准用该法外，其执行应依《古迹、历史建筑及聚落修复或再利用采购办法》（下称《古建聚落修复采购办法》），不受政府采购法限制。④ 古迹、历史建筑及聚落修复或再利用的工程采购，得采用特定厂商投标的选择性招标，办理方式是公开征求一定条件的厂商，经资规格审查基本条件符合后，建立合格名单（经常性采购需有六家以上厂商），日后再依照相关细则直接邀请商议比价⑤，但合格厂商每三年需重新办理审查程序，招标单位亦须每年公告合格厂商名单，该期间内其他厂商也随时可以提出加入资格审查之要求，招标单位则须适时修正合格厂商名单。另，属于古迹之劳务采购（专家投标），得采用特定厂商的限制性招标，投标者须符合之限制条件⑥，并奉权责领导核定后，才可以直接找厂商议比价格。

《采购法》与《古建聚落修复采购办法》的配合适用，体现了对文化遗址修复机构或专家的专业性条件，区别于一般的政府采购行为，凸显遗址的调查与考古发掘工程不同于一般的公共建设，其"公共利益"的价值选择引导对于 NGO 参与文化遗产保存的建设之健康发展能起到正面作用。

---

① 《文资法》第 45 条。
② 《文资法》第 47 条。
③ 《促参法》第 47 条。但相关"争议处理规则"由主管机关另定。
④ 《文资法》第 25 条。并不得政府对外缔结之条约及定。
⑤ 《政府采购法施行细则》第 21 条。
⑥ 《采购法》第 22 条。

（四）《遗址发掘资格条件审查办法》

本审查办法规定了机构及个人参与考古发掘的资质硬条件[①]，编制及设施包含三位具考古相关学科硕士以上之专业研究人员（设主任一人为该中心对外代表人）、一位典藏管理人员，以及合乎法规要求之典藏、整理空间；而参与发掘的考古专家的学历及田野考古经验条件也有所要求。

二、台湾 NGO 参与文化资产保护的实例探讨

民间参与文化资产保存可以分为两个部分讨论，第一个部分是参与遗址发掘领域：在具有相应专家资质的条件下，台湾 NGO 就能参与到考古发掘业务的行列，与公部门的政府考古队一起为本地遗址发掘工作尽力；第二个部分是参与支持不可移动文化资产修复领域：这个领域因为涉及的资质比较单纯，NGO 参与的历史较长，案例相对也比较多。

不管哪一种的方式，参与 NGO 之主体都不外"社团法人"和"财团法人"两种类型。基于"人"的聚集而组成的法人团体，称为"社团法人"，其最高权力机构为会员大会，大会选出理监事组成理事会以及监事会，再分别由理事会中选出理事长以及监事会中选出常务监事，作为日常会务的主要管理以及监督等工作。[②] 例如，协会（社会服务及慈善团体）、学会（学术文化团体）等。基于用于公益"财物"的聚集而设立组织的团体，称为"财团法人"，即所谓的"基金会"，在成立之初订定捐赠办法、设董事会，并且内置董事长、董事与监事会，执行"财物"的管理。在行政管理方面，"社团法人"以《人民团体法》为主要管理法律，而"财团法人"没有专门法律，只有在民法有些相关规定可适用，其设立管理办法目前基本依据"中央政府"或者是"地方政府"等主管机关的"行政命令"（与其业务性质有专业关系之机关）；因此在具体业务上，凡涉及一般文化类的其主管机关即台"文化部"、地方"文化局"，涉及自然景观者会同之主管机关为台"农委会"，而具体涉及文化资产保存的，则主管机关为"文化部文化资产局"及地方"县市政府"。

---

① 《遗址发掘资格条件审查办法》第 4、5 条。

② 台湾地区与祭祖有关的传统古老团体"祭祀公业"乃为祭祀祖先所成立的共同财产与组织。主要有阄分字、合约字两种。阄分字是先人逝世前，将财产分给子孙时，另留一份作为祭祀用，在清代的土地契书上常可看到这种析产的阄书，记载阄分的财产中，有一部分将作为祭祖之用；而留下财产的该位祖先所有后裔，都有持份权。合约字是某位祖先派下子孙以股份的方式，随个人意愿参加，以股金购买田产，田产所得便用来祭祀祖先；只有当初出钱的族亲后裔才有财产持份权。属于"非法人团体"，亦非本文所论范围。参庄英章《台湾汉人宗族发展的若干问题：寺庙宗祠与竹山的垦殖型态》，载《中央研究院民族学研究所集刊》，第 36 期，1975，113～140 页。

（一）财团法人树谷文化基金会—考古中心

在实践上，台湾已有史上首个民间力量所成立的考古机构："财团法人树谷文化基金会"，该基金会旗下至少包括专门从事考古发掘的部门"考古中心"，以及负责出土文物展出的部门"生活科学馆"。① 该中心于 2008 年 8 月在台南县的"南科特定区"（台南科学园区的特定区）成立；同时，为确保考古文化资产得以永续维护，作为配套资金，出资方还另外成立了一笔文化资产保存类的公益信托基金②，该基金并非运用在基金会的"考古中心"，而是赞助外部其他需要获得资金协助的文化遗产保存个案的执行。③ 首个民间考古机构的问世，为台湾企业界对支持"文化资产守护工作"的模式④，立下一个崭新的里程碑。

依《遗址发掘资格条件审查办法》规定，树谷文化基金会"考古中心"除了应规定设置相应专业研究人员、典藏管理人员编制，以及合乎法规要求之典藏、整理空间设施之外⑤，还聘请多位台湾地区首屈一指的考古学专家及文化行政主管成立咨询委员会⑥，共同监督协助考古中心的实际运作。⑦ 该"考古中心"以营运 - 移交（Operate - Transfer）方式取得台南当地政府的二十年期文物保管及展馆经营授权合同⑧，此经营权同时包括文物的"复制权"，此配套权利将有助于基金会及其"生活科学馆"推广公共考古业务。

该中心有别于其他学术机关，主要工作着重于遗址文化资产管理，亦即依遗址监管保护办法之相关规定，执行与考古遗址相关之调查、发掘、管理、维护等工作，并与地方文史社团合作，凭借对在地文化资产的介绍，推广考古学基础知识及乡土文史

---

① 台南县的"南科特定区"是台湾地区考古遗址分布密度最高、文化层序最为完整、发掘面积最大的地区，目前已发现的遗址数高达 60 处，其中有 13 个坐落在树谷园区。几千年来这个区域在曾文溪与盐水溪的冲积下累积出完整的文化迭层，包含了百年前的制糖工业、清代的古官道与汛塘重镇、荷兰人与汉人的台江内海贸易活动，以及原住民"西拉雅文化"，其史前文化可上溯到距今 1800 年前的"蔦松文化"以及 2500 年前左右的"大湖文化"，而南科园区内又有 3500 年前的"牛稠子文化"遗址以及 4500 年前的"大垦坑文化"遗址。

② 整个"文化基金会"资金规模为新台币二亿元，而旗下的"考古中心"部分营运资金来源为基金的"孳息"，考古发掘业务则由政府专项拨款；此外，专门针对文化遗产修复的公益信托基金规模为 5000 万元。部分参考台湾考古学习网，http：//archae. nmp. gov. tw/a - news01. aspx？PAGE = 1&ID = 96，2013 年 4 月 8 日访问。

③ 另聘"中研院"历史语言研究所考古学门某副研究员担任公益信托基金的监察人。

④ 资金由台南奇美集团独力投入。

⑤ 《遗址发掘资格条件审查办法》第 4、5 条。

⑥ 该咨询委员会成员有"中研院"历史语言研究所考古学门研究员及副研究员（其中包括曾任史语所副所长、目前台湾考古界最资深专家）、台湾政府部门"文化资产局"官员、彰化县府（南科所在地）文化部门官员、高校人类学研究所教授等人士，主要在人员任用上进行把关，及教育推广工作之咨询。

⑦ 主管机关对考古发掘及保护等工作之监管，很单纯地主要依当时受托人与县政府委托机关所定合同约定执行。

⑧ 专访树谷文化基金会生活科学馆馆长、考古中心主任。

数据。其目的一方面希望产、官、学界有所区分，三者各司其职，健全台湾地区遗址文化资产管理及考古学研究体系；另一方面也希望结合民间力量来协助文化资产维护工作。① 此外，为配合同系统内展馆的设立，基金会专聘专业策展人员以及标本修复人员以进行出土遗物的展示、维护工作，除了考古发掘之外，该中心日后可能负担更多的考古遗址文化资产相关工作，例如承担别处发掘古物的修复等任务。

牛稠子遗址图/财团法人树谷文化基金会考古中心提供

"牛稠子遗址"位于台湾台南高地上，三爷公溪西侧，仁德糖厂北侧，是台湾岛史前时代人类活动留下的遗迹，距今大约 3500 年，"树谷考古中心"主任表示，过去的考古数据显示，牛稠子文化出土文物中最具代表特色的是绳纹红陶与橄榄石玄武岩制作的石器。农民为了开挖储水坑，造成遗址的破坏。"文资局"委托树谷考古中心从 2012 年起陆续进行调查，最近陆续完成 18 处探坑与 120 处的发掘点，发现其范围较过去了解的可能再向南延约 200 公尺，全区大约 70 公顷，其中 2/3 为台糖土地，其他为私有地。委托案在 2013 下半年完成后，向"遗址审议委员会"提交报告。

五年前，面对一个民营考古队跟文物展览馆的横空出世，尽管不少公部门的考古专家"不太习惯"，但几年下来，NGO 能对文化遗产保存做出什么样的贡献，摆在眼前的事实已经让大家开了眼界、卸了心防。2008 年 8 月成立至今，财团法人树谷文化基金会考古中心已经受托（依政府购法投标获取）发掘了十二个遗址工地，发掘史前及历史遗物十万余件，该基金会持续于树谷生活科学馆展出发掘所得文物，并完成文

---

① 财团法人树古文化基金会网站，http：//www. tvf. org. tw/cistcenter01. php，访问：2013 年 3 月 8 日。

树谷考古中心之发掘现场三处

物的研究报告发表于台湾地区相关学术研讨会；而树谷生活科学馆于2012年7月14日开幕，迄今已服务参观人数近50万人次①，这对于一个设立不到五年的民营文化基金会，成果不可谓不大。这个开端可能促进往后有更多类似的文化保护专业机构相继成立，一方面将可逐渐解决目前遗址发掘或相关工作，计划主持人严重缺乏以及考古学家耗费过度精力投身遗址抢救而无法专心做研究的情况。

（二）财团法人裕元教育基金会 – 鹿港龙山寺修复委员会

乾隆四十九年（1784年）鹿港开港与大陆泉州蚶江对渡，商业繁茂，往返船只众多，船头行及郊商林立。鹿港龙山寺的观音信仰，其信众为来自福建泉州府七郡县（晋江、南安、惠安、安溪、同安、德化、永春）的子民。他们当年携带晋江县安海镇龙山寺的观音香符同行庇佑，并在落脚安定后设坛为信仰和集会中心，这与台湾岛其他龙山寺单以三邑（晋江、南安、惠安）人士创设的背景略有不同。②

---

① 专访树谷文化基金会生活科学馆馆长、考古中心主任。

② 台湾地区龙山寺主要供奉观世音菩萨，乃是从福建泉州府晋江县安海乡的龙山寺分灵而来。早年，台湾地区族群信仰各异。不同族群，守护神信仰也就不同。清初时的闽南移民多从泉州出海，安海龙山寺的香火便随移民来到台湾，而龙山寺只有来自泉州南三邑（晋江、惠安、南安）人士移民的群居地，因此在台湾地区的寺名也都取名为龙山寺。在台湾地区只有五座龙山寺（依建置先后为台南、万华、凤山、鹿港、淡水）；其中，一府、二鹿、三艋舺均有龙山寺的建置。

　　台湾内政部门于 1983 年将彰化县鹿港龙山寺指定为第一级古迹①，现址系于清乾隆五十一年（1786 年）由陈邦光偕其郡人建造，占地 1600 余坪，于道光 11 年整修后，才完成目前的三进二院七开间格局，先有正殿与简单的前殿（五门殿）②，正殿的屋顶为"重檐歇山式"③，总计使用 52 根柱子（含拜殿），为台湾地区传统建筑中使用最多柱子的建筑之一。建造以来较大规模的修复共八次④，多次整修中只有 1986 年（依1982 年公布的文化资产保存法修护）是完全由政府出资规划发包施工整修，其余修护都是民间宗教信徒、乡绅及"龙山寺管理委员会"出资聘请师傅设计整修的。

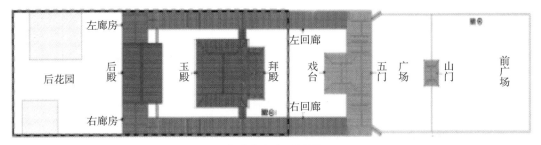

鹿港龙山寺平面图

　　1999 年 921 大地震鹿港龙山寺严重受损后，鹿港商贾世家以回馈地方之善心⑤，主动要求依内政部审定之计划图全额捐助一级古迹鹿港龙山寺主体工程修复之经费。依2000 年之前的台《文资法》规定，台湾古迹分类由各级政府审查、指定、公告，之后再报"内政部"备查，而古迹抢救，应于灾后 30 日内提报抢修计划，六个月提出重建计划，送"中央"备查。⑥ 经政府列管古迹之整修，其法律程序包括计划、设计、审查、发包、施工、监造、必要性之变更设计，再会勘、审查、经费追加及日后验收、拨款等作业；本次修复于 2001 年 2 月筹组成立"鹿港龙山寺修复工程委员会"起历经八年，于 2009 年修复完成。出资方裕元教育基金会承诺全额负担龙山寺修复工程经费，对"工程金额无上限"，修复经费由新台币一亿元追加至两亿元，并投入心力关照

---

　　① 据《安海龙山寺志·卷一》指出，安海龙山寺创始于隋开皇五年（公元 585 年），印度僧人一粒沙偕同师弟一尘来到安海，一粒沙在安海镇北方的"无绪庙"修行，并于大业四年（公元 608 年）重新结庐，取西土"天竺"为号而称"天竺寺"又名"普现殿"，一般俗称"观音殿"；宋真宗景德元年（公元 1004 年）该寺经由乡贤安连济集资重修，因安连济深谙地舆玄术，指该寺居于"鳳穴"，具龙翔凤舞，湾海必昌之势，且含"凤吐丝纶成五彩，龙蟠锦绣灿千花"之意，故从此易名为"龙山寺"。

　　② "五门殿"即山门、五门、戏台、拜殿、正殿、后殿。

　　③ 中式建筑的屋顶是一种极严格的三角形，加上微微的弯曲复合而成的"山形"，"重檐"就是双层檐，上层檐是屋顶、下层檐是庑殿之屋顶，"重檐歇山式"乃正殿仅次于庑殿四坡式屋顶，为南方庙宇中最尊贵的做法。

　　④ 八次分别为：乾隆五十七年（1786 年）、道光十一年、咸丰二年、1936 年、1962 年、1974 年、1986 年及2001 年。

　　⑤ 宝成国际集团昆仲总裁蔡其瑞、董事长蔡其建。

　　⑥ 1997 年版《文资法》第 30 条之二。

工程质量与进展，最终将修复过程制成纪录光盘，分享乡亲。①

　　鹿港龙山寺开创台湾民间、产、官、学界四方资源合作修复"国定一级古迹"事例，与2003年获得UNESCO文化资产保存奖的"财团法人台北保安宫"七年间独力自筹新台币2.6亿修缮完成不同，② 鹿港龙山寺的民产官学合作修复案施作过程要复杂许多。

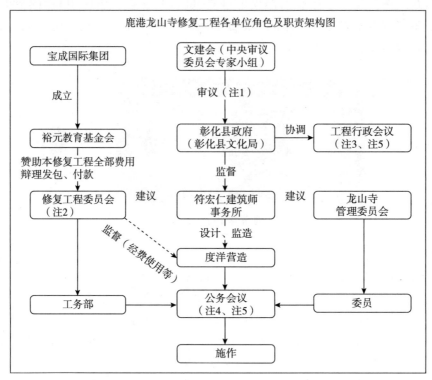

（本图依据2006年1月27日各方协商后"文建会"修订架构）

　　鹿港龙山寺修复案参与的机关有："中央主管机关"（"文建会"）、所有权人暨管理单位（龙山寺管理委员会）、民间赞助单位（宝成工业股份有限公司）、推动单位（龙山寺修复工程委员会，由出资方与龙山寺管理委员会共同组成，成员：财团法人裕元教育基金会、龙山寺代表、古迹学者、文史工作者、地方耆老），此外还有具体执行的设计监造单位、地方督导机关、施工单位。各单位分工如下：修复计划及变更设

---

　　① 修复近八年来，出资方两位代表在施工期间，平均每周至少都会到施作现场一次，总次数不少于300次。施作期间，出资方担任修复工程委员会主任委员，曾到福建省武夷山区寻找合适的木材，就连被白蚁蛀蚀的大通桴（大梁）都是用裁补方式接合，即把蛀掉的部分切掉，再接上新的一段福杉，而非整块木头换掉。另一位出资方代表蔡其瑞虽没有挂名，却以具体行动关照工程进展，例如，他看到龙山寺后面的花草有点凌乱，亲自找景观专家规划设计，将其改造得有山有水，景观怡人。民间出资在此表现出对鹿港龙山寺的揭尽诚挚关怀，完全超越我们对出资方身份的期待。

　　② 谢银玲：《保护世界文化和自然遗产公约对非世界级文化遗产缔约成员保护体系之影响》，载王云霞主编《文化资产法：概念、体系与视角》，北京：中国人民大学出版社，2012年8月，第141~160页。

计涉及工程项目、材质、工法、技术等内容，由"文建会"召开审议委员会审查。工程行政会议及工务会议由地方政府主导，视讨论相关内容的关联性，邀集修委会、管委会、建筑师、营造召开五方会议，协调各单位及地方人士提出的修复相关意见，由文建会、审议委员列席指导。工务会议由建筑师主导，邀集营造商及修复工程委员会工务部召开三方会议，讨论进度控管、工程质量、工地安全卫生、施作细节等执行事宜。由于参与的团体众多，其间不乏风波与矛盾，修复过程相当复杂而艰辛。

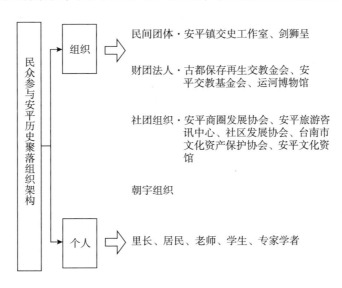

除了鹿港龙山寺案民、产、官、学多头联合经验外，2005年台南的"安平历史聚落修复与再利用案"同样是有多个团体及个体合力参与的修复案（见上图：安平历史聚落经营各方组织架构图)①，复杂程度不亚于鹿港龙山寺案，出资、专业与居民代表各方的协商更加不易，本案与鹿港龙山寺案有所不同，主导权基本在政府部门，从民意调查显示，当地居民及文史团体争议声浪颇大，事实证明出资方与专家并不是完成一个完美修复案的转属主体，生活与该遗址息息相关的当地居民的意见及阻力，不能成事却足以败事，问题仍然回到民众参与文化资产保存与修复的机制与程度，机制有效、程度够深，是保证修复案成功不可或缺的因素。

三、台湾NGO参与文化资产保护的参考性

（一）NGO参与文化资产发掘考古队

台湾地区开放给NGO参与遗址普查、调查研究及考古研究等工作，从《促参法》、

① 曾宪娴，萧仙妮:《以民众参与观点探讨安平历史聚落经营管理策略》，《文化资产保存学刊》第4期，2011年3月3日公告，73～80页。

《文资法》及《遗址发掘资格条件审查办法》对台湾民间机构参与文化遗产保存的机构资质、专家资质、受托程序以及遗物管理的要求看来，相关法令对公部门或 NGO 参与文化资产保存业务的要求似乎基本一致。但在实践上，公私两方承办人毕竟有不同的身份及行事风格，与各级行政部门往来、人员任用，甚至业务价值观必有区别，这对文化遗产保存工作推动应亦不无影响。

优点：1. 逐渐解决遗址发掘或相关工作之计划带头人严重缺乏，以及考古学家因过度耗费精力于遗址抢救，而无法专心做研究的情况；2. 鼓励民间团体参与公共建设，公众参与将使台湾地区考古在走向小区化及本地化，有助于建构更地域性的台湾地区史前文化架构和社会文化内涵，并推广考古学相关知识进入公众；此二者皆兹事体大，影响全局，对台湾地区未来文化资产的全民化保存有绝对帮助；3. 不似公务机关各种程序繁琐，民间单位行动灵敏，动作高效；4. 为相关领域人才创造新的业务出路。

隐忧：1. 主管机关受理公私部门的申请，原任公部门的专家影响力本即高于民间单位，受理申请时是否能做到一视同仁，很难保证；2. 民营机构设备资质要求不够详尽，在执行上专家法律见解各有不同，使 NGO 遵循不易；3. 民间参与公共事务建设，一旦涉及本团体与公共利益之价值抉择，无公部门身份者（将无所谓"官箴"）面对公共利益能否将其置于思维的最高点，不易要求。最后一点尤为难，只能期盼。

（二）NGO 参与文化资产保存修复队

台湾地区 NGO 参与文化资产保存与修复的历史较长，远在相关法令没有规范之前，已有很多经验。台湾地区因为民间信仰非常发达，与宗教有关的 NGO 相当多，这些宗教团体一旦遇有其历史建筑需要修整的，经常就由该寺庙的管理法人直接出资修复，或者向信众劝募，而宗教劝募行为在台湾地区基本没有什么管制，甚至没有管理规范，因此要筹集修复经费并不是那么困难；除非金额庞大，尤其涉及政府指定有"级"数之古迹，其修复程序才会复杂化。

NGO 主导或参与文化资产修复业务的优点同前段：1. 借着公众参与的机会，可调动地方居民对本地文化资产"属地"的感情，激发其了解当地文化的心思；2. 为公部门相关人才缺乏的情况，减轻负担。但是也有缺点；1. 因主导者的"民间"身份的随意性而导致修复章法混乱，不乏修复反成破坏，越修越走样；2. 参与单位较多常导致协商不易，造成施作进度延宕或修复计划形同虚设；3. "素人专家"过多（大部分皆基于地缘的关系而非专业关系，例如一些当地居民、地方文史工作者或宗教团体等），意见易流于"民粹"，如真用投票机制解决争议，恐总结出专家不易认同的修复意见。

余论：NGO 参与文化遗产保护的折冲与未来

在一个成熟的社会体系中，主宰社会发展的力量不仅来自于政府的导引，企业与非政府组织的力量亦不可忽视。尤其是该第三股力量不但具有提供政府建言、监督施政之功能，而且在政府及企业力有未逮之处，还能发挥弥补之作用。又，现代社会的"社会服务"、"文化意识"的范围越来越广阔，唯限于资源有限，NGO 必须思考如何凭借"产业经营"的模式来维持运作，因此"文化产业"的概念也出现在"非商业"领域。传统的 NGO 是以对使命的热诚来作为达成任务的动力，[①] 但当前的 NGO 必须面对竞争压力与效率的需求，因此管理制度与管理工具的应用有绝对的必要。

台湾地区的 NGO 团体蓬勃发展，目前约有 15，000 多个，[②] 各种类型 NGO 的发展搭配各领域的专门知识与文化，每个 NGO 根据目的事业的不同，其运作及所受到的规范就更有所不同，且每个领域都有其特定的专业知识。为了获取更多资源，台湾地区 NGO 近年来已朝向产业化发展，其主要目的是以求永续发展。台湾地区 NGO 的发展关键除了相关法令的开放政策外，经营机制不外：1. 管理模态特殊化，管理因团体性质而异；2. 节税政策合理化，鼓励企业将获利不断投入公益事业；3. 绩效评估制度严谨化，除了业务执行方案的可行性评估与绩效评估，现代 NGO 更加入对组织的评估，确保组织健康活化。在各国、地区的各类型文化资产范围及数量越来越多的情况下，文化类 NGO 作为参与文化资产保存工作的第三部门，确有其积极参考性。

L'étude sur la participation des communautés locales et des ONG dans la protection du patrimoine culturel ——avec l'exemple de la participation des ONG à Taiwan

Hsieh，Yinling

Résumé：Le patrimoine culturel est un témoigne de la civilisation de l'humanité，sa protection relève de la responsabilité de toutes personnes：des organisations internationales aux citoyens. Depuis la *Convention concernant la protection du patrimoine mondial，culturel et naturel* de 1972 à la *Recommandation sur la sauvegarde de la culture traditionnelle et populaire* en passant par la *Recom-*

---

① 赵忠杰《NGO 发展台湾文化软实力之刍议 - 开展台湾文化创意产业的原则探讨》，载台湾非政府组织网站，http：//www. taiwanngo. tw/files/15 - 1000 - 518，c104 - 1. php，2013 年 5 月 6 日访问。

② 但截至 2006 年，其中仅有 2,157 个参与了"非政府间国际组织"（INGO）台湾政府当局于 2000 年 10 月 2 日成立"非政府组织国际事务委员会"（简称 NGO 委员会）作为境内 NGO 专门网站。

mandation concernant la sauvegarde des ensembles historiques ou traditionnels et leur rôle dans la vie contemporaine de 1976, les conventions ou recommandations internationales ne cesse de rappeler que la protection du patrimoine culturel ne relève pas que de la responsabilité des organisations internationales ou les gouvernements, mais également de la responsabilité des citoyens et des associations.

Certaines dispositions concernant les administrations et les organes habilités à effectuer les fouilles archéologiques prévues par La loi sur la conservation du patrimoine culturel de Taiwan ont été récemment modifiées. En ce qui concernant les administrations compétentes, quatre clarifications sont prévues: la déconcentration, la répartition des responsabilités entre le gouvernement central et les collectivités locales, la professionnalisation pour la conservation et la conservation des monuments historiques du domaine public. Quant aux fouilles archéologiques, l'habilitation à effectuer des activités archéologiques est reconnue aux chercheurs. Au niveau central, c'est la commission de la Culture qui est responsable et au niveau local, ce sont les gouvernements locaux de chaque circonstance administrative qui sont responsable. Les sites archéologiques sont le patrimoine immobilier sous les terres et eaux, les fonds fonciers relèvent des gouvernements locaux. Il est normal que l'inscription et le classement de site relèvent de la responsabilité des gouvernements locaux. L'intérêt de cette révision est: ① le site archéologique est protégée pat le gouvernement local selon le principe de proximité; ② l'archéologie taïwanaise est décentralisée, cela facilite la construction de la culture préhistorique et de la société culturelle territorialisées afin de diffuser les connaissances archéologiques. La loi révisée reconnait aux chercheurs le droit d'organiser les fouilles qui n'est initialement qu'accordé aux institutions académiques publiques et privées. A l'heure actuelle, une fondation privée destinée aux fouilles archéologiques est créée, elle pourrait prendre en charge davantage les travaux archéologiques. A l'instar de cette fondation, les autres organes similaires pourraient créer à la future. Cela peut résoudre les problèmes actuels liés aux travaux archéologiques, répondre aux manquements des personnels et donner plus de temps aux chercheurs pour mener les recherches. La loi sur la conservation du patrimoine culturel reconnait aux ONG le droit de protéger et conserver le patrimoine archéologique. En plus, la loi sur la participation des associations aux constructions publiques d'intérêt général révisée en 2001 encourage les associations à y intervenir. Ces deux lois, dans certaines mesures, permettent la réalisation de l'archéologie publique à Taiwan. Elles constituent un appuie juridique solide pour que les ONG locaux puissent impliquer dans les actions de valorisation et de conservation du patrimoine culturel.

Cet article met en lumière le droit de bénéficier du patrimoine culturel et l'obligation de le protéger. D'une part, la protection du patrimoine culturel relève de la responsabilité du gouvernement, et d'autre part, le droit de fouiller, de valoriser et de protéger le patrimoine archéologique est reconnu à l'ONG. Le problème qui se pose est de savoir comment prévoir l'organisation de l intervention de cette dernière. Cet article, à travers de l'exemple de la participation de l'ONG aux fouilles archéologiques et à la conservation du site archéologique, présente aussi le rôle particulier de l'ONG dans la protection et la valorisation du patrimoine culturel. Enfin on conclut que la participation de l'ONG à la protection du patrimoine culturel et naturel constitue une perspective.

Mots clés：patrimoine culturel, ONG, archéologie publique

从遗产理事会到遗产管理会？

Florent Garnier *

【摘要】法国在将历史古迹的保护和管理权从国家转移给地方政府的过程中充分发挥了地方政府和社会公众的作用，通过法律设立的由多方代表组成的省级"建筑、城市规划和环境理事会"机制，实现了遗产管理和城市规划中的公众参与和公私合作。理事会既是地方咨询机构，又可作为遗产保护的直接参与者。与此同时，在新的"文化管理"和"土地管理"的概念逐渐形成的基础上，一种新的"遗产管理会"的机制应运而生。"遗产管理会"涉及地方行政机构和私人企业对遗产和文化的管理两个方面，其合作机制更加多元，职能更加广泛，能更好地整合不同的社会力量参与遗产保护。

【关键词】遗产保护；遗产理事会；遗产管理会；公众参与；

尽管文化遗产法已经是行政法的一个分支（E. Mirieu de Labarre）[1]，但是，文化遗产保护并非只是国家的职能。Y. GAILLARD 参议员在其提交的一份信息报告中指出："国家不是发起公共行动的唯一主体。"[2] 此外，该报告还将遗产保护的主体分为"作为历史遗产第一保管人的私人所有权人"、"作为国有遗产主要担保人的国家"以及"因政策激励而产生的新型保护主体"三类。

自 2010 年初起，法国就开始考虑将历史古迹的保护和管理权从国家转移给地方行政区域。在近年的议会辩论中，François Férat，Jacques Legendre 和 Catherine Morin - Dessailly 三人向参议院提交的《国家文化遗产方针》的议案再次提出了这一问题。[3] 该议案的第一条具有双重意义。第一，该条款建议将世界遗产的概念引入法国现行法律，并要求在制定城市规划时必须考虑联合国教科文组织（通过 1972 年《世界遗产公约》）提出的世界遗产申报要求。第二，该条款建议将《遗产法典》第 L610 - 1 条修改为：

---

* Florent Garnier，巴黎二大法学博士。曾任法国克莱蒙费朗第一大学法学院院长、经济管理和法律博士学院院长、奥弗涅罗马法研究中心主任，现任图卢兹第一大学教授，法国财政和经济史委员会委员。主要研究领域：法制史、文化遗产法。

① E. Mirieu de Labarre，《建筑遗产法》，巴黎，2006。

② 第 378 号信息报告：《51 项建筑遗产措施》，2002。

③ http：//ww. senat/fr/leg/pp112 -359. html，2013 年 4 月 19 日访问。

"保护和利用具有历史、考古、建筑、城市和景观价值的文化遗产具有公益性";"为了确保文化遗产能够得到良好保护,保证其世代相传,每个公共行政区域在编制其城市规划和整治的规划和措施时,都应将文化遗产纳入其中"。

在土地整治和发展涉及的众多引人关注的领域中,遗产保护的参与者和相关咨询机构通过筹备共同计划、组织听证会,以及对遗产保护相关项目进行专业鉴定、提供专业支持等方式,实现了自身的不断发展。这种共同行动并非法国特有,而是基于 44个国家遗产保护机构在"欧洲议会"框架下组成的欧洲遗产网状合作系统所提供的信息而形成。① 在此网状系统的基础上,我们可以了解到保护主体的多样性以及他们之间相互合作和展开遗产对话的可能性。这为其他地方行政区域、国家和其他的专业文物保护部门和组织通过采用相同的合作模式谋求自身发展提供了有力例证。

Pierre Jarlier 在其于 2012 年提交的信息报告中提出了城市规划中全新的土地建筑工程管理结构。② 该报告还提出了在省这一行政级别设立相关财政保障机制的建议。虽然这份报告实际上没有影响到城市规划中国家和地方相关权力的分配,其提出通过中间机构来拓展省级行政区在城市规划中的权力的设想也极具启发性。这些中间机构附属于城市规划机构,例如 1967 年 12 月 30 日《土地方针法》③ 设立的城市规划事务所或由 1972 年 1 月 3 日《建筑法》(该法被 2000 年 12 月 13 日《城市团结和更新法》修改)成立的建筑、城市规划和环境理事会。

近 30 年来,社会组织参与④、文化事业资助⑤和近年兴起的公私合作⑥等新的方式在遗产保护和利用的过程中起到了积极的作用。此外,地方行政主体在遗产保护方面同样具有重要地位。

本文拟介绍建筑、城市规划和环境理事会与遗产相关的一系列具有强制力的特别措施;并且在其他多样化机构日益增加的一般社会背景之下对此遗产理事会进行深入考察。

一、建筑、城市规划和环境理事会：遗产顾问和保护者

建筑、城市规划和环境理事会,是由省议会和国家行政部门共同设立的具有公共

---

① 该数据库于 2011 年更新。http：//european – heritage. coe. int/sdx/herein. index. xsp? setlang = fr. 2013 年 4 月 5 日访问。

② 见 Pierre Jarlier 于 2012 年 7 月 17 日提交的第 654 号信息报告（2011 – 2012）。

③ M. Goze, « La loi d'orientation foncière：de la croissance urbaine à la métropolisation », *Annuaire des collectivités locales*, vol. 19, 1999, pp. 101 ~ 121.

④ H. Glevarec, G. Saez, *Le patrimoine saisi par les associations*, Paris, 2002.

⑤ J. – P. Allinne et R. Carrier, *La culture au risque du marché. Le mécénat face à ses acteurs*, Paris, 2010.

⑥ 参见 J. – Y. Gacon, « La mise en œuvre de contrats de partenariat dans le domaine culturel：enjeux et perspectives », *Valoriser le patrimoine culturel de la France*. Rapport F. Benhamou et D. Thesmar, Conseil d'analyse économique, 2011, p. 149 et s.

服务职能的省级机构。本文先介绍它作为地方咨询机构的组成和运作方式，并在此基础上分析其在遗产保护中的发挥的积极作用。

（一）地方咨询机构

理事会根据 1977 年 1 月 3 日的《建筑法》和 1978 年 2 月 9 日《关于批准建筑、城市规划和环境理事会成立章程的法规》正式成立。1977 年《建筑法》规定了建筑师的职能以及建筑、城市规划和环境理事会的组成与宗旨。1981 年 12 月 29 日的 n°81 – 1153 号立法以及 2000 年 12 月 13 日的 n°2000 – 1208 号《社会团结和城市更新法》① 明确了理事会的职能范围和运作方式。1977 法律第 1 条规定：

> 建筑是文化的一种表现方式。建筑创造、建设质量、其与周边环境和谐的融合，以及其对自然和城市风貌以及遗产的尊重，都是公益性的。有权颁发建筑许可证和地皮分割许可证的机构在审核相关申请材料时，应保证公益性不受损害。

了解理事会的组成和运作方式，对理解其作为地方咨询机构所发挥的重要作用具有重要意义。

根据 1978 年法律的规定，理事会是一个旨在"提升建筑、城市规划和环境质量以及使其与地方环境融合"的社会组织（1978 年 2 月 9 日法律），由全体大会、董事会、理事长和（常务）会长等几个重要部门组成。

全体大会由所有成员组成，根据 1978 年法律认可的运行惯例享有决议权和财政权。② 董事会是理事会的经营和管理机关，由国家和地方行政区代表、建筑师和地方相关组织人员共 23 人组成。（法规第 6 条）其中：

- 6 人由省议会从地方代表中指定；
- 4 人是董事会的法定成员，分别是：省装备厅厅长，省农业和林业厅厅长、学区视察员和法国建筑师；
- 6 人为省长指定的专业人才，如某些领域代表，地方相关社团人员代表等；
- 6 人由全体大会选举产生；
- 最后一人是董事会成员代表。

理事长在董事会成员和地方行政区域代表中通过选举产生。董事会的职能在于"管理内部事务、制定内部章程、审议某些项目计划和制定预算"。最后，（常务）会长由理事长指定，受理事会之委托享有职权，同时对理事会的日常运营负责。

1977 法律第 7 条明确规定，理事会的目标在于提升建筑、城市和风貌的质量。为实现这一目标，其主要任务在于：

---

① 2000 年法律取消了不需要咨询建筑师的工程在申请建筑许可证时必须咨询理事会的原则。

② 全体大会对董事会提出的规划进行审议。它听取理事会财政报告和（对该组织各项活动进行总结的）行动报告，确定内部规章，表决预算和确定账目。

- 及时发布有关建筑、城市规划和环境方面的信息，增进公众对这些信息和公众的了解，以此促进和激励公众关注和参与这些方面的事务；
- 对建筑管理人员和专业人员进行培训；
- 为自愿新建房屋或者翻新老屋的私人主体提供建议和信息，以确保建筑质量，并使之与当地环境相协调；
- 为地方行政机构制定的规划提供建议。

《社会团结和城市更新法》进一步巩固了理事会的咨询作用。《城市规划法法典》L121-7 条第 3 款规定："市议会或者公共行政机构在制定或修改城市规划方案时可以寻求理事会的意见。"国家建筑、城市规划和环境理事会协会会长 Yves Brien 认为，通过这一规定，"理事会的建议为地方当权者排忧解难"。

由于其具有公共服务的宗旨，理事会提供的服务是免费的。因此，资金来源在保证其充分履行职能和独立运作方面尤为重要。第 64 省理事会理事长在回应不断增长的资金需求时说："我们既不想失去宗旨，也不想失去预算。"尽管资金的来源在近几年来取得了很大的发展，这一问题在 1977 年《财政法》的第 8 条也有了明确规定，但是理事会资金来源不稳定的问题在许多文件中仍时有提及①，资金来源和理事会的职能直接相关，理事会的资金主要来源于以下四个方面：

1. 自 2012 年 3 月 1 日起在建筑许可证的附加省级税收（根据 1981 年相关决议 [TDCAUE] 设立）中从（城市）规划税中提取的一部分。② 该规划税对于一省是统一的，适用于所有的规划、建设、房屋重建和扩建、及其他属于城市规划许可范围的设施建设或规划（包括预先申报的建筑或规划许可证）。此税收由省议会设立，经投票确立的最高税率为 2.5%，这在全省所有建筑行业中都是统一的。根据 Jarlier 的信息报告做出的统计，各省此税种的平均税率为 1.8%。该报告还指出，在不突破法定最高限额的范围内，理事会资金来源应当与该省潜在的增长需求相一致。为此，针对城市规划

---

① 例如：

M. Alain Hethener 提出的理事会资金改善和财源稳定问题（30427 号）	2001.1.18
M. Bernard Dussaut 提出的理事会资金未来问题（36152 号）	2001.11.1
M. Alain Dufaut 提出的理事会资金问题（30390 号）	2001.1.11
M. René - Pierre Signé 提出的理事会财政困难问题（0075S 号）	1993.11.4
M. Philippe Madrelle 提出的理事会财源发展问题（38232 号）	2002.1.31
M. Auguste Cazalet 提出的理事会资金改善和财源稳定问题（29989 号）	2000.12.21
M. Alain Dufaut 提出的理事会资金问题（33646 号）	2001.6.7
Mme Gisèle Printz 提出的理事会资金问题（30388 号）	2001.1.11

② 参见 http://www.developpement - durable.gouv.fr/Reforme - de - la - fiscalite - de - l.html.（2013 年 5 月 7 日访问）土地规划税取代了地方设备税、自然保护区省级税、建筑、城市规划和环境理事会资金税、巴黎地方设备附加税和萨瓦省地方设备特设税。

质量相关法规文件的制定，报告提出了"在国家资助城市规划管理的经费中抽取一部分作为地方管理经费"的建议。另外，该规划税还被用作为自然保护区和理事会的支出提供资金。（2010 年 12 月 30 日颁布的"12 月 29 日第 n°2010－1658 号财政调整法"修正案）省议会根据这两点从规划税中按比例抽取相关经费。[①]

2. 地方行政机构（地区、省的议会或者其他行政机构）的补助。

3. 成员的会费。

4. 地方行政机构与其他公私机构签订的合作协议中规定的后者必须承担的费用。

理事会的其他职能还包括：设立和发展信息设备，普查和分析城市、建筑、景观遗产产业化发展状况，以及设立针对特定区域或者特定主题的专门研究所等。这些研究所的职能在于为管理人员、承建人员和其他自愿关注土地规划治理的人提供信息意见，如由 7 个理事会共同成立的建筑、城市规划和风貌研究所[②]，（巴黎省）建筑质量研究所[③]，和（诺尔省建筑、城市规划和环境理事会）土地研究所[④]等。

理事会活动的开展和其自身的发展还离不开其成立的大区和国家网状合作系统的职能的发挥。一些省级行政区的理事会联合策划成立了大区理事会联盟（根据 1901 年《社团法》成立）。例如奥弗涅大区设在 1998 年设立了一个此类联盟并担任该联盟的轮值主席。法国目前有 11 个这样的大区联盟。中部－比利牛斯大区下的理事会和大区签订了多年的协议，用于支持不同地区发展，并通过探索发展出促进这些区域内建筑和环境质量提升的一种有效路径。全国建筑、城市规划和环境理事会联盟[⑤]成立于 1980 年，目前已有 91 个省理事会的理事长加入，是"省理事会进行经验交流和资金流通利用的平台"。最后，在专门的建筑、城市规划和环境大学（UPAUE）的框架内还设立了对话机制，为相互交流和研讨提供了平台。通过 35 年的运作，建筑、城市规划和环境理事会不仅在建筑、城市规划和环境领域发挥了重要作用，也成为遗产保护领域最重要的参与者。

（二）（文化）遗产保护参与者

1997 年法律第 7 条规定了理事会的各项具体任务。[⑥] Jarlier 提交的信息报告也指出："它们的专业能力，尤其在规划方面，是首屈一指的，在建筑管理事务方面扮演着省一级不同参与主体之引领者的角色。"除了鼓励建筑创造、确保建筑质量、促进建筑与环境的融合以及尊重和保持城市及自然风貌的职能之外，理事会还肩负着监管和保

---

① 《城市规划法法典》第 L331－17 条。

② http：//www. caue－observatoire. fr/（2013 年 6 月 10 日访问）。

③ http：//www. caue91. asso. fr/Observatoire－de－la－qualite. html（2013 年 6 月 10 日访问）。

④ http：//www. observatoiredesterritoires. caue－nord. com/carto/intro. html（2013 年 6 月 10 日访问）。

⑤ http：//fncaue. fr/（2013 年 6 月 10 日访问）。

⑥ 该条款规定："在建筑、城市规划和环境领域发展信息公示以及大众参与的理念和精神……（发展和促进）保证建筑质量和建筑与城市或乡村环境相协调的信息、方针和建议"。

护文化遗产的责任。《理事会章程》规定，理事会应当本着"文化、社会和经济发展政策相协调"的原则开展活动；其应当"在保持土地持续性及其与地方文化相联系的框架内，恢复原有土地治理行动"。理事会的活动情况可以通过国家联盟的数据库提供的信息加以了解。由于其是地方遗产开发的行家，理事会在文化遗产保护方面扮演着重要参与者的角色。

理事会致力于地方遗产的开发和利用。其在对地方遗产进行全面了解的基础上，通过信息公开的方式，将地方遗产的多样性及其价值展示在公众面前。理事会和其他的参与者，积极地参与到本省范围内不同形式的遗产，尤其是那些没有列入法律保护范围的遗产的普查中。① 北部土地研究所还对建筑遗产的现状进行分析。② 为此，它们可以与其他的协会、城市规划部门、大区议会和建筑师展开合作。索姆省的理事会对（上世纪）二三十年代重建的房屋很感兴趣。多姆山省理事会则率先制定并发布了当地村庄防御堡备忘录。除向外界展示地方形象之外，理事会还从历史、考古和建筑角度对遗产进行分析，并在此基础上对这些遗产的开发前景进行考察。理事会亦将地方遗产看作经济和旅游发展的资源。③ 作为遗产保护的参与者，理事会亦会与私人或者地方行政机构展开广泛合作。

理事会的技术性意见不仅涉及原材料的应用，而且涉及如何通过合理规划，恢复或发展某些遗产在旅游开发方面潜在价值的指导。这些专业知识、意见和咨询不仅提供给个人，也提供给地方行政机构。

对于前者，理事会通过为制定和完善相关建筑规划，以及制定和完善改造和扩张项目规划提供咨询和建议的方式，对参与文化遗产保护和开发的个人提供支持和帮助。这些咨询建议不仅具有技术性，而且具有一定的法律效力或者与项目规划的财政资助紧密相关。目前，木质构造建筑是建筑业新的领域。理事会透过一些主题性海报、宣传小册和理事会公告等方式，促进公众对该领域的关注，提供关于建筑材料和建设技术方面的专业咨询④，或者提供对古旧遗产进行修复的专业技术性意见。

理事会也在其职能范围内为地方行政区出谋划策，参与公共建设（尤其是公共建筑和活动场所）、土地治理规划和调研活动等。⑤ 此外。理事会还要确保规划与当地环境相协调、保证规划的可行性，以及组织招标竞标活动选择承建方。理事会咨询职能和其他职能的履行对于市议会及其他公共机构团体规划政策的制定、实施以及管理性或操作性规章文件的实施有着十分重要的作用，同时，理事会还协助其他机构制定省、

---

① http：//www. caue63. com/upload/fichiers/WG1279548243W4c445b530c7c40. pdf.

② http：//www. observatoiredesterritoires. caue – nord. com/carto/intro. html.

③ 见多姆山省理事会《发展奥弗涅乡村旅游吸引力》（2009）的报告，http：//www. caue63. com/ressources/publication. php? ressource = WJ1277899309W4c2b322d60bb7e，阿里埃省建筑、城市规划与环境理事会网站：http：//fncaue. fr/IMG/pdf/valorisation_ patri_ bati_ caractere_ caue09. pdf.

④ http：//www. caue14. fr/site/publications4. html.

⑤ 见南特行政上诉法庭对市政府修复的调研，2012 年 10 月 12 日，n° 11NT00279.

市土地方案或者当地的城市规划和市镇规划。理事会还参与地方建筑遗产普查（例如上比利牛斯－卡塔尔地区的建筑、城市规划和环境理事会①），并在此基础上参与制定《景观宪章》。该《宪章》为在对景观遗产保护、开发和修复规划的内容进行分析之后做出正确的决定提供了有力的决策依据（如第 16 区理事会）。②

理事会提供了近 30 年来法国遗产咨询机构发展的实例。目前，在土地发展和文化领域，也有一些致力于遗产保护的其他私人主体出现。这一发展趋势与遗产管理的概念及其发展是密切相关的。

二、遗产管理会的发展

自 2000 年起，"管理（ingénierie）"一词在文化遗产保护领域得到广泛应用，这一现象值得关注。管理的概念最初出现于 20 世纪 60 年代中期，特指在工业领域"对设计（草案）各方面的整体调研"。③ 随着时代的发展，这一工业领域专有的概念被广泛应用到经济④、财政和法律等众多领域。"文化管理"的概念于 1986 年出现，"土地管理"的概念则形成于 2003 年，这两个概念自出现之日起，日益发展至今，并给社会提出了对"遗产管理"概念之理解及其可能的发展路径的问题。

（一）"遗产管理会"的基本情况

在对遗产管理会进行论述之前，本文首先对"文化管理"和"领土管理"的基本知识进行简单介绍。

"文化管理"概念的提出源于 Claude Mollard 的观点和实践。他从文化部卸任之后，以"文化管理"理念为出发点，建立了一个咨询公司——文化高级管理研究所。"文化管理"的定义于 1986 年正式出现⑤，指的是"在明确目标、项目实施、融资集资、以及规划在技术上的实现等方面为文化生活的参与者或合作者提出的要求提供最佳帮助的权能"。这一概念的新颖性表现在：一方面，其在此前受单一公权力控制的文化领域中引入经济和（社会）管理理念，另一方面，其准确把握和表现出公民全面了解和参与社会文化活动的意愿。

---

① http：//www. caue － mp. fr/base － documentaire/inventaire － territorial － du － patrimoine － bati － pays － des － pyre-nees － cathares/itemid － 16. html.

② 见《地方风景和建筑宪章：实施指导》，http：//www. caue63. com/ressources/publication. php？ ressource = WU1279614642W4c455eb238420.

③ *Dictionnaire historique de la langue française*，A. Rey（sous la direction de），Paris，1998，vol. 2，p. 1835.

④ 经济管理的概念被定义为："所有对经济主体有意义的信息情报、研究、处理、分配及其开发利用活动的总称"。见 H. Martre，*L'intelligence économique et la stratégie des entreprises*，Rapport du Commissariat général au plan，1994.

⑤ Cl. Mollard，*L'ingénierie culturelle*，coll. « Que sais － je？ »，n° 2905，Paris，1994，4ᵉ éd. ，2012，p. 70.

　　"土地管理"① 或"土地发展"则在 2003 年由土地发展和整治联合部长委员会提出。它首先要求国家和地方机构掌握土地发展和土地可持续规划所必需的全部专业知识与技术（促进城市发展部长委员会，2004）。② 在地方权力下放的大环境下，国土管理进一步显示出分权的重要意义，有利于促进资源流动和新型参与主体形成（例如，1990 年"国土工程师"的出现）。有关"土地知识"的概念直到 2000 年底才被人提出，指的是"以土地可持续性发展为目标，以地方社区为研究对象的科学"（J. J. GIRARDOT）。此分析也综合了土地管理中的系统理念③、网状合作结构理念，以及在规划实施过程中参与组织据以行动的规划内容、具体实施行动和实施过程中的协同合作。这一概念虽与管理、知识概念④相关，但更值得关注的则是其创造和利用与土地有关的信息并促进该信息传播的（社会）实效。

　　设立"遗产管理会"的提案可能与 1998 年"文化服务和遗产工程师"的设立密切相关。⑤ 这些工程师隶属于文化部的一个行政机构，其主要职能在于："策划、实施和监督与文化遗产相关的活动，对遗产进行保护和开发，以及负责某些文化机构的接待工作。"其专长包括文化服务⑥以及处理遗产开发和保护相关事务两个方面。在遗产工作方面，文化服务和遗产工程师从事着遗产保护某些方面的专业性工作。一方面，其负责保护和开发被法律认定为受保护文物的公有历史古迹的保护、修复与管理工作；另一方面，在私有历史古迹所有权人委托国家对其所有的文物进行保护和管理的情况下，该文物具体的保护、修复与管理工作也由文化和遗产工程师负责。最后，其可以通过成为项目合作者以及对项目的实施进行检查和监督的方式，为与遗产保护、修复和开发相关的工作提供技术上、财政上以及行政管理上和监管保障。此外，文化服务和遗产工程师还就与其文化职能相关的不动产的开发规划方面的问题，为有关部门提供咨询。

　　作为一个在国家的实际行动中出现并不断发展的机构，"遗产管理会"涉及地方行

---

① P. A. Landel, « Entre politique publique et action publique: l'ingénierie territoriale », A. Faure et al., *Critiques de la territorialisation*, *les politiques publiques à l'épreuve de l'action locale*, Paris, 2007. L. Dayan et al., *L'ingénierie de territoire à l'épreuve du développement durable*, Paris, 2011, en particulier les contributions de S. Lardon, « Chaîne d'ingénierie territoriale: diversité des acteurs dans la conduite d'un projet de territoire », pp. 145 ~ 162; L. Barthe, « Ingénierie territoriale: des compétences construites au service du développement des territoires » pp. 179 ~ 192.

② http: //www. ladocumentationfrancaise. fr/var/storage/rapports – publics/074000690/0000. pdf, p. 103 ~ 105, 2013 年 4 月 15 日访问。

③ L. Trognon, « Penser la chaîne d'ingénierie territoriale », 48ᵉ colloque ASRDLF, 2011, pp. 5 ~ 6.

④ L. Trognon, « Penser la chaîne d'ingénierie territoriale », 48ᵉ colloque ASRDLF, 2011, pp. 10 ~ 11.

⑤ 1998 年 10 月 8 日第 98 – 898 号有关建设工程师和经济学家工程师行会及文化服务和遗产工程师行会特殊地位的条例，1998 年 10 月 9 日第 234 期公报，第 15308 页。

⑥ 在文化服务方面的工作中，这些工程师提出在公共机构中设立接待处和安全设施的建议并将其变成了现实。其职能范围还包括就法律适用进行研究并提供相关建议，负责对公众接待机构的公众进行教育培训，以及对接待处接待公众组织或者遗产保护团队的工作进行评价等等。

政机构和私人企业对遗产和文化的管理两个方面。从文化管理和土地管理的共同点出发，我们可以将"遗产管理会"定义为一个从策划到实施，全面掌握并部分或全部实施根据土地和居民情况制定的遗产规划的委员会（机制）。在不同的公私主体展开合作的基础上，该机构通过提供相关信息、协调各项事务、组织人员培训、进行专业评估鉴定、制作活动方案、建立交流平台和预先选定开发主体等方式，策划、协助和开展各项与遗产保护和开发规划相关的活动，在帮助和促进具有规划研究、规划评估、对规划提出建议、为规划实施提供有效工具等不同职能的多样化遗产保护主体之间建立合作伙伴关系方面具有很大的潜力。目前，一些特定的领域已存在某些保护主体的组成的形式不同、性质各异的"遗产管理会"。用 Claude Mollard 的话来说，遗产管理会的发展为遗产规划的实施提供了可能的程序。

（二）工作机制

遗产管理会机制的某些方面可以为遗产的发展提供有力工具。除了在文化管理和土地管理中已着重指出的几点要素外，还有一些其他方面也是十分必要及实用的。

考察 Claude Mollard 提出的文化管理的方法中特殊的工具价值，不难发现以下要素："对最合理解决方式的不断探求、费用的审核、对规定时限的遵守、目标的确立、计划的实施、资金的流动以及规划在技术上的实现"①，这些也被称作为"工作机制"，是文化领域专业化程度最大化的表现。由于遗产管理在经济方面和管理方法的很多方面都存在密切联系，这一套理论也适用于遗产领域。如今，在公众参与的热情高涨、遗产管理相关活动的目的以及当地社会经济发展状况发生变化的背景下，其也被运用到遗产规划实施领域。与文化管理和土地管理一样，遗产管理会承担着多样化职能，包括审计、研究项目规划、实施规划、对施工方提供帮助、承担管理职能、制定和实施世界文化和自然遗产的土地发展战略、建立遗产开发和保护的网状合作机制以及对不同类型的遗产进行开发等。如今在法国，存在许多文化、旅游和遗产管理机构。例如 1985 年成立的"前景和遗产"（Prospective et patrimoine）机构，1990 年成立的"梦想的主人"（Maîtres du rêve）机构，1993 年成立的"梅里美理事会"（Mérimée Conseil）和"中世纪"（Médiéval）机构等。

在遗产管理会实施规划的过程中，还有一些方面也值得一提：

• 在遗产规划方面设立司法上监督；

• 在网状合作结构的框架下或智能团的框架下分享经验、交流想法（例如 GEFIL 国家娱乐、文化和旅游管理联合会②）；

• 根据公开，独立，尊重竞争和遵守法规的原则拟定一部《道德宪章》；

• 在人才培养和科学研究等方面发展与大学的合作；

---

① Cl. Mollard, *L'ingénierie culturelle*, coll. « Que sais – je? », n° 2905, Paris, 1994, 4ᵉ éd., 2012, pp. 70 ~ 78.

② http：//www. gefil. org/. （2013 年 6 月 10 日访问）

- 促进和发展地方社区、遗产专家、社会组织和学术机构间的合作机制；
- 国家公共服务机构和地方行政机构间的财政互惠机制；
- 通过培养和教育，促进地方民选长官对遗产的关注；
- 认识和理解遗产具有地方性、国家性、欧洲性和世界性等不同维度。

2002 年，Gaillard 参议员提交的信息报告提出设立"遗产管理会"，其职能包括普查遗产和建立遗产名录、创新和推广保护措施、研究保护区定义和范围、提供建筑质量方面的咨询、研究自然遗址和遗产、主管历史遗产保护人员、监管承建商、开展历史古迹的养护工程、文物保存和遗产价值的审核评估等。这一机制将充分聚集和整合来自地区服务和地区遗产普查登记机构、地区环境署、建筑和遗产服务部（2010 年起变为"省建筑遗产服务处"）等不同机构的人力资源优势。报告还提出在省议会、省级古董与艺术品管理机构和建筑、城市规划和环境理事会等机构增加公务人员，其认为，通过这一系列机构改革措施，可以就国家和地方在遗产保护方面的不同角色和任务做出更好的分配。最后，参议员还就国家、大区和省级地方政府在遗产管理和保护方面权能分配提出了具体方案[1]：

> 尽管机构形式多样，但大区一级行政机构应在其职能范围内开展普查、登录历史纪念建筑物的保护、非国有文物登录和相关工程项目管理，以及历史建筑纪念物省级保管处工作人员的配备等方面的工作。
>
> 在省级层面，权力划分意味着省级机构在其权力范围内应承担的职能包括：保护可移动文化遗产、进行一般普查、对地区遗产的保存提供方法上的协助、在必要的情况下对其所调查的有可能加入保护名录的遗产或遗址进行提名，以及第一段提到的所有职能。

然而，在如今预算紧张，财政困难的情境下，这些省级非专业机构（"遗产和建筑、城市和自然环境质量保护机构"，第 378 号 Gaillard 信息报告）中资源和人力的配备问题，难道不应该再好好审视一下吗？

对于当地居民来说，遗产发展是当地土地和社会发展整体中的一个重要部分，因此，必须以这种整体论的视角，对遗产发展中多样化决定因素进行更好的考量。遗产的保护和利用需要志愿者和社会组织的参与，不同社会主体的有效联合和协作对于国家和地方行政区域是不可或缺的。在不断扩大的遗产保护和管理领域中，在参与主体和参与方式日益多样化的情形下，也应该采取多样化的手段和方式，去认识和理解一种超越单一理事会的遗产时间空间发展进程。

---

[1]　第 378 号信息报告《51 项建筑遗产措施》，2002。

Du conseil à l'ingénierie patrimoniale?

Florent Garnier

(Clermont Université, Université d'Auvergne, EA 4232,

Centre Michel de L'Hospital)

Le droit du patrimoine culturel a pu être qualifié de droit de la prérogative de la puissance publique (E. Mirieu de Labarre). [1] Le champ patrimonial fait néanmoins place à d'autres acteurs que l'Etat. Il n'est pas « le dépositaire unique de l'action publique » pour reprendre la formule du Rapport d'information du sénateur Y. Gaillard. [2] Ce rapport distinguait ainsi « Le propriétaire privé premier conservateur des monuments », « L'Etat central garant du patrimoine national » et « De nouveaux acteurs de terrain à promouvoir ».

Une réflexion est en cours notamment depuis le début des années 2010 dans le cadre de la dévolution du patrimoine monumental de l'Etat aux collectivités. Reprenant des discussions parlementaires, une récente proposition de loi relative à la politique nationale du patrimoine de l'Etat a été présentée au Sénat par François Férat, Jacques Legendre et Catherine Morin – Dessailly. [3]L'article premier de cette proposition de loi présente un double intérêt. Il propose d'une part d'introduire la notion de patrimoine mondial en droit français en imposant aux documents d'urbanisme de tenir compte des exigences d'une inscription sur la Liste du patrimoine mondial, culturel et naturel de l'Organisation des Nations unies pour l'éducation, la science et la culture (Convention du 16 novembre 1972). Il propose d'autre part la rédaction d'un nouvel article L 610 – 1 du Code du patrimoine précisant que la « conservation et la mise en valeur du patrimoine culturel, dans ses qualifications historique, archéologique, architecturale, urbaine et paysagère sont d'intérêt public » mais aussi que « les collectivités publiques intègrent le patrimoine culturel dans leurs politiques et leurs actions d'urbanisme et d'aménagement··· afin d'en assurer la protection et la transmission aux générations futures ».

Dans divers domaines intéressant l'aménagement et le développement territorial, les acteurs et les outils de conseil se développent pour nourrir des réflexions communes, organiser la con-

---

[1] *Droit du patrimoine architectural*, Paris, 2006.

[2] Rapport d'information n° 378, 51 *mesures pour le patrimoine monumental*, 2002.

[3] http://www.senat.fr/leg/ppl12 – 359.html (consulté le 19 avril 2013).

certation, proposer une expertise et accompagner des projets. Ce mouvement n'est pas spécifique à la France à la lumière des informations fournies par la base de données du Réseau européen du patrimoine (HEREIN) qui regroupe 44 services gouvernementaux pour le patrimoine culturel dans le cadre du Conseil de l'Europe. [1] Cette base nous renseigne sur la diversité des acteurs mais aussi la coopération possible ou prévue entre eux permettant notamment d'instaurer et de faire vivre un dialogue patrimonial. C'est là un champ qui se développe par exemple entre les collectivités territoriales, l'Etat et d'autres parties prenantes dont des professionnels.

En2012, le Rapport d'information de Pierre Jarlier s'est intéressé à une nouvelle architecture territoriale de l'ingénierie en matière d'urbanisme. [2] L'idée de mutualisation de moyens au niveau du département a été aussi proposée. Si cela ne devait pas remettre en cause en matière d'urbanisme la répartition de compétences entre l'Etat et la commune (ou l'intercommunalité), il était malgré tout suggéré de développer l'action dans le cadre départemental par l'intermédiaire d'organismes qualifiés de « satellites » tels les Agences d'urbanisme (loi n° 67 – 1253 dite « d'orientation foncière » du 30 décembre 1967)[3] ou encore les Conseils d'Architecture, d'Urbanisme et d'Environnement – C. A. U. E. – (loi n° 77 – 2 du 3 janvier 1972 sur l'architecture) revus en particulier avec la loi Solidarité et Renouvellement Urbains du 13 décembre 2000 (loi n° 2000 – 1208).

La protection et la valorisation du patrimoine ont emprunté de nouvelles voies au cours de ces 30 dernières années à travers le rôle plus actif notamment des associations[4], du mécénat[5] et plus récemment encore des partenariats publics – privés. [6] Les collectivités territoriales occupent de plus en plus une place importante dans le domaine patrimonial.

Onse propose de présenter quelques lignes forces de l'action en particulier des C. A. U. E. en lien avec le patrimoine (I) et de s'interroger de manière plus large sur le conseil patrimonial dans un contexte général d'accroissement de l'offre d'ingénierie émanant de divers acteurs (II).

---

[1] Dernière mise à jour en 2011 et nouvelle base prévue avec Herein 3, http: //european – heritage. coe. int/sdx/herein/index. xsp? setlang = fr (consulté le 5 avril 2013).

[2] Rapport d'information n° 654 (2011 – 2012) de M. Pierre Jarlier déposé le 17 juillet 2012.

[3] M. Goze, « La loi d'orientation foncière: de la croissance urbaine à la métropolisation », *Annuaire des collectivités locales*, vol. 19, 1999, p. 101 ~ 121.

[4] H. Glevarec, G. Saez, *Le patrimoine saisi par les associations*, Paris, 2002.

[5] J. – P. Allinne et R. Carrier, *La culture au risque du marché. Le mécénat face à ses acteurs*, Paris, 2010.

[6] Voir par exemple, J. – Y. Gacon, « La mise en œuvre de contrats de partenariat dans le domaine culturel: enjeux et perspectives », *Valoriser le patrimoine culturel de la France*. Rapport F. Benhamou et D. Thesmar, Conseil d'analyse économique, 2011, p. 149 et s.

I – Un acteur du conseil et de l'action patrimoniale

Le C. A. U. E. est un organisme départemental, investi d'une mission de service public, créé à l'initiative du Conseil général et des services de l'État. Envisageons son organisation et son fonctionnement en tant que conseil territorial (A) puis son rôle actif comme acteur patrimonial (B).

A – Un conseil territorial

Ce conseil a été instauré par la loi n° 77 – 2 du 3 janvier 1977 sur l'architecture et le décret n° 78 – 172 du 9 février 1978 portant approbation des statuts types des C. A. U. E. Cette loi de 1977 a précisé le cadre d'intervention et les modalités d'exercice de la profession d'architecte. Elle a aussi prévu l'organisation et les missions de ce nouveau conseil. La loi n° 81 – 1153 du 29 décembre 1981[1] puis la loi n° 2000 – 1208 Solidarité et Renouvellement Urbains du 13 décembre 2000 intéressent les compétences et les modalités de fonctionnement. L'article premier de la loi de 1977 précise que :

> « *L'architecture est une expression de la culture. La création architecturale, la qualité des constructions, leur insertion harmonieuse dans le milieu environnant, le respect des paysages naturels ou urbains ainsi que du patrimoine sont d'intérêt public. Les autorités habilitées à délivrer le permis de construire ainsi que les autorisations de lotir s'assurent, au cours de l'instruction des demandes, du respect de cet intérêt···* ».

L'organisation et ses modalités de fonctionnement duC. A. U. E. permettent d'apprécier son intérêt en tant que conseil territorial.

LeC. A. U. E. est une association dont le « but est de promouvoir la qualité de l'architecture, de l'urbanisme et de l'environnement avec le souci permanent de les adapter aux particularités locales » (Décret du 9 février 1978). Plusieurs organes sont mis en place avec une assemblée générale, un conseil d'administration, un président et un directeur.

L'assemblée générale est composée de l'ensemble des membres de l'association. Le décret de 1978 précise, de manière classique, ces compétences délibératives et financières. [2] Le C. A. U. E. est géré par un Conseil d'administration où siègent des représentants de l'Etat, des

---

① Cette loi a supprimé le caractère obligatoire de la consultation des CAUE lors de la demande de permis de construire pour des travaux ne nécessitant pas le recours à un architecte.

② Elle « délibère sur le programme d'actions de l'association proposé par le conseil d'administration. Elle entend les rapports moraux et financiers qui établissent le bilan de l'activité de l'association··· approuve le règlement intérieur···, vote le budget et approuve les comptes financiers ».

collectivités territoriales ainsi que des professionnels de la construction et des personnes qualifiées « choisies notamment en raison de leurs activités au sein d'associations locales » (art. 6). Il est composé de 23 membres :

- 6 membres choisis par le Conseil général parmi les élus locaux,
- 4 membres de droit : le Directeur Départemental de l'Equipement (DDE), le Directeur Départemental de l'Agriculture et de la Forêt (DDAF), l'Inspecteur d'Académie et l'Architecte des Bâtiments de France,
- 6 représentants des personnes qualifiées ou compétentes (représentant des professionnels, du milieu associatif...), désignés par le Préfet,
- 6 personnes élues par l'Assemblée générale,
- 1 représentant du personnel.

Ce conseil d'administration élit en son sein et parmi les représentants des collectivités locales son président. Le conseil « règle par ses délibérations les affaires de l'association, établit le règlement intérieur··· délibère sur la mise en œuvre du programme d'actions··· et prépare le budget ». Enfin, un directeur est nommé par le président duC. A. U. E. Il a une délégation de pouvoirs et il est responsable de son bon fonctionnement.

L'article 7 de la loi de 1977 précise que ce conseil a pour objet la promotion de la qualité architecturale, urbaine et paysagère, avec pour missions :

- l'information et la sensibilisation du public dans le domaine de l'architecture, de l'urbanisme et de l'environnement,
- la formation des maîtres d'ouvrages et des professionnels,
- l'information et le conseil aux particuliers qui souhaitent construire ou rénover, afin d'assurer la qualité architecturale des constructions et leur bonne insertion dans le site environnant,
- le conseil aux collectivités locales sur leurs projets.

Avec la loi S. R. U. , le rôle des C. A. U. E. a été conforté. L'article L. 121 – 7, alinéa 3 du code de l'urbanisme dispose que : « Les communes ou établissements publics compétents peuvent avoir recours aux conseils du conseil d'architecture, d'urbanisme et de l'environnement lors de l'élaboration, de la révision ou de la modification de leurs documents d'urbanisme ». Selon Yves Brien, directeur de la Fédération nationale des CAUE, ils fournissentun « conseil au plus près des préoccupations des élus locaux ».

Investi d'une mission de service public, il intervient de manière gratuite. La question de son financement est d'importance quant à la pérennité de ce conseil et pour lui permettre d'assumer pleinement ses missions, de manière indépendante selonles termes de la présidente du CAUE 64 (« On ne veut perdre ni notre âme, ni notre budget ») mais aussi de répondre aux demandes de plus en plus nombreuses. La nature des ressources a évolué au cours de ces dernières années. Elles ont été précisées dans le cadre de la loi de finances de 1977 (art. 8). La situation financière précaire des C. A. U. E. a été à plusieurs reprises évoquée. [1]Un lien est établi entre la provenance des ressources et le champ des missions. Les ressources de l'association proviennent de quatre éléments:

● une taxe départementale sur les permis de construire (TDCAUE créée en 1981) jusqu'au 1er mars 2012 puis une fraction de la taxe d'aménagement (TA). [2] Elle est applicable à toutes les opérations d'aménagement, de construction, de reconstruction et d'agrandissement de bâtiments, d'installations ou d'aménagements soumis au régime des autorisations d'urbanisme (permis de construire ou d'aménager, déclaration préalable). Cette recette fiscale est instituée par délibération du Conseil général. Il vote son taux qui ne peut être supérieur à 2, 5 %. Ce taux est uniforme pour l'ensemble de l'espace départemental quelque soit aussi le type de construction. Le rapport d'information Jarlier notait que le taux était en moyenne de 1, 8 % et il préconisait de « mettre en adéquation la ressource des conseils⋯ avec les besoins des territoires en augmentant le potentiel de ressource dans les limites du plafond légal ». Il recommandait aussi de « financer l'ingénierie territoriale en captant une part du produit de la taxe d'aménagement dans un fonds national d'aide à l'ingénierie dédié à l'urbanisme (pour « l'élaboration de documents d'urbanisme de qualité »), permettant la péréquation ». Cette TA est affectée au financement de la politique de protection des espaces naturels sensibles et les dépenses des C. A. U. E. (Loi n° 2010 – 1658 du 29 décembre 2010 de finances rectificatives

---

[1]   Voir par exemple:

Amélioration du financement et stabilisation des ressources des CAUEQuestion n° 30427 posée par M. Alain Hethener	18/01/2001
Avenir du financement des CAUEQuestion n° 36152 posée par M. Bernard Dussaut	01/11/2001
Financement des CAUEQuestion n° 30390 posée par M. Alain Dufaut	11/01/2001
Difficultés financières des conseils d'architecture, d'urbanisme et de l'environnement (CAUE) Question n° 0075S posée par M. René – Pierre Signé	04/11/1993
Evolution des ressources attribuées aux CAUEQuestion n° 38232 posée par M. Philippe Madrelle	31/01/2002
Amélioration du financement et stabilisation des ressources des CAUEQuestion n° 29989 posée par M. Auguste Cazalet	21/12/2000
Financement des CAUEQuestion n° 33646 posée par M. Alain Dufaut	07/06/2001
Financement des CAUEQuestion n° 30388 posée par Mme Gisèle Printz	11/01/2001

[2]   Voir, http: //www. developpement – durable. gouv. fr/Reforme – de – la – fiscalite – de – l. html (consulté le 7/ 05/2013). Elle a remplacé la taxe locale d'équipement (TLE), la taxe départementale des espaces naturels sensibles (TDENS), la taxe pour le financement des conseils d'architecture, d'urbanisme et de l'environnement (TDCAUE), la taxe complémentaire à la TLE en Île – de – France (TCTLE) et la taxe spéciale d'équipement de la Savoie.

pour 2010, J. O. du 30 décembre 2010). Le conseil général précise alors la répartition de la taxe entre ces deux éléments; [1]

- de subventions des collectivités locales (Région, département, communes et autres collectivités);

- de cotisations des adhérents;

- des contributions liées à des conventions d'objectifs conclues avec les collectivités ou partenaires publics ou privés.

La mission de conseil est accompagnée par la mise en place d'outils d'information, de recensement ou encore d'analyses relatives à la production dans le domaine urbain, architectural et paysager. Des observatoires, qu'ils soient pour un espace donné (département ou région) ou pour un thème particulier, ont été créés. Ils ont vocation à informer les maîtres d'ouvrages, les maîtres d'œuvres ou tout autre acteur intéressé par l'aménagement du territoire. Ainsi il existe par exemple, un Observatoire CAUE de l'architecture, de l'urbanisme et du paysage développé par sept CAUE[2], un Observatoire de la qualité architecturale (Île – de – France)[3], un Observatoire des territoires (CAUE du Nord)[4].

L'activité et le développement des C. A. U. E. tient aussi à une mise en réseau au niveau régional et national. Ainsi une Union Régionale des CAUE (association loi de 1901) fédère les CAEU des départements. Par exemple en Auvergne, depuis 1998, une telle union existe avec une présidence tournante. Il existe à ce jour 11 unions régionales. Les CAUE de Midi – Pyrénées ont conclu un protocole pluriannuel avec la Région pour principalement accompagner les différents territoires (Pays, PNR…) mais aussi développer une démarche de qualité architecturale environnementale des zones d'activités. La Fédération nationale des CAUE est une association créée en 1980. [5] Elle regroupe les présidents des 91 conseils. Elle est un « lieu d'échanges, de valorisation des expériences départementales et de mutualisation ». Enfin, un dialogue est instauré avec « une plate – forme d'échanges et de réflexions » dans le cadre de l'Université Permanente de l'Architecture, de l'Urbanisme et de l'Environnement (UPAUE). Après 35 ans de fonctionnement, les CAUE sont devenus des acteurs importants dans les domaines architectural, urbanistique et environnemental mais aussi patrimonial.

---

[1]　Code de l'urbanisme, art. L 331 – 17.

[2]　http：//www. caue – observatoire. fr/ (consulté le 10 juin 2013).

[3]　http：//www. caue91. asso. fr/Observatoire – de – la – qualite. html (consulté le 10 juin 2013).

[4]　http：//www. observatoiredesterritoires. caue – nord. com/carto/intro. html (consulté le 10 juin 2013).

[5]　http：//fncaue. fr/ (consulté le 10 juin 2013).

B – Un acteur patrimonial

Différentes missions des CAUE sont prévues initialement par l'article 7 de la loi de 1977. [1] Le rapport d'information Jarlier a permis de rappeler que « leur expertise, notamment sur la notion de « projet », en fait un pôle d'ingénierie qui mérite d'être consolidé à travers un rôle de pilotage des différents acteurs mobilisable au niveau départemental ». Outre la création architecturale, la qualité des constructions, leur insertion harmonieuse dans le milieu environnant et le respect des paysages naturels ou urbains, le CAUE doit veiller au respect du patrimoine. La charte des CAUE précise qu'ils doivent développer leurs actions « dans la cohérence d'une politique de développement culturel, social et économique » ou encore qu'ils « restituent l'acte d'aménagement dans le cadre de la continuité des territoires en relation avec les cultures locales ». L'activité des CAUEpeut être appréciée notamment à partir de la base de données de la Fédération nationale. Ils sont des acteurs du patrimoine culturel tant par leur rôle de valorisation du patrimoine local que d'expert.

Les CAUE développent une approche permettant ainsi de valoriser le patrimoine local. Ils participent tout d'abord à une meilleure connaissance de celui – ci mais aussi à faire partager et découvrir son intérêt et sa richesse. Le CAUE permet, avec d'autres acteurs, de faire connaître le patrimoine d'un département. Leur implication accompagne les différentes formes patrimoniales en particulier pour le « petit patrimoine ». [2] L'Observatoire des territoires (CAUE du Nord) propose un diagnostic raisonné du patrimoine bâti. [3] Ils peuvent agir alors en relation avec d'autres associations, des services d'urbanisme, le conseil régional de l'ordre des architectes ··· Ainsi le CAUE de la Somme s'est intéressé aux « maisons de la Reconstruction 1920/ 1930 ». Le CAUE du Puy – de – Dôme est à l'initiative de la publication de cahiers sur les forts villageois. Après une présentation de la localité, ils mènent une analyse historique, archéologique, bâtimentaire et ils envisagent des perspectives d'évolution. Ils envisagent aussi le patrimoine local comme une ressource du développement économique et touristique. [4] Les CAUE sont ainsi des acteurs patrimoniaux en relation avec les particuliers et les collectivités.

---

[1] « développer l'information, la sensibilité et l'esprit de participation du public dans le domaine de l'architecture, de l'urbanisme et de l'environnement··· les informations, les orientations et les conseils propres à assurer la qualité architecturale des constructions et leur bonne insertion dans le site environnant, urbain ou rural···».

[2] Voir en 1987 pour le CAUE 63: http://www.caue63.com/upload/fichiers/WG1279548243W4c445b530c 7c40.pdf.

[3] http://www.observatoiredesterritoires.caue – nord.com/carto/intro.html.

[4] Par exemple pour le CAUE 63, « Accroître l'attractivité touristique des villages auvergnats » (2009) http:// www.caue63.com/ressources/publication.php? ressource = WJ1277899309W4c2b322d60bb7 et pour le CAUE de l'Ariège: http://fncaue.fr/IMG/pdf/valorisation_ patri_ bati_ caractere_ caue09.pdf.

Les CAUE développent leur conseil d'un point de vue notamment technique en lien avec l'usage de matériaux mais aussi pour la conduite de projet pour reconvertir ou développer les potentialités du patrimoine dans une optique touristique. Ces savoirs, savoir – faire et conseils sont proposés aux particuliers et aux collectivités.

Pour les premiers, il s'agit de leur fournir une assistance pour élaborer, améliorer leur projet de construction, de rénovation ou d'extension. Ces conseils sont aussi bien techniques que réglementaires ou encore liés au financement d'un projet. Les constructions en bois constituent aujourd'hui un domaine d'activité assez récent. A travers des fiches thématiques, plaquettes d'information, brochures, expositions, etc··· les CAUE informent, sensibilisent et conseillent sur des matériaux, des techniques de construction[1] ou la rénovation d'un patrimoine ancien.

Ils interviennent également auprès des collectivités dans des démarches territoriales en lien avec la mission d'accompagnement de la maîtrise d'ouvrage publique pour des bâtiments ou des espaces publics mais aussi pour l'étude[2] et l'aménagement de territoires. Ils s'assurent de la cohérence du projet avec l'environnement local, la faisabilité, l'organisation de la concurrence pour le choix de maîtrise d'œuvre. Les conseils et compétences des CAUE sont utiles pour accompagner les communes et les groupements de communes dans leur politique de planification et pour la mise en place des documents d'urbanisme réglementaire et opérationnel. Ainsi, ils peuvent assister ces acteurs dans l'élaboration de schémas de cohérence territoriale, de plans locaux d'urbanisme et de carte communale. Ils peuvent participer encore à la réalisation de documents tels une charte paysagère, outil d'aide à la décision à partir d'un diagnostic dans le cadre d'un projet de protection, de valorisation et de restauration du patrimoine paysager (CAUE 14)[3] mais aussi d'un inventaire territorial du patrimoine bâti (CAUE 09). Tel a été le cas par exemple dans le cadre du Pays des Pyrénées Cathares. [4]

Les CAUE offrent ainsi un exemple du développement du conseil en particulier patrimonial depuis une trentaine d'années en France. D'autres acteurs sont apparus en lien avec les questions de développement territorial et dans le domaine culturel qui intéressent aussi les démarches patrimoniales. Ces évolutions sont à mettre en lien avec la notion et la démarche d'ingénierie.

---

[1]　Voir par exemple: http: //www. caue14. fr/site/publications4. html.

[2]　En lien avec l'étude de travaux de réhabilitation de l'hôtel de ville, Cour administrative d'appel de Nantes, 12 octobre 2012, n° 11NT00279.

[3]　Voir aussi « Les chartes locales paysagères et architecturales – Guide de réalisation »: http: //www. caue63. com/ressources/publication. php? ressource = WU1279614642W4c455eb238420.

[4]　http: //www. caue – mp. fr/base – documentaire/inventaire – territorial – du – patrimoine – bati – pays – des – pyrenees – cathares/itemid – 16. html.

II – Le développement de l'ingénierie patrimoniale

Le développement de l'emploi du terme « ingénierie » est remarquable depuis le début des années 2000. Le terme est apparu au milieu des années 1960 en France pour désigner l' « étude globale d'un projet··· sous tous ses aspects »[1] au départ dans le domaine industriel puis le champ d'application s'est élargi aussi bien par exemple au domaine économique,[2] financier que juridique. La notion d'ingénierie culturelle s'est développée à partir de 1986 puis celle d'ingénierie territoriale a été formulée en 2003, elles permettent de s'interroger sur la notion d'ingénierie patrimoniale (A) et d'envisager son possible développement (B).

A – Notion

Il convient dans un premier temps de présenter brièvement les deux notions d'ingénierie culturelle et d'ingénierie territoriale pour proposer ensuite de cerner l'idée d'ingénierie patrimoniale.

L'ingénierie culturelle est à rattacher à la réflexion et à l'action de Claude Mollard. Après une carrière dans l'administration, en particulier au ministère de la Culture, il a créé une entreprise de conseil à partir du concept d'ingénierie culturelle (Institut Supérieur de Management Culturel). Définie en 1986,[3] elle est « la capacité d'apporter une aide optimale aux demandes exprimées par les partenaires de la vie culturelle pour la définition d'objectifs, la mise en œuvre de programmes, la mobilisation de financements et la réalisation technique de projets ». L'intérêt et la nouveauté de cette approche tiennent pour partie à l'introduction d'une perception économique et managériale dans un domaine qui était fortement marqué par l'initiative publique mais aussi à la volonté d'appréhender de manière globale l'activité culturelle.

L'ingénierie territoriale[4] ou du développement territorial a été présentée par le Comité interministériel d'aménagement et de développement du territoire en 2003. Elle correspond, en première analyse, à « l'ensemble des savoir – faire professionnels dont ont besoin les collectivités

---

[1] *Dictionnaire historique de la langue française*, A. Rey (sous la direction de), Paris, 1998, vol. 2, p. 1835.

[2] Elle se définit comme « l'ensemble des actions coordonnées de recherche, de traitement et de distribution, en vue de son exploitation, de l'information utile aux acteurs économiques », H. Martre, *L'intelligence économique et la stratégie des entreprises*, Rapport du Commissariat général au plan, 1994.

[3] Cl. Mollard, *L'ingénierie culturelle*, coll. « Que sais – je? », n° 2905, Paris, 1994, 4ᵉ éd., 2012, p. 70.

[4] P. A. Landel, « Entre politique publique et action publique: l'ingénierie territoriale », A. Faure et al., *Critiques de la territorialisation, les politiques publiques à l'épreuve de l'action locale*, Paris, 2007. L. Dayan et *al.*, *L'ingénierie de territoire à l'épreuve du développement durable*, Paris, 2011, en particulier les contributions de S. Lardon, « Chaîne d'ingénierie territoriale: diversité des acteurs dans la conduite d'un projet de territoire », pp. 145 ~ 162; L. Barthe, « Ingénierie territoriale: des compétences construites au service du développement des territoires », pp. 179 ~ 192.

publiques et les acteurs locaux pour conduire le développement territorial ou l'aménagement durable des territoires » (Comités des directeurs pour le développement urbain, 2004). [1] Le développement des territoires en relation avec la décentralisation favorise l'émergence d'enjeux, la mobilisation de moyens ou encore la création d'acteurs nouveaux comme par exemple les ingénieurs territoriaux à partir de 1990. D'aucuns envisagent davantage la notion conceptuelle d'intelligence territoriale à la fin des années 2000. Elle renvoie à la « science dont l'objet est le développement durable des territoires et dont le sujet est la communauté territoriale » (J. J. Girardot). L'analyse a aussi intégré l'idée de chaîne d'ingénierie territoriale[2] avec l'idée de réseau ainsi que des modalités, des temporalités et des synergies de l'organisation des acteurs au cours de la conduite du projet. En lien avec ces notions d'ingénierie, d'intelligence mais aussi plus récemment encore d'*ingenium*,[3] l'attention a été attirée sur le fait de produire, diffuser, valoriser des informations qui intéressent le territoire.

La proposition d'une ingénierie patrimoniale peut être mise en relation avec la création en 1998 d'un corps d'ingénieurs des services culturels et du patrimoine.[4] Rattachés à l'un des services du ministère chargé de la culture, ils assument des missions de : « conception, de réalisation et de contrôle des actions menées, de mise en valeur, de protection et de sauvegarde du patrimoine, ainsi que de tâches relatives à l'accueil dans les établissements culturels ». Il existe deux spécialités, Services culturels[5] et Patrimoine. Pour la seconde, « les ingénieurs des services culturels et du patrimoine participent, notamment, à l'exercice de la maîtrise d'ouvrage sur le patrimoine public protégé au titre de la législation sur les monuments historiques ou sur le patrimoine ainsi protégé dont le propriétaire a confié la maîtrise d'ouvrage à l'Etat. A cette fin, ils assurent le contrôle technique, économique, financier et administratif des opérations portant sur ce patrimoine. Ils sont associés à la programmation de ces opérations et en vérifient la bonne exécution. Ils peuvent également être consultés sur la conduite de tout projet immobilier relevant de la compétence du ministère chargé de la culture ».

Initiée dans le cadre de l'action de l'Etat, cette notion pourrait intéresser aussi les

---

[1]　Voir *Codirdu* 1999 – 2006. *Bilan et perspectives*, pp. 103 ~ 105 sur http: //www. ladocumentationfrancaise. fr/ var/ storage/ rapports – publics/074000690/0000. pdf (consulté le 15 avril 2013).

[2]　L. Trognon, « Penser la chaîne d'ingénierie territoriale », 48e colloque ASRDLF, 2011, pp. 5 ~ 6.

[3]　L. Trognon, « Penser la chaîne d'ingénierie territoriale », 48e colloque ASRDLF, 2011, pp. 10 ~ 11.

[4]　Décret n° 98 – 898 du 8 octobre 1998 portant statut particulier du corps des ingénieurs – économistes de la construction et du corps des ingénieurs des services culturels et du patrimoine, JORF n° 234 du 9 octobre 1998 page 15308.

[5]　« Dans la spécialité Services culturels, ils conçoivent et mettent en œuvre l'accueil et la sécurité dans les établissements. Ils peuvent exercer des missions de conseil et d'études pour l'application de la législation. Dans les établissements recevant du public, ils exercent des tâches de formation, d'évaluation et d'encadrement supérieur des équipes chargées de l'accueil du public et de la protection des biens culturels ».

collectivités territoriales et les acteurs privés dans le cadre d'entreprise patrimoniale et en relation avec le management culturel. Développant des points communs avec l'ingénierie culturelle et l'ingénierie territoriale, on peut proposer de la définir comme un conseil compétent pour appréhender de manière globale et conduire tout ou partie, depuis la conception jusqu'à la réalisation, un projet patrimonial en lien avec un territoire et des populations. L'ingénierie patrimoniale s'inscrirait ainsi dans une logique de projet prenant toute sa place pour répondre, proposer et développer des actions patrimoniales d'information, de médiation, de formation, d'expertise, d'évaluation, de production, de communication et de valorisation destinées à l'accompagnement des acteurs publics et privés. Il y a là des potentialités pour développer des partenariats entre diverses compétences afin d'observer, d'évaluer, de proposer, de mettre en œuvre des outils et des méthodes utiles à la conduite de projets patrimoniaux. La démarche générale existe déjà sous certaines formes ou par des acteurs en certains domaines ou encore pour certains types de biens mais le développement de l'ingénierie patrimoniale peut offrir des potentialités intéressantes en tant que processus opérationnel applicable à la conduite de projets patrimoniaux pour reprendre la formulation de Claude Mollard.

B – Processus

Quelques éléments d'une ingénierie patrimoniale conçue comme un outil de développement des patrimoines. A de premiers éléments soulignés dans le cadre de l'ingénierie culturelle ou territoriale, il convient d'ajouter d'autres aspects qui peuvent être nécessaires et utiles.

A suivre la méthode d'ingénierie culturelle présentée par Claude Mollard, et plus spécifiquement ces instruments, différents éléments existent : « la recherche de solutions optimales, le contrôle des coûts, le respect des délais, la définition des objectifs, la mise en œuvre des programmes, la mobilisation de financements, la réalisation technique des projets ». [1] Ces différents éléments complémentaires traduisent un « processus », une plus grande professionnalisation dans le domaine culturel, c'est vrai aussi pour le champ patrimonial. Ceci est en lien avec l'intégration d'une approche qui fait davantage place aux outils et méthodes économiques et de management. Ils sont aujourd'hui davantage pris en compte dans la conduite de projets patrimoniaux au regard des publics, des objectifs et du contexte territorial. A l'instar de l'ingénierie culturelle et de l'ingénierie territoriale, l'ingénierie patrimoniale assume différentes missions qu'il s'agisse d'audit, d'études de projet, de programmation, d'accompagnement, d'assistance à maîtrise d'ouvrage, de gestion, de maîtrise d'œuvre ou encore de stratégies de développement d'un territoire dans ces composantes patrimoniales culturelles et/ou naturelles avec des mises en

---

[1] Cl. Mollard, *L'ingénierie culturelle*, coll. « Que sais – je? », n° 2905, Paris, 1994, 4ᵉ éd., 2012, pp. 70 ~ 78.

réseau ou la valorisation d'un type de patrimoine. Il existe aujourd'hui en France plusieurs agences d'ingénierie qui ont investi les champs culturels, touristiques et patrimoniaux comme par exemple Prospective et patrimoine (1985), Maîtres du rêve (1990), Mérimée Conseil (1993), Médiéval (1993).

Il y a d'autres éléments qui méritent d'être davantage pris en compte et développer dans cette conduite de projets:

- la mise en place d'une veille patrimoniale (juridique, des projets…),
- le partage d'expériences et l'échange d'idées dans le cadre d'un réseau (voir l'exemple du Géfil qui est un Syndicat National de l'Ingénierie Loisirs Culture Tourisme)[1] ou d'un think tank,
- la rédaction d'une charte de déontologie autour des notions de transparence, d'indépendance, de respect de la concurrence et de la réglementation,
- le développement de relations avec le milieu universitaire en matière de formation et de recherche pouvant prendre la forme de chaires d'excellence,
- le développement de partenariats entre collectivités locales, professionnels du patrimoine, milieux associatif et académique,
- la mutualisation de moyens entre les services de l'Etat et les collectivités territoriales,
- la sensibilisation et la formation des élus locaux aux questions patrimoniales,
- la connaissance et la prise en compte des dimensions locale, nationale, européenne et internationale.

Le Rapport d'information du sénateur Gaillard en 2002 avait été proposé que cette agence assure les missions liées à la conduite des opérations d'inventaire, l'initiative et l'instruction de certaines mesures de protection, l'étude de définition des espaces protégés, le conseil sur la qualité architecturale, les études sur les sites et patrimoine naturel, la gestion des abords des monuments historiques, la maîtrise d'ouvrage délégués, les travaux d'entretien des monuments historiques, la conservation des objets et antiquités, la mise en valeur de sites patrimoniaux. La mutualisation des moyens humains aurait permis de regrouper des personnels des services régionaux de l'inventaire et des conservations régionales des monuments historiques, des agents des directions régionales de l'environnement mais aussi des agents des services départementaux de l'architecture et du patrimoine (devenus services territoriaux d'architecture et du patrimoine depuis 2010). Le rapport d'information évoquait aussi la possibilité d'adjoindre les agents de services qui existent dans les conseils généraux ou encore ceux qui travaillent dans les conservations départementales des antiquités et objets d'art et des C. A. U. E. Cette mutualisation était envisagée afin de permettre une meilleure répartition des rôles entre l'Etat et les collectivités ter-

---

[1] http: //www. gefil. org/ (consulté le 10 juin 2013).

ritoriales. Le sénateur Gaillard avait pour sa part envisagé une autre répartition des compétences entre l'Etat, le niveau régional et le niveau départemental : [1]

> « *Une variante de ce schéma consisterait à laisser au niveau régional la conduite de l'inventaire, la protection des monuments inscrits, ainsi que la programmation des travaux sur les monuments n'appartenant pas à l'État, au moyen de la mise à disposition des personnels compétents de la conservation régionale des monuments historiques.*
>
> *Ne resterait au niveau départemental dans le cadre d'une agence de moyens, que la décentralisation de la protection du patrimoine mobilier, la conduite de l'inventaire général avec l'assistance méthodologique de la conservation régionale, les propositions d'inscription à l'inventaire supplémentaire assorties éventuellement de l'instruction des dossiers, ainsi que toutes les compétences mentionnées dans la première formule »*.

Cette mutualisation de moyens au sein d'une agence départementale non spécialisée (« agences du patrimoine et de la qualité architecturale, urbaine et paysagère » R. I n° 378, Gaillard) ne saurait – elle pas une piste méritant d'être réexaminée dans un contexte de difficultés budgétaires?

Divers éléments tendent en définitive à une meilleure prise en compte du développement patrimonial comme élément intégré d'un territoire, par et pour des habitants qui y vivent. La préservation et la valorisation du patrimoine s'appuient aussi sur le bénévolat et l'implication d'acteurs privés et associatifs utiles et indispensables pour agir avec l'Etat et les collectivités territoriales. Au champ élargi des éléments patrimoniaux, à la diversité des acteurs, à la variété des moyens, il convient aussi d'ajouter le développement de processus patrimoniaux dans le temps et l'espace mettant en lumière une ingénierie patrimoniale qui dépasse le simple conseil.

---

[1] Rapport d'information n° 378, 51 *mesures pour le patrimoine monumental*, 2002.

非物质文化遗产保护与公众及政府之关系

王建中 *

【摘要】非遗保护的关键是要理清非遗保护和公众之间的关系、非遗保护和政府之间的关系，摆正政府和公众之间的关系。历史地看，公众在非遗文化保护中应具有三种身份：创造者、传承者和传播者。这三种身份决定了公众在非遗保护中应享有三种权利：享有权、参与权和评判权。政府必须良性使用手中的权力，做到有所为有所不为。政府应当弱化在非遗保护工作中的干预控制作用，强化在非遗保护工作中的协调服务职能。

【关键词】"非遗"保护；公众参与权；政府职能

中国是一个历史悠久、地域辽阔、民族众多的国度，这样一个国家拥有的非物质文化遗产（以下简称"非遗"）特别丰富。所以，世界公认中国是一个非遗大国。非遗对国家的文化、风俗、道德、心理具有重大的影响，在我们通常讲的"国家软实力"中，非遗文化是一个不可缺少的组成部分。

由于上世纪六十年代发生的"文化大革命"运动的巨大破坏，中国的非物质文化成了一片废墟，以致许多人对非遗文化的概念几乎是空白。因此，当联合国教科文组织倡导的非遗保护理念传到国内时，一开始大家都感觉很陌生很新鲜。现在人们已经开始熟悉这个词汇，接受这个理念。几十年来变化是明显的，但是非遗保护的行进步伐却是艰难的。

非遗保护的理念走进中国，恰遇中国改革开放的年代，当时"以经济建设为中心"是压倒一切的口号，"文革"以后的中国急于从贫困中解脱出来。这本来是好事，因为非遗保护必须要有强大的经济基础支撑，使非遗保护工作能够得到物质的保障。但是，在物质至上的年代里，社会风气发生了变化，这些变化一直延续到现在。人们变得浮躁趋利，用物质主义和功利主义的眼光来看待文化。这种风气渗透

　　* 王建中，同济大学退休教师，上海非遗项目"海派剪纸艺术"代表性传承人。2005 年 6 月，上海市政府授予"工艺美术大师"称号。2007 年 6 月，中国文联和中国民协共同授予"中国民间文化杰出传承人"称号。举办过多次个人展览，作品多次在全国展览中获金奖，发表过多篇论文，现场剪纸表演获得国内外人士好评。2012 年上海市文联为其立传，出版《神剪传人绽奇葩——王建中》一书。主要研究成果：《王建中海派剪纸艺术》，同济大学出版社，2006 年 4 月；《王子淦剪纸艺术》，上海人民美术出版社，2004 年 1 月。

了中国社会的一切层面，非遗保护工作也不能幸免。由此产生了非遗保护工作中的一系列问题，漠视这些问题，会使非遗保护工作走入歧途。几十年来，有些非遗项目已经灭绝，有些濒临灭绝，有些发生异化而失去了非遗文化的意义。如果不正视这些问题，将非遗保护工作引导到正确方向，情况将愈益恶化。我认为，中国非遗保护的前景不容乐观，问题很多，产生的原因也很多，其中最主要的原因是没有认识到非遗保护和公众之间的关系，没有理清非遗保护和政府之间的关系，没有摆正政府和公众之间的关系。

情况当然很复杂，很难在一篇文章中全部说清。我本人是一个非遗传承人，理论功底浅薄，只能根据自己多年的实际感受，力求对这些关系进行梳理。

一、公众在非遗保护中所具有的身份

历史地看，在非遗文化流传的长河中，公众显而易见具有三种身份：

（一）创造者的身份

人类的进化是一个漫长的过程，人类在从愚昧向文明进化的过程中，经历了艰苦卓绝的斗争。对于人类来讲，大自然是笼罩一切、恒定不变而又阴阳轮回、反复无常的客观世界。人类在向自然界争取生存权的同时，充满了对大自然的神秘感觉和敬畏心理。将人类自身作为主体的意识的产生非常非常缓慢。在近代科技文明产生之前，人类面对大自然的自我意识极其薄弱。其实哪怕在今天，人们的自我意识虽然大大增强，但是面对大自然还是感到无能为力。然而就是这种对大自然的敬畏和臣服，使得人们在不同的时期创造出各种不同的文化艺术形式，如岩画、陶器、青铜器、绘画、音乐、雕刻、编织等等。这些文化艺术无不反映出对大自然的模仿、祈求、愿望、崇敬。宗教文化最集中地反映了这种现象，神的意志实际上就是大自然的意志。这些文化艺术的形式，都是各个历史时期的劳动人民以虔敬的心理认真创造出来的。我们祖先的智慧光芒一直照耀着我们前行的道路，辉映着我们的精神家园。知识产权的概念是近现代才出现的，在此之前的几千年中，所有的文化艺术创造者几乎都无名无姓，他们是普通劳动者中聪慧能干的精英，是普通劳动者的优秀代表。所以，普通劳动者是非遗文化的创造者，这是人类发展史所证明的，是不容置疑的事实。

（二）传承者的身份

历史发展过程中络绎不绝创造出的文化艺术形式一旦得到社会的认可，在人们的物质生活和精神生活中占据重要地位后，就会顽强地生存、蓬勃地成长。在中国古代农耕社会形态中，家族传承是最合理、最可靠、最稳定的方式。这种传承方式到现代才受到冲击，这是大工业时代必然产生的结果。中国之所以成为一个非遗大国，首先是在漫长的农耕社会形态下完成了大量的积累，其次和家族传承的方式有着密不可分的关系。某一民间文化艺术形式稳定地封闭在某一家族中，从技艺到材料到配方到一切诀窍秘不示人，不容易受到社会动乱的影响。民间艺人都知道"传媳不传女"这句话，因为女儿是要嫁出去的外人，传给女儿怕自己的技术秘密泄露到别人家去，而媳妇是娶进家的自己人，无此担忧。可见中国的家族传承方式是如何的顽固。这种家族式传承方式保证了民间文化艺术的世代相传。这些家族都是普通劳动人民，是中国社会组成的最基本单元。没有这些传承者继往开来的努力，非遗文化的持久积累很难完成。可以说在古代虽然没有非遗保护的概念，但这些普通劳动者中的传承者实际上起到了非遗保护的作用。

（三）传播者的身份

中国是一个多民族国家，各个民族相互之间的影响和交融，使非遗文化的传播很广，以刺绣、剪纸这类民间艺术为例，几乎各个民族都有。它们各自具有浓厚的民族风格，但还是能看到在图案和技巧方面的借鉴痕迹。此外，中华各民族中的汉族是一个人口数量和居住地域占绝对优势的民族，历史上由于战争、灾害等原因，人口迁徙的现象很频繁，迁徙的地域跨度也很大。人口的迁徙引起民间艺术的迁徙，因此中国有些非遗文化项目分布地域广阔也就可以理解了。特别是剪纸，也许是工具和材料较为简单的原因吧，分布地域几乎覆盖了整个中国。另外，每一种民间艺术形式不可能孤立地存在，需要欣赏者、使用者和消费者，这些人是最大群体的非遗文化传播者。好的民间艺术形式，在普通老百姓中，会以想象不到的速度被传播开去。就好比野草的种子，在风的媒介作用下，四处飞扬，一旦找到合适的土壤就会生根开花结果。普通劳动者作为非遗文化的传播者，起到了非常伟大的作用。

二、公众在非遗保护中的权利

公众的三种身份的确认，不仅具有历史意义，同样具有现实意义。公众的身份决定了公众在非遗保护中应当拥有的权利，在当今文明社会中，这种权利应当得到充分的尊重和保障。

中国由于几千年的封建制度，公众的权利一直处于被压制的状态，庞大的官僚阶层只对上司和皇帝负责，对黎民百姓应有的权利不屑一顾。习惯成自然，久而久之，公众自己也不知道什么叫权利了，似乎只要人能"温饱"就已知足，维权的意识非常薄弱。

改革开放后，这种状况有所改变，但是远远不够。人们对物质层面应当拥有的权利有所觉醒，对精神层面应当拥有的权利仍认识不足。非遗文化与公众之间的关系在一定程度上反映了这一情况。

我认为，公众对于非遗文化应当具有以下三种权利。

（一）享有权

非遗文化产生于公众之中，强烈地反映人民自身的情绪和愿望，采用的是人民喜闻乐见的表达方式。从春节到除夕一年之中，各种传统节日中推出的仪式、游戏、玩具、装饰、说唱、戏曲等等，名目繁多，这一切都证明非遗文化对公众生活的深度渗透和深刻影响。再拿一个普通中国人的一生来看，从孩提时代玩的布老虎到终老时刻穿上的寿衣，可以说非遗文化伴随了他的全部生活。显然，公众历来是非遗文化当然的享有者。

在现代民主和法治的社会中，公众对非遗文化的享有权更应得到强化。

遗憾的是近几年来，一些非遗活动常常作为政绩的点缀展示给上级看，或者借此名义搞商业活动，所谓"文化搭台，经济唱戏"就是这个意思。举办这些活动，醉翁之意不在酒，从形式到内容都是长官意志，从来不以公众为中心。一些官员只关心文化产业化，要把非遗文化和 GDP 挂起钩来，不在乎非遗文化的群众性、公益性、艺术性。我觉得非遗作为特殊的文化形态，必须以保护为主，不能把经济效益作为主要的衡量标准。这些现象如果任其泛滥，必定使非遗保护蜕化成为金钱服务而不是为人民服务的官方文化、金钱文化和小众文化。在这样的"文化"中，公众将失去真正意义的享有权。

（二）参与权

非遗文化的传承人基本上散布于公众大群体之中，这些人热爱自己的手艺，孜孜不倦地追求，舍弃了很多其他的享受。非遗活动的组织者应当最大限度地把他们吸收到非遗活动中来，发挥他们的积极性。我认为非遗传承除了个体的传承外，整体的群众性的传承必不可少。这是肥沃的土壤，会给非遗保护工作带来强大的声势和深厚的基础。目前这些人分布在一些民间文化团体中，可是这些民间文化团体的管理者都是政府任命的体制内官员，常有体制缺陷的深深烙印。这些官员根据自己的个人喜好、主观意志来决定资源的分配，眼光只关注小圈子里的人，对绝大部分的民间艺术家根本不在乎，对向他们提意见的人千方百计进行排斥。我参加的某个民间文艺团体，十几年来没有举行过民间艺术家的活动，就是那么几个人搞得风生水起。许多人对此不满，但在权力面前显得无能为力。

应当发挥群众积极性，应当尊重公众的参与权。这种参与权不是形式的而是实质的，不是应景的而是一贯的。开办有关非遗文化知识的普及讲座，开办非遗文化的技艺培训，特别在年轻人中更要多做这方面的工作。要深入到学校、社区和社会的各个层面，让全社会都能了解和关心非遗文化保护工作。各类民俗文化活动是展示非遗文化的最佳机会，大量地吸引公众参与去感受非遗文化的魅力。公众参与的同时应当重视他们的意见和建议，能增加公众参与的积极性并成为非遗保护的推动力。

（三）评判权

非遗文化其实也是群众文化，历史上一直流传在民间，民间的公众评论一直影响着非遗文化的发展。非遗文化与公众存在血肉相连的关系。非遗文化和公众之间的亲密无间使公众的评判具有公正性和权威性。比如剪纸艺术，由于传统历史长，分布地域广，形成了许多地方流派，每个地方流派中，又有不同的风格。孰优孰劣，公众自有衡量尺度。中国剪纸最推崇的是当众表演，不画稿不打样，根据观众的要求剪出图案，这时在观众的目光注视下，手艺的高低，图案的美丑，一目了然，公众能不带偏见地做出公正评价。这种评价很重要，促使民间艺术家提高技艺，鼓励民间艺术家对构图色彩等美学元素精益求精。非遗文化如同其他艺术门类一样，不但要流传还需要提升，非遗文化之所以被称为"活化石"，艺术之树长青，就是在公众的批评和赞扬中汲取活力。民间艺术家手中代代相传的手艺，其风格内容形式必须在公众的评判中经受考验。现在也有评判，但基本来自于少数官员和学者，其中有些人形成小圈子成了"评审专业户"。有些官员身在官场、不懂装懂、心存偏见、以权谋私，无法客观公正地担起评判者的职责。他们的看法往往和老百姓截然相反。有些学者高高在上，不深入民间真正理解民间艺术，徘徊在理论概念之中，对民间艺术的真善美毫无感觉，似是而非，隔靴搔痒，甚至错误百出。我拜读过有些学者的论文，往往拾人牙慧或者主观臆断，实在不敢恭维。我无意把学者们全盘否定，但好的学者确实太少。我真心盼望有真正懂得非遗文化的学者写一些文章，一定会对非遗保护工作具有重大意义，也会对公众的非遗文化保护意识起到引领作用。无论如何，公众的评判不可或缺，并且要给公众搭建一个言论平台，一些好的观点不能随风飘散。据我所知，上海现在还没有一份关于非遗文化的杂志或报纸，这是极不正常的。

三、政府机构在非遗保护中的作用

中国作为非遗大国，非遗保护工作繁复而艰巨，没有政府的法律法规、政策导向和组织协调，要搞好这项工作是不可能的。政府从理论上已经认识到非遗文化对国家可持续发展的重要性，在一些有识之士的呼吁和推动下，政府加快了非遗保护工作的步伐，这是可喜的现象。但是，政府缺乏一支真正理解非遗工作重要性、特殊性和紧迫性的干部队伍，所以在非遗保护工作实施过程中，结果并不尽如人意。一些走上非遗保护工作岗位的官员习惯于发号施令那一套行政控制方式，非遗保护工作中呈现的一些问题与和那些官员以及民间文化团体的领导作风大有关系。只有真正认识公众主人翁的地位，良性使用手中权力，公正分配手中资源，才能把非遗保护工作这件好事做好。

（一）政府应当弱化在非遗保护工作中的干预控制作用

政府的强势地位是一把双刃剑。当理念正确、程序透明公正时，对非遗保护工作会起到很好的作用。不过很遗憾，像这样的官员不多。大部分官员不能摆正自己的位置，不调查研究、不虚心学习，事情似乎做得很热闹，其实潜伏着很多问题。就拿非遗文化项目代表性传承人的评审来讲，该评上的有遗漏，不该评上的畅通无阻。我在首批确定上海市非遗项目代表性传承人时就差点被遗漏，直到评审快接近终止时我才知道有这么一件事，匆匆忙忙才算列入名单。上海还有一位"传承人"，他凭空"创造"了一个非遗项目，称为"剪纸歌"，却从区级代表性传承人一路升格为市级代表性传承人。此事在剪纸界传为笑话，不知那些评审专家和评审官员是不懂还是在装傻。从我父亲 1933 年开始剪纸到我传承至今，剪纸在我的家庭存在了八十年，从未听到有"剪纸歌"，我特地走访了上海还在世的剪纸老艺人，都否认了"剪纸歌"的存在。许多人在会上提过意见，但没有人理睬，更不用说纠正了。还有，现在的剪纸艺人中，把绘画移植到纸上刻制成"剪纸"，我称之为"绘画式剪纸"，一没有传统剪纸的剪刀刀功，二没有剪纸艺术的表现特色，与传统相去万里，却也能被评为代表性传承人，甚至还大肆吹捧。这一切都是非遗保护工作中的很大缺陷，是那些不懂非遗文化特征的官员愚蠢的体现。对非遗保护工作的不严谨玷污了传承人的整体形象，在社会上产生了不好的影响。当然，由于操作程序的不透明，许多公众并不了解这些情况，那些官员和专家一手抛弃原则，一手收进评审费，毫无风险可言。为了根治这类弊病，政府必须弱化在非遗保护工作中的干预控制作用，尽快建立一支廉洁公正的干部队伍，设计非遗保护方面透明有效的制度，尊重艺术，尊重公众，唯有如此，非遗保护工作才能健康发展。

（二）政府应当强化在非遗保护工作中的协调服务职能

政府对非遗保护工作要把握好分寸，有所为有所不为。在弱化干预控制作用的同时，应该强化协调服务职能。非遗保护工作事关国家软实力的增强，事关中华民族文化基因的延续，我们一方面主张政府权力应当受到约束，另一方面又希望政府能放低身段，在非遗保护工作中贯穿服务精神。非遗保护面对的是民间艺术家，他们是公众群体智慧的代表，他们的艺术实践对社会生态健康有重大意义。要关心尊重这些民间艺术家，解决他们的困难，使他们的艺术劳动有较好的环境，使他们的作品有合适的归宿。特别对素有盛名、富有特色、长期以来在老百姓口碑中声名卓著的非遗项目，更要关心到位，树立品牌。最重要的是解决这些民间艺术家的传承问题，非遗保护工作重中之重的问题就是如何让这些最优秀的非遗文化再继续传承下去。许多民间艺人，包括我自己，都深深地担忧这个问题。这绝不是危言耸听，我传承的王氏海派剪纸也许到我这一代就结束了。将来上海的剪纸一定充斥了那些绘画式的伪剪纸，上海剪纸的危机已经近在眼前了。如果健康传承的问题不解决，现在所有的保护措施都将付之东流。民间艺人个人的传承行为是非常脆弱的，以往的家族式传承在现代社会中已经行不通了，政府必须在这个问题上用长远的眼光、以紧迫的心情、以认真的态度来解决传承接力的问题。

政府还应当加强协调能力，非遗保护作为公众性的事业，牵涉到方方面面，非遗传承人往往是个体存在，犹如一盘散沙，在观念思想和实际运作中极易形成离散状态。政府应当协调好这些关系，形成非遗保护工作的合力。在服务和协调方面，任何组织和个人都无法替代政府的作用，政府在这方面是可以大有作为的。当然，有效的服务协调作用首先要让自己从利益中超脱出来。可以预见，国家对非遗保护的资助力度一定会越来越大，千万不要让非遗保护的平台转化为腐败的温床。

La relation entre publicet gouvernement à l'égard de la protection du patrimoine culturel immaterial

Wang Jianzhong

Résumé：La Chine est riche en patrimoine culturel immatériel, sa sauvegarde est nécessaire pour le développement social. Cependant il existe des problèmes qui gênent sa sauvegarde. La non prise en considération de ces problèmes pourrait mettre en danger le patrimoine culturel immatériel. Ces derniers décennies, certains éléments du patrimoine culturel immatériel sont déjà disparu, certains sont en voie d'extinction, et certains ont subit une mutation. Ces problèmes sont dus aux relations ambigües entre la sauvegarde du patrimoine culturel et le public, entre la sauvegarde du patrimoine culturel et le gouvernement et entre le gouvernement et le public. Il faut les clarifier.

1 Le rôle du public dans la sauvegarde du patrimoine culturel immatériel

Historiquement, le public joue un triple rôle dans la transmission et la diffusion du patrimoine culturel immatériel

Le créateur. Les peuples sont le créateur du patrimoine culturel immatériel. Ils jouent un rôle important dans la création et la promotion du patrimoine culturel immatériel.

Le transmetteur. Ce que les éléments du patrimoine culturel immatériel transmis peuvent être considérés comme héritage est le résultat de leur transmission par les peuples. C'est par la transmission que la Chine possède une culture populaire splendide.

Le diffuseur. Certaines représentations culturelles s'enracinent sur l'ensemble du territoire, l'influence territoriale étendue du patrimoine culturel immatériel lui donne une vitalité considérable, cela est dû à sa diffusion par le public.

2 Les droits bénéficiés par le public dans la sauvegarde du patrimoine culture immatériel

Les rôles du public dans la sauvegarde déterminent les droits dont ils bénéficient.

Le droit de bénéficier. Le patrimoine culturel immatériel appartient au public. Il n'y a aucun intérêt pour le public ne pas bénéficier des éléments du patrimoine culturel immatériel.

Le droit de participation. Le public a le droit de participation aux actions dévoues au patrimoine culturel immatériel. Ces actions comprennent : éducation, formation, représentations culturelles, adresser les recommandations concernant la sauvegarde et contrôler des organes protecteurs du patrimoine etc.

Le droit d'opinion. Le patrimoine culturel immatériel se diffuse dans la société, le public constitue le corps principal d'admiration. L'opinion est importante, car elle peut influencer l'évolution et le contenu de la culture. Il faut instaurer un régime garantissant le droit d'opinion.

3 Le rôle du gouvernement dans la sauvegarde du patrimoine culturel immatériel

Les administrations jouent un rôle important dans la sauvegarde du patrimoine culturel immatériel, car elles exercent des prérogatives de puissance publique et accorde des crédits. Mais du point de vue du rôle du public, l'administration doivent limiter leur intervention.

. *Il faut limiter l'intervention des administrations dans la sauvegarde du patrimoine culturel immatériel.* Dans la tradition bureaucratique, les personnels des administrations sont souvent des non professionnel ou sans posséder un diplôme en la matière. Il faut qu'ils poursuivent une formation nécessaire et appliquent la règle d'égalité, d'équité et de transparence dans la sauvegarde du patrimoine culturel immatériel.

Il faut renforcer le rôle de coordination joué par les administrations dans la sauvegarde du patrimoine culturel immatériel. La sauvegarde du patrimoine culturel relève de la responsabilité de toute la société. Le gouvernement doit intervenir en qualité de coordonateur. Il faut ne pas abuser le pouvoir, car dans l'avenir, la sauvegarde du patrimoine culturel immatériel sera renforcée par l'Etat.

中国公众参与文化遗产保护的实践：
以广州市恩宁路改造为例

张舜玺 *

【摘要】本文以广州市恩宁路改造为例探讨了中国公众当前参与文化遗产保护实践的样态。归纳出公众参与的主体类型与参与方式，通过对参与过程的描述与分析归纳出公众参与的特点与存在问题，提出相应建议。

【关键词】旧城改造；文化遗产保护；公共参与；恩宁路；法律制度

一、恩宁路旧城改造项目及所涉及的文物与历史建筑状况

恩宁路位于广州市荔湾区，该区自明代至今商业活动兴旺。明末兴建起十八甫，开设有十三行，清朝随着织造业发达，商贸繁盛，成为商贾聚居区，形成"西关大屋"历史建筑群。恩宁路形成于 1931 年，20 世纪初陈济棠主政广东时期，是民国城市建设的成果，与龙津西路、第十甫路、上下九步行街骑楼相连，成为广州最完整和最长的骑楼街。90 年代后广州城市发展中心逐渐向东转移，由于欠缺对旧城区基础设施的投资改善，恩宁路片区已呈现明显的衰落之势，大量建筑处于危破房阶段。

恩宁路旧城更新改造项目，是广州自 2006 年起新一轮城市改造浪潮"中调"的启动项目之一。2007 年 5 月荔湾区公布恩宁路改造需拆迁的范围，同年 9 月开始拆迁工程，因涉及大批拆迁居民的利益及大量历史建筑，情况复杂，牵涉多方利益，至今仍未完成。广州市政府的最初目标是：获得城市用地，抽疏旧城人口以及改善居民生活。项目的主要内容为：拆除规划范围内的大部分建筑并将人口迁出。但因文化遗产保护受到社会广泛质疑以及拆迁涉及的产权、赔偿问题太复杂而多次招商失败，恩宁路旧城改造项目规划也被一再修改。6 年来恩宁路改造项目经历了从激进到陷入僵局再至重启的过程，目前拆迁仍是项目改造的主题，大量建筑被拆毁；部分居民仍未与政府达成搬迁协议；部分建议保护的历史建筑遭误拆；有关现存历史建筑的保护方案仍未出台，居民生活环境变得恶劣，社区建设与更新仍在探索。

---

*　张舜玺，中国人民大学法学院 2012 级博士研究生。

二、恩宁路文物与历史建筑分布与现状

恩宁路两侧骑楼内街有连片的西关大屋、竹筒屋，著名的有泰华楼、八和会馆、李小龙祖居、宝庆大押、銮舆堂、金声影院等。分布与现状图如下（摘自 2011《荔湾区恩宁路旧城更新规划》：华南理工大学建筑设计研究院，详见：附件 11.3.3 恩宁路方案）：

保留建筑（虚线范围内）
保留建筑（非虚线范围内）
拆除建筑

受保护建筑，沿涌从左至右为：宝庆市 1 号；宝庆大押；多宝坊 27 号泰华楼；钟巷 35 号；多宝坊 21 号；十二甫西街 87，89 号；吉祥坊 1 号。现时建筑情况：宝庆市 1 号（门口处有裂缝），多宝坊 27 - 1 号（受损严重），多宝坊 27 号泰华楼（受损严重），多宝坊 21 号（受损严重），吉祥坊 1 号（危险）。

三、公众的主体类型与参与方式

恩宁路改造项目公布后，公众一直对恩宁路保持着较高的关注度，不仅以各种方式表达对旧城改造的意见，还以不同的形式参与到改造的具体事项中来。在保护文化遗产上最初的公众参与是由媒体主导，通过新闻报道，引发公众对旧城文化遗产的关注。媒体作为公共生活中最为重要的平台之一，广泛收集发布社会各界对恩宁路改造项目的意见。这些意见分为两大类，一类是规划专家、建筑师们对旧城改造与文化保育的意见，一类是普通市民对于本土历史文化的情感。在媒体的影响下，部分公众除

目前受影响建筑分布情况

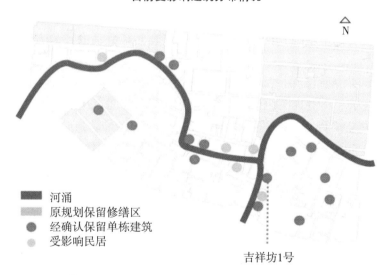

荔枝湾二期沿涌受影响历史建筑分布图（不完全）

了公开表达意见外，逐渐以行动付诸实践。最初的参与主体基本是个人，大批摄影爱好者前往恩宁路拍摄大量的照片，一部分人还摄制了纪录片。其中影响较大的有北影学生谢文君的毕业作品《正在消失的羊城》，这部作品由田壮壮担任制片人，在网络上发布后，一夜之内达到了点击率过万的效果。

自 2010 年起，基于对恩宁路改造项目的关注，一些新的主体类型逐渐出现。来自恩宁路社区居民之外的一些 80 后年轻人，自发成立了民间组织，展开对恩宁路的关注。这些组织在结构与管理上非常松散，没有进行社团登记，没有固定的社团身份标识，参加与退出具有很大的任意性。这些组织多以网络为依托，主要的网络平台为豆瓣网、微博、博客、自建网站，通过网络发起活动号召，召集关注者共同参与。其中有一定影响力的有以下三组：

恩宁路改造学术关注组

恩宁路改造学术关注组于 2010 年 1 月成立，是一个相对松散的、依托对恩宁路片区改造中出现的种种问题的关注而建立的讨论小组，建有网站"恩宁路民间关注"。成员来自广州各大高校的大学生，志愿者，专业背景涉及城市规划、建筑、法学、社会学、人类学、经济学、地理学、新闻学、艺术类等各学科。小组试图以除政府和居民之外的"第三方"身份为旧城规划和发展提供专业意见。

广州旧城关注小组

广州旧城关注小组于 2010 年 1 月成立，是一个以豆瓣网站为活动基地的网络小组。旧城关注小组的活动一般在豆瓣网上发起，内容多为寻访广州的文化线索，以社区生活和旧时建筑为主线，通过摄影、展览等方式开展文化遗产保护。在恩宁路改造项目中，以采访、记录的方式参与保卫恩宁路，并推出相关了主题展览。

声·鸣行动组与 Yunning Project

"声·鸣"行动组，成立于 2010 年 1 月下旬，是一个由几位涂鸦爱好者基于对恩宁路一座旧影院（金声影院）的留恋而形成的组合。其活动的主要方式是拍摄纪录片与纪念性影片。

Yunning Project 项目，由"声·鸣"中的一位成员高古，与其朋友小范发起，目的在于保留人与建筑、环境真实的记忆。两人利用周末时间，用自己的摄影器材，走访恩宁路尚未拆的老房子，一户户拍住户与建筑的合影。南都周刊在 2010 年第 13 期上，刊发了 Yunning Project 提供的图文《广州恩宁路：最后的影像》。

此外，活跃在广州的关注、参与恩宁路文化遗产保护的还有古粤秀色工作室、广州民间文物保护协会、大美广州工作组等非正式民间组织、团队。这些组织的参与行动以走访、拍摄、制作纪录片、出版书籍等文化记录为主。

四、公众参与的过程和聚焦点

恩宁路地块存有大量历史建筑，有不少达到文物保护单位级别，这些建筑构成了恩宁路特有的历史文化风貌。在恩宁路改造项目中，不少历史建筑被划入了拆迁目录，施工过程中，对不少划定保留的历史建筑也造成了不同程度的损害。在恩宁路改造项目中，自 2007 保留骑楼街开始，公众参与历史建筑、历史文化街区保护，就成为了与拆迁、补偿、安置并行的另一条主线。这条主线主要围绕恩宁路三次规划的变更展开，焦点集中在规划的合法性与合理性上。公众除了要求政府公开详细规划、对公开的规划提出质疑与意见之外，还强烈要求政府制定历史建筑保护的具体方案。与此同时公众也在现行制度框架内自行开展保护历史建筑的行动。

1. 第一次拆迁范围公布后的质疑

在政府公布恩宁路即将开展旧城改造工程时，许多广州本地人就注意到这一历史文化老区的改造发展。在恩宁路改造还未定案时，广州多家媒体记者就相关问题进行了广泛而深入的采访。多位规划、建筑专家对此发表了看法。① 2007 年 5 月，荔湾区政府首次对外公布恩宁路拆迁范围（恩宁路改造规划线呈批图）：

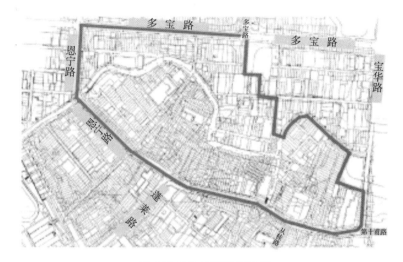

恩宁路改造规划线呈批图

大片骑楼街与历史建筑被划入了拆迁范围内，引发了公众对恩宁路改造项目所涉及的历史文化遗产的关注与讨论。许多摄影爱好者前来恩宁路拍照，多家媒体围绕骑楼街展开了近两个月的报道，发掘骑楼的历史以及其存在的文化意义。新快报 2007 年 6 月 7 日题为《百年骑楼街还是要拆？》的报道引起了公众对骑楼街的关注和热议。荔湾区连片危破房改造项目办公室有关负责人证实："本次旧城改造中，恩宁路骑楼街基本不拆；但由于规划路连通蓬莱路、丛桂路，开路时拆除部分骑楼是难以避免的。"但随着新快报记者深入施工现场调查，发现在实际施工中，大部分骑楼街被列入了拆迁计划，只有恩宁路骑楼街上的八和会馆、詹天佑故居、李小龙祖居这三座建筑被列为保留对象。针对这种承诺保护却在施工中破坏的情况，2007 年 7 月 9 日新快报一篇题为《恩宁路大部分骑楼街要拆》的新闻，引发了公众更为热烈的讨论。许多市民致电报社咨询骑楼街命运，多家媒体的记者也就此事采访荔湾区政府。在媒体引发恩宁路的讨论后，广州市长到恩宁路现场调研后，表态保留骑楼街，要求市级规划部门重新审视恩宁路改造规划。在市级的规划论证会上，广州市

① 汤璇：《广州人，该怎样走出"恩宁路"》，《广东建设报》2007 年 5 月 15 日，A4 版。

政府决定收回开发商对恩宁路骑楼街的开发权限，使其由"社会开发"转变为"政府开发"。在此之前恩宁路骑楼街拆迁论证会上文化部门的专家对荔湾区政府仅保留八和会馆、詹天佑故居、李小龙祖居的原定计划表示了强烈抗议，并为恩宁路骑楼街规划提出文化遗产保护方面的建议。① 至此，恩宁路改造第一阶段的文化遗产保护以媒体追踪、市长表态而告一段落。

2007 年 8 月广州市文化局下属广州市文物考古所编制《恩宁路改造项目文物及历史建筑保护方案》。方案中：李小龙祖居、八和会馆、宝庆大押、銮舆堂、泰华楼和一片古老民居等 6 处建筑被列为重点保护对象。金声影院、各式骑楼和现有的学校、医院等 7 除公共设施以及几十颗大树也被列入保护名单。除文物保护单位和文物线索单位外，将区域内具有一定价值的清代、民国建筑分为 A、B 两类，其中 A 类 43 栋建筑，建议重点保护，B 类 35 栋建筑，建议争取保留。大量的石板街巷都将尽量保持原有风貌。

2.《恩宁路历史文化街区保护开发规划方案》的公布与质疑

因涉及拆迁安置、利益补偿等复杂问题，2007 年 12 月 26 日，荔湾区人大多宝街联组的代表对恩宁路危破房连片改造情况进行专题视察。2008 年 5 月，部分恩宁路地块业主发起维权行动，上书全国人大直指拆迁违反《物权法》，应予撤销或者改变。此后拆迁经历多轮拉锯，逾百房屋由拆变不拆，一些已经搬出去居民又被告知原房屋不需拆迁。不仅公众对此不知情，甚至恩宁路改造项目聘请的旧城改造专家对此也不知情。2009 年 12 月中旬，多家报社报道质疑恩宁路改造未有规划先拆迁，直指拆迁的合法性依据，呼吁政府尽快公布恩宁路项目详细规划，在编制规划时听取公众意见。②

7 天后荔湾区政府公布《恩宁路历史文化街区保护开发规划方案》，提出将恩宁路老街区建成"丽江古镇"式的首个岭南特色"西关古镇"旅游文化区，并向公众咨询意见。③ 该规划的商业性和历史文化保护问题再度引发各方质疑。④

2010 年 1 月《新快报》追踪报道恩宁路地块不少历史建筑在拆迁之列，对《恩宁路历史文化街区保护开发规划方案》的关注点集中在历史建筑保护上。⑤ 2010 年 1 月

① 吴璇，陈琦钿，任磊斌：《广州的骑楼街不拆了，市长表态保护文化》，2007 年 07 月 16 日，http://culture. people. com. cn/GB/87423/5988759. html，2013 年 3 月 11 日访问。

② 陈文，何姗：《恩宁路拆迁变更为何不公开》，《新快报》2009 年 12 月 15 日，A9 版。陈文，何姗：《恩宁路改造规划不能偷偷摸摸进行》，《新快报》2009 年 12 月 15 日，A10 版。陈文，何姗：《规划编制前应听取公众意见》，《新快报》2009 年 12 月 15 日，A11 版。

③ 吴璇坚，陈文，何姗：《恩宁路规划方案终出台今，起征询公众意见》，《新快报》2009 年 12 月 22 日，A6 版。陈文，何姗：《孟浩：公布哪些房拆哪些保留》，《新快报》2009 年 12 月 22 日，A7 版。

④ 陈文，何姗：《以保护之名搞商业开发？》，《新快报》2009 年 12 月 23 日，A10 版。陈文，何姗：《一看，心都凉了：就是商业开发呀，哪里是公共利益？》，《新快报》2009 年 12 月 23 日，A11 版。

⑤ 任磊斌，陈文，何姗《恩宁路最后留影》，《新快报》2010 年 1 月 6 日，A14～A15 版、1 月 7 日，A12～A13 版、2 月 4 日，A16～A17 版。

25 日广州市政府公示《广州市旧城更新改造规划纲要》，向市民征求意见。广州旧城关注小组发起"保卫广州，拒绝被咨询关注旧城改造"活动。活动内容主要为向政府提交有公民建议、提供有保留价值的历史建筑线索，并在政府门前展示广州历史建筑的照片。恩宁路学术关注小组在恩宁路地段展开入户调研，收集恩宁路居民对旧城改造的意见。

2010 年 2 月恩宁路 183 户居民联名发公开信反对《恩宁路历史文化街区保护开发规划方案》，就拆迁安置、历史文化保护等问题提出质疑。[①] 广州市规划局进行接访，在与广州市规划局的对话过程中，居民要求规划局组织座谈会，充分听取公众意见对规划进行修改。

在广州市人大会召开前，居民将公开信寄给了每一位广州市人大代表和政协委员。2010 年 4 月两会上，市政协委员吴名高递交提案呼吁——"恩宁路改造项目"已经变成"完全商业开发"，应该马上停止。恩宁路 220 户居民再发公开信要求保护历史文化，制定合理补偿方案。

《恩宁路历史文化街区保护开发规划方案》公布后，尽管有媒体不断质疑、居民联名上书发公开信，人大政协委员对此提出建议，规划局亦答复完善修改详规，但这些并未对恩宁路拆迁发生实质性影响，在详细规划仍在编制的过程中，拆迁工作仍按照原定计划继续推进。在新的规划通过前，公众一方面追问详规何时出台，一方面对遭到破坏的历史建筑展开抢救。在被拆除的历史建筑中，金声影院聚集了公众大量的关注与参与行动。

金声影院是位于恩宁路地块的一座民国期间修建具有 76 年历史的历史建筑，[②]恩宁路改造时被列入了拆迁名录。早在 2008 年广东省人大代表邱海就呼吁保留金声影院，并向省人大提交保留金声的建议。广州市政府办公厅在答复人大代表的建议时表示该影院可原状保留。对于政府在 2009 年 5 月重提拆迁金声，邱海表示不理解。政府对此回应是将会在恩宁路地块再建一座电影博物馆。[③] 2010 年初，政府在一片反对声中按照《恩宁路历史文化街区保护开发规划方案》开始对金声影院动拆。[④] 按拆迁计划，金声影院仅保留骑楼外立面，后侧主体全部拆除。基于金声影院拆迁事件成立，行动组意欲通过拍一部电影的方式留住这栋建筑。他们用了几个月的时间完成了一部纪念该影院的影片《金声泪》。当影片拍摄完成时，影院已成为一片废墟。"声·鸣行动组"将这部只有 5 分钟的默片在该影院的废墟上播放。放映当晚有 100 多位恩宁路的居民前来观看，第二日广州主要报纸都登载了"声·鸣"的

---

① 　陈文，何姗：《183 户居民联名反对恩宁路规划方案》，《新快报》2010 年 2 月 5 日，A10 版。

② 　该院 1934 年 2 月 14 日开业，原名"金声戏院"。

③ 　邱海，广东省人大代表，2008 年向省人大提交建议，要求保护金声影院，广州市政府办公厅做出可保留原状的答复。黎詠芝：《保护对象金声影院还是要拆》，2009 年 5 月 1 日，http：//news.163.com/09/0501/04/586UJ7OO000120GR.html，2013 年 3 月 11 日访问。

④ 　对金声影院的原计划是仿照澳门大三巴牌坊。

这次行动。①

在金声影院的拆迁过程中，记者与公众不断对内部陈设、物件及有纪念价值的建筑部件、材料的去向以及政府关于重建电影博物馆的规划进行质疑。记者曾就两台老式放映机的去向及保护责任追问荔湾区政府多个部门以及金声电影院前业主广州市演出公司。各方莫衷一是，未有明确答复。文广新局表示不是文物的藏品其无权管辖，只能关注其动向，前业主表示产权移交给拆迁办后其无权管理，拆迁办则表示拆前已通知前业主将有价值的物品搬走。至于政府公布的关于重建电影博物馆的计划，据相关负责人称仍处在论证筹划阶段，详细方案仍未敲定，也未有具体时间表，将纳入馆藏的藏品也未制定明确计划。② 在 2010 年 7 月间，拆迁工程完工时电影博物馆仍未有具体规划。

3. 第三次改造方案的出台与追问

2010 年广州亚运前恩宁路拆迁停止，大片废墟未得到及时清除，垃圾成堆卫生环境恶劣。8 月恩宁路居民向荔湾区人大代表陈安薇反映情况。陈安薇了解情况后通过人大机制向广州市长反映恩宁路状况。荔湾区规划局、更新办等联合召开发布会首次承认：恩宁路最初规划"走了弯路"③，原有规划首先考虑的是经济平衡，没有对旧城文化遗产给予充分重视，新的规划正在编制过程中，待市规划局审批。随后广州市长到恩宁路考察，强调要把恩宁路打造成为改善民生的标本、文化传承的品牌、旧城改造的典范。④

在市长实地考察并做出指示后，荔湾区政府于同年 10 月正式聘请由大学教授、规划专家、人大代表、政协委员及居委会主任等 15 人组成的恩宁路改造项目顾问小组，恩宁路改造项目再次启动。2011 年 3 月荔湾区决定扩大对历史建筑的保护力度，一百多间粤剧名伶故居被纳入保护范围内。6 月 2 日，122 名恩宁路居民联合署名发表《恩宁路居民给社会各界的公开信》，呼吁尽快出台恩宁路改造详细规划方案。6 月 25 日，恩宁路旧城改造方案《恩宁路旧城改造更新地块控制性详细规划导则更改》在广州市城市规划委员会发展策略委员会第三次会议上获得全票通过．新方案结合荔枝湾二期整治工程，保留了更多建筑。该次规划方案表明，在恩宁路地块为了保护片区的历史文化风貌，留下来的房子虽不全由政府收回，但需接受相应的规划管理，由居民进行自主修缮更新，对于不具备条件的，则结合商业运作的模式加以修缮更新。

根据《广东省控制性详细规划管理条例》第三、四条规定，广东城市控制性详细规划实行规划委员会审议制度。规委会是政府进行城市规划决策的议事机构。规委会成员由政府及其相关职能部门代表、专家和公众代表组成。其中专家和公众代表人数

---

① 《广州 80 后废墟外墙投影电影缅怀旧城文化》，2010 年 06 月 06 日，http：//news. 163. com/10/0606/08/68FVUHC00001125G. html，2013 年 3 月 20 日访问。

② 李倩瑜，许黎娜：《金声电影院，原来三不管》，《南方都市报》2010 年 7 月 7 日，GA04 版。

③ 吴璇坚，陈文，谭嘉颖：《官方首次承认恩宁路最初规划走了弯路》，新快报 2010 年 8 月 27 日，A19 版。

④ 吴璇坚，陈文，谭嘉颖：《我为什么请市长来看恩宁路》，《新快报》2010 年 9 月 27 日，A16—A17 版。

应当超过全体成员的半数以上。控制性详细规划由市政府城市规划行政主管部门组织编制，经城市规划委员会审议通过，报市人民政府批准后公布实施。广州市规委会下设发展策略委员会、建筑环境与艺术委员会。发展策略委员会主任委员、副主任委员和政府相关职能部门代表委员 12 人，专家和公众代表 17 人，根据规划委员会的授权，对影响城市发展的重大决策提出审议意见。

在控规中规划一般分为土地利用、开发强度、交通、市政、绿化、城市设计导则这几部分。旧城改造在规划系统和规划法里面的地位很模糊又很有弹性。旧改项目类似于城市设计，详细程度可以相当于详细规划。但城市设计不是常规的详细规划，也不是法定规划即城市设计导则，城市设计导则是控规中的一部分，有法定效力。旧城改造或更新，在实践操作中一般是归在城市设计导则这一部分。6 月 25 日广州市规委会发展策略委员会全票通过的《恩宁路旧城改造更新地块控制性详细规划导则更改》，相当于一份详细规划，但其法律地位及效力仍有待市政府的批准。2011 年 8 月恩宁路居民向荔湾区规划局申请公开恩宁路详细规划。荔湾区规划局依申请公开了一份较为简单的控规。在公开的文件中，仍看不到具体哪些历史建筑将予以保留。

2011 年 9 月 13 日广州市国土资源与房管局发布恩宁路连片危改拆迁项目拆迁第三次延期公告"穗房延拆字〔2011〕33 号"，公示 2007 年 9 月 24 日核发"拆许字〔2007〕第 22 号"房屋拆迁许可证延期至 2012 年 9 月 23 日止。经对比，这两份拆迁公告中的拆迁房屋门牌号码完全相同，其中包括了恩宁路骑楼街 1 号到 269 号所有单数门牌，还有吉祥坊 1 号①。该拆迁公告引发了公众新一轮保护恩宁路地块历史建筑的行动。恩宁路居民向政府部门信访，2011 年 11 月 7 日广州市国土资源和房屋管理局在接待恩宁路居民的信访中称将会书面回复信访事项。信访后居民又向广州市政府申请行政复议，要求撤销拆迁公告。2011 年 11 月 14 日，广州市规划局在网上公布荔湾分区AL0126、AL0128、AL0129 规划管理单元（恩宁路旧城改造更新地块）控制性详细规划导则更改。② 三个月后（2012 年 2 月），广州市政府对此事做出行政复议决定书，表示因延拆许可所依据的规划批文尚未发生变化，对居民的意见不予采纳。居民表示不服市政府做出的行政复议决定，将对广州市国土资源与房屋管理局提起行政诉讼。2012 年 11 月 20 日广州市国土资源与房屋管理局发布恩宁路连片危改拆迁项目拆迁第四次延期公告"穗房延拆字〔2012〕49 号"，公示 2007 年 9 月 24 日核发"拆许字〔2007〕第 22 号"房屋拆迁许可证延期至 2013 年 9 月 23 日止。因拆迁公告仍未做修改，划定的拆迁范围仍包含大量历史建筑，恩宁路居民于 12 月 10 日向广州市政府提出行政复议，要求撤销"穗房延拆字〔2012〕49 号"。12 月 24 日恩宁路居民收到广州市国土局就行政复议的回复。2013 年 3 月 14 日，恩宁路居民收到广州市政府行政复议决定书。回复意见与复议决定书均以未收到规划局关于规划调整的批文为由驳回了恩宁

---

① 在文物普查中，被认定为文物线索，并评定为区级文物保护单位。

② http：//www.upo.gov.cn/pages/ghcg/kzxxxgh/2011/5842.shtml，2013 年 3 月 28 日访问。

路居民的请求。

自 2011 年 6 月规委会通过新的规划方案至笔者行文期间，恩宁路居民、恩宁路学术关注小组、媒体、其他社会公众积极开展了保护恩宁路地块历史建筑的活动。其中引发较多公众参与的事件有吉祥坊 1 号、宝庆大押、吉祥坊 22 号、保护麻石街，恩宁路居民提交了近 80 名恩宁路居民签字的《关于把恩宁路南北两片地块纳入历史文化街区保护的建议》，要求"把恩宁路南北两片地块都纳入历史文化街区保育"。媒体对上述事件展开了持续报道，并对宝庆大押的规划方案发起读者投票，当超过九成的读者要求完整保存宝庆大押时，规划专家做出让步，这座建于清代的当铺得以完整保存。恩宁路学术关注组发起"聆听恩宁·废墟上的圆桌会议"、"后恩宁时代的社区建设"等系列学术活动，组织香港、深圳、广州的规划专家、文化保育专家、志愿者、公共管理专家、文化学者等就恩宁路改造与文化遗产保护社区发展等问题进行深入的学术探讨；开展恩宁路社区志、口述史的整理；以恩宁路改造为主题参加"香港·深圳"城市双年展，广州时代美术馆专题展，并自筹资金租赁场地开办展览、设计印刷恩宁路明信片。恩宁路学术关注小组的成员还积极与居民沟通，以公民身份向广州市规划局申请恩宁路详细规划公开（被拒），向广州市规划局与规划专家提交建议。最终恩宁路地块在居民与社会公众的参与下由最初的历史城区环境协调区被纳入为广州第 23 片历史文化街区。广州市规划局开展广州历史建筑普查工作，开展有关广州市历史建筑保护的立法准备工作。2013 年初广州市法制办公布《广州市历史建筑保护办法》征集意见稿。6 年来尽管社会公众在保护恩宁路历史文化遗产上做出了较大的努力与尝试，但是时至今日，恩宁路地块上的历史建筑（群）的法律地位仍未得到确认，许多仍被划入了拆迁范围，并得到广州市政府的认可。

五、公众参与文化遗产保护的主要特点

1. 媒体在公共参与中发挥着重要的作用

在公众参与恩宁路改造项目的过程中，媒体发挥着关键性的作用。媒体通过调查了解将政府有关恩宁路改造的情况公之于众，对政府的不妥之处进行尖锐批评，引发公众对恩宁路改造中所涉及的文化遗产保护问题的关注与参与。从最初公布改造方案，到敦促政府在拆迁中公示历史文化遗产保护规划，再到监督在施工过程中发生的破坏文物及历史建筑事件；对恩宁路居民的诉求给予了高度关注与充分表达，居民的每一次集体上书、信访、行政复议、行政诉讼，媒体都进行深度报道；对外部关注小组如恩宁路学术关注组、声·鸣行动组等多次以专题的形式进行正面宣传。此外，媒体还主动承担起公众与政府沟通的平台，对政府规划发起读者（公民）投票，汇集公众意见对政府形成影响。

2. 组织化程度不断提高

在保护恩宁路文化遗产的公众参与中，由最初的个人行动逐渐形成了有组织的公

益团体。这些团体均为公众自发组成，组织形式松散，成员基本为 80 后年轻人，基于对本土文化的热爱，通过网络召集志同道合者，形成一个相对固定的团体，但基本未进行社团登记，活动资金由成员自行筹集或来自社会捐赠。这些团体在保护恩宁路文化遗产中发挥了重要的作用。他们通过寻访拍摄，发现了很多历史建筑的线索，有些建筑因此被评定为文物保护单位进行特殊保护；发掘出了许多不为人知的重要文化记忆，如多位粤剧名伶在恩宁路生活的往事等；拍照与摄影留下了大量恩宁路历史记忆的影响记录。在参与的过程中，这些公众自发组织起来的团体的影响力逐渐增大。以恩宁路学术关注组为例，通过网络与媒体的传播该小组得到了越来越多的社会关注，不断有专家、学者、媒体工作者、志愿者加入到这些团体中来，或参与这些团体的部分活动，为其提供专业意见与指导。广州市的规划专家从最初的拒绝与之对话，到目前多数规划专家认可小组的存在与努力。此外小组成员大学毕业后很多成员将从事传媒、规划、法律、公共管理等职业，势必会将公众参与文化遗产保护的理念带入日后的工作领域。

3. 公众参与不断趋于主动

公众参与恩宁路文化遗产保护的过程中，呈现出一种从被动接受到主动参与的趋势。从 2007 年 5 月起至 2009 年 12 月这段时间，公众在文化遗产保护上处于一种被动面对的阶段，参与的形式主要是以拍摄录音的方式对恩宁路文化记忆进行保存。多数公众对恩宁路历史文化遗产的印象也仅仅停留在骑楼街上，对具体历史建筑的分布则不甚知晓。这一时期公众的保护诉求主要停留在情感阶段，公众通过媒体网络等公共平台表达了对旧城区的留恋，对成长经历的回忆上。自 2010 年起，公众参与文化遗产保护上呈现出主动的趋势。公众首先质疑拆迁的法律依据，要求政府公开恩宁路改造规划；当规划公开后，公众进而质疑规划的合理性，要求政府修改规划。更有自发组成的公众团体指出政府规划的不合理之处，甚至民间组织自行设计出一份恩宁路改造规划，要求与政府规划进行比较与论证。当公众发现恩宁路施工过程中有破坏文物及历史建筑的形式，立即予以制止并通过舆论对此类行为进行谴责。当发现政府的拆迁公告仍包含文物及历史建筑时，通过信访、行政复议、行政诉讼等方式要求政府纠正。公众更主动要求政府将恩宁路地块划入历史文化街区进行专项保护。从 2010 年至今的公众参与已经从情感的诉求上升对公共利益和权利的诉求上来。公众在参与的过程中，愈发强调保护恩宁路历史文化对于公共利益的影响和作用，强调个体与公众对文化遗产权益的分享，强调公众参与城市规划与管理的权利。

此外，恩宁路居民在政府实施改造工程的这六年多来，利益诉求上从拆迁补偿到文化保育再到社区自主更新，体现出分权意识的逐步增强。按照恩宁路改造最初的设计方案，是将大部分居民迁出，由政府进行商业与旅游开发。留守的居民从拒绝政府拆迁到要求政府对历史建筑与整个区域的历史文化风貌进行合理保护，再到要求分享政府规划权。在历史建筑的保护与危破房改造上，居民要求自主修缮，即在符合历史建筑保护及市政规划管理的前提下自行或聘请设计人员设计图纸、自行开展维修，实现社区自主更新，从而打破旧城改造完全由政府和开发商主导的局面。

4. 参与过程围绕法定权利展开

在保护恩宁路文化遗产的公众参与中，一个显著的特点是公众始终保持克制与理性，围绕规划和拆迁的合法性与政府展开论证。公众在参与的过程中，一直在寻求与政府的对话，而非以群体性事件胁迫政府。即便是在过程中，一些历史建筑遭到误拆，公众在保护的过程中也未与政府发生严重冲突。恩宁路居民及恩宁路学术关注组多次强调，其作为守法公民，是在现行法律框架内寻求解决问题的出路。故而公众与政府对话始终是在现行法律制度的框架下追问政府行为的合法性依据。从要求公开规划到修改规划、再到对拆迁公告的质疑，公众一直遵循法律途径来解决问题。在公众参与的过程中，公众与政府商谈论证的焦点集中在规划上，由规划衍生出公众的知情权与参与权。

六、公众参与面临的问题

在恩宁路的改造中，公众参与历史建筑保护遇到了很多的障碍，这些障碍主要体现在公众与政府的协商以及试图参与政府决策的过程上。

1. 参与缺乏实体权利对应

公众参与过程中，当遇到需要与政府部门进行协商时，在保护文化遗产事项上缺乏明确参与依据及权益保障。即便有些城市在地方立法中规定规划编制过程中要吸纳公众意见，但也大都过于笼统缺乏具体实体性权利的规定。因此政府对待公众的参与要求掌握有主动权，并存在选择性接受与回应的现象。在公众主动向政府了解改造进展及规划信息时，政府区别对待媒体与普通公众。记者调查，一般由政府宣传部门接待应对，而对于普通公众除信访外无专门的部门进行回复。在恩宁路改造项目中，有不少恩宁路居民去国土局、规划局等政府有关部门反映了解情况后未有进一步的答复。在普通公众去申请政府信息公开时，也存有政府工作人员敷衍的情况。以恩宁路学术关注组为例，其成员去广州市规划部门申请详细规划信息公开时，曾被工作人员告知不是拆迁利益相关人，不符合申请信息公开的要求；在 2011 年以公民个人身份向市规划局提出的书面申请要求公开恩宁路详细规划，至今仍未收到回复。荔湾区规划分局在小组成员的多次申请下，提供了一份简单的控规（附录），但该控规并不能满足申请人所要求公开要求。面对申请人的进一步要求，规划局工作人员仅以详细的还在制定过程中拒绝透露具体信息。

在公众试图在规划的合理性上试图在专业的层面与政府进行对话时，缺乏相应的实体权利对应，公众一方很难发起设立沟通论证平台。政府为吸纳公众意见，聘任专家担任恩宁路改造项目的顾问，成立专家顾问组作为改造的外部专业支持。不仅顾问组的工作情况社会公众不得而知，也未见在媒体等平台公布其意见与活动情况。甚至有专家也反映过专家组成立相当长一段时间，政府未组织他们就项目进行专业论证。

恩宁路学术关注组几个规划专业的高校学生曾完成了一份恩宁路改造民间规划，对政府公示的规划提出专业性的质疑与意见，试图就规划中的具体问题如建筑生命、容积率、绿地等与政府的规划人员就事论事的进行专业探讨，但政府拒绝与之对话，对小组提出的质疑也未有回应。甚至当小组成员在政府规划专家的学术演讲上提问堵截时，也未得到对话的机会。

在政府主动向公众征集意见的过程中，不仅宣传力度有限，且公众意见的收集反馈过程也存在不透明的状况。《名城规划条例》、《历史建筑保护》草案向公众征集意见时，不仅征集期间较短，仅有 10 - 30 天的时间，且社会宣传力度也有限。征集过程中缺乏一个专门的平台对草案进行探讨，所征集到的意见数量，意见内容在期间届满时也未向公众公开。

2. 缺乏程序权利救济

公众参与文化遗产保护的过程中，公众的反对意见并不具有直接的约束力。当公众对改造工程提出质疑或反对意见时，如改造所涉及的居民联名上书、发布公开信，政协委员、人大代表提出提案等多种形式，多数情况下施工单位进行的拆迁工程并未停止。甚至一些施工单位抢在停止拆迁的行政指令做出前，将能拆的建筑悉数拆除。在恩宁路改造中，在公众的推动下一批历史建筑的价值得以发现，但公众的意见并不具有阻止拆迁的直接效力，以金声影院为例，尽管有公众的多方关注和参与，但是施工单位仍将其主体部分拆除，再选址修建一座新的电影博物馆。同样，吉祥坊单数门牌与 22 号，尽管有专家学者出具保留意见，媒体、民间团体、恩宁路居民的呼吁，还是未免拆除。尽管后来施工单位承认是误拆，但对于文化遗产保护来讲已经是不可挽回的损失。

3. 单向度分散型的行政管理模式带来很多不便

在旧城改造背景下的建筑遗产保护问题上，涉及规划、文化、国土资源与房屋管理等多个部门。这些部门处于平级单位，文广新局仅对文物及文物保护单位有管辖权，历史建筑及街区的保留属规划局管辖，国土资源与房屋管理局根据规划局的规划文件制定拆迁范围，这种条块划分式的行政管理模式，给公众参与造成了很多不便。以新发现的老建筑为例，当公众认为该建筑有保留价值时，首先是向该建筑所在区域内的文广新局申请文物认定。如经文物认定程序认定为文物，则挂牌保护；如不构成文物，文广新局则无权管辖，公众需向规划局申请作为历史建筑进行保护，如未经规划局认定，则该建筑不受官方文化遗产保护。在此过程中，最终做出认定的周期较长，公众就同一问题的反映需在不同部门之间周转。在恩宁路改造中，这种部门条块分割式的方式对建筑遗产保护的不利影响还体现在一些得到认可的历史建筑甚至文物被重新列入了拆迁目录。导致这种情况出现的原因在于，当规划局接受公众意见对规划调整及制定新规划的过程中，旧的规划仍发挥着效力，国土局在未得到规划局新的调整文件时，仍以原先的规划文件为依据做出延拆公告。恩宁路居民以国土局为被申请人要求撤销拆迁公告的行政复议请求也因此未能得到支持。在这种行政管理模式下，不仅建筑遗产得不到有效的保护，也造成了公众对政府信任的下降，以及行政资源的浪费。

4. 城市建筑遗产缺乏保护依据

在新旧规划的衔接与各部门工作的分割中，城市建筑遗产缺乏专项的保护规定。在除去文物外的历史建筑的保护上，行政权力的任意性较大。在拆迁背景下当规划部门拒绝对公众认可的历史建筑进行保留时，公众除抗议外，并不具有制约规划部门的法律依据。此外，在缺乏明确法律依据的前提下，公众意见也易成为一个空泛口号。当荔湾区宣布将根据公众意见对恩宁路一百多间粤剧名伶故居进行保护以及筹集粤剧博物馆时，体现的是行政意志在先，规划在后的城市规划模式。这不仅不符合城市规划的原则，此处的公众意见也缺乏一个明确的表达。

七、完善公众参与文化遗产保护制度的建议

公众参与在现实中遇到的诸多困境，与制度上许多关节点未能得到清晰梳理有着直接的关系。在实践已经先于制度以及公众参与在文化遗产保护领域已经得到充分认可的前提下，对相关制度进行梳理已刻不容缓。当下最重要的是从两个方面

1. 明确公众参与的法律性质

在以恩宁路改造为代表的旧城改造实施过程中，公众以各种形式参与文化遗产保护，并实质性地影响了规划的调整，但公众的参与，尤其是公开信、意见书这类要求政府做出回应或对规划做出调整的行为，在法律上的性质仍未得到清晰的界定。尤其是全国人大批准了《经济、社会和文化权利国际公约》后，公众参与和文化权利之间的关系有待梳理。按照国内法与国际法的关系，加入并批准国际公约后，如无特别说明，该公约的效力就等同于国内法律。经社文公约中规定"所有人民都有自决权。他们凭这种权利自由决定他们的政治地位，并自由谋求他们的经济、社会和文化的发展。"对应到某个区域的旧城改造中，该区域的人民也应当享有文化发展的自决权利。公众参与规划的修正是一种公众对政府的建议还是行使文化自决权利仍有待进一步明确。二者之间的差别在于公众参与如被认定为一种建议行为，则政府在法律上不受公众建议的约束，公众参与仅是评价政府善治与否的标准。但如公众参与被认定为一种权利，那么当权利不能实现时，可以依照法律获得相应救济。

2. 明确公众参与的程序性规则提供参与的程序保障

当前公众参与文化遗产保护的一个显著困难在于缺乏明确的参与程序和参与平台。在恩宁路改造中，尽管每一轮规划的调整都强调听取公众意见，但公众参与仍存在很多的不确定性，在文化遗产保护中引入公众参与尚缺乏一套明确的参与规则与指引，公众意见的效力也有待进一步明确。

西方国家在公众参与文化遗产保护方面已经建立起了一套相对完善的法律制度体系。在美国遗产官方管理机构国家公园管理局（NPS）明确规定，任何保护计划必须建立在公众参与的基础上，所有的决策过程应当设置一个公开的论坛（会议）。它所建

议就遗产保护的事务决策，在正式出台之前需要经过至少 4 个环节以上的公共参与流程。英国的《城乡规划法案》规定，市民们在城市公共政策决策环节有被告知与意见表达权利；《国家遗产法》颁布后半官方的管理人——"英格兰遗产"后，五大法定社团以及国民信托在英格兰遗产管理中占据重要地位。这五个法定社团根据英国环境部规定，可在一定程度上介入了保护法律程序。这些团体按期召开联席会议讨论各地被列建筑"许可证"的申请问题，写出评论意见送交申请者所在地规划局，并同时呈送给环境部。凡涉及登录建筑的拆毁、重建或改建，地方规划当局都必须征得他们的意见作为处理这些问题的依据。日本，1950 年《文化财保护法》首次颁布，就设定了国家、地方二级管理机制以及国家与地方公共团体的协作体制。1975 年修订保护法，加重了地方公共团体的重要性。意大利在法律中也明文规定：对保护区内历史建筑和列级建筑的一切事宜，地方政府都需要在联席会议上征得保护组织的同意。

对此中国也应借鉴国外成熟的公众参与机制，在鼓励公众参与文化遗产保护时，尽快明确公众参与的法律性质与地位，为公众提供一套可供操作的程序性规则。

Un exemple de la participation du public à la protection du patrimoine culturel : le réaménagement de la rue Enning àGuangzhou

Zhang Shunxi

Résumé：Avec l'exemple du réaménagemant de la Rue Enning à Guangzhou, cet article présente l'etat actuel de la particpation du public à la protection du patrimoine culturle. A travers de la modalité de la patricpation du public et des problèmes existants, des solutions souhaitables seront proposées.

Mots clés：rénovation du quartier historique, protection du patrimoine culturel, patricipation du public, Rue Enning, régime juridique

论文化遗产保护中社会组织的作用

胡姗辰*

【摘要】 社会组织作为公众参与的重要方式之一，已成为文化遗产保护领域一支日益重要的力量。社会组织因其广泛的覆盖面、专业和灵活的工作方式、相对中立的社会角色以及"上达政府、下接地气"的纽带特点，能够负责文化遗产保护中某些专门业务，参与和文化遗产相关的决策过程，将市场机制引入文化遗产保护事业，整合来自各方面的最优资源，催生文化遗产保护的相关立法，具有独特的优势作用。促进社会组织在文化遗产保护中作用的发挥需要有一套包括法治观念、法律权利和法律制度等多个方面在内的良好的法制环境。当前我国社会组织的发展和活动现状存在着诸多制约因素。解决这些制约因素和存在的问题需要对我国文化遗产法制和社会组织管理法制进行反思。

【关键词】 文化遗产保护；社会组织；公众参与

随着人们对文化遗产关注度的提高和"公民意识"的不断强化，公众正以日益多样化的方式参与到文化遗产保护事业中。社会组织作为公众参与的重要方式之一，正日益成为文化遗产保护中一支不断发展的力量。

一、社会组织的概念、功能及其在文化遗产保护中的独特优势

作为社会学研究对象的"社会组织"，是相对独立于政治国家的民间公共领域，是人们为了特定目的而组建的，不同于政府与企业组织的稳定的合作形式，可以被概括为国家或政府领域和市场经济领域之外的所有民间组织和半官方组织的总和。这一定义广泛地涵盖了时下受到广泛关注的"非政府组织（NGO）"①、"非营利组织

---

* 胡姗辰，中国人民大学法学院 2013 级博士研究生，主要研究方向为文化遗产法。

① 非政府组织（NGO）这一术语的广泛使用出现在《联合国宪章》第 10 章第 71 款确立此概念之后。该条款规定："经济及社会理事会得采取适当办法，与各种非政府组织会商有关本理事会职权范围内之事件……"（参见顾建健、马立、【加】布鲁斯·哈迪等著：《非政府组织的发展与管理——中国和加拿大比较研究》，上海：上海交通大学出版社，2009 年，第 5 页。）世界银行组织在《非政府组织法的立法原则》中给出的定义是：非政府组织是指在一特定法律系统下，不被视为政府部门一部分的协会、基金会、慈善信托、非盈利公司或（转下页注）

（NPO）"① 等多样化组织形式；与此相关的概念还包括 "第三部门（the Third Sector）"② "公益团体"、"志愿组织（Voluntary Organization）"、"社区组织（Community Organization）"、"独立部门（Independent Sector）" 等。"社会组织" 在中国官方语境下被称作 "民间组织"，在中国现行法体系中的相近概念主要是 "社会团体"。1998 年颁行的新的《社会团体登记管理条例》第 2 条明确指出作为法律概念的 "社会团体" 指的是 "中国公民自愿组成，为实现会员共同意愿，按照其章程开展活动的非营利性社会组织"。值得注意的是，在修改颁行了新的《社会团体登记管理条例》之外，国务院还同时第一次颁布了《民办非企业单位管理条例》。"正是这两个条例确立了中国政府管理民间组织的基本框架，形成了 "分级管理、双重登记" 的模式"③，至此，我国社会组织的概念、类型和内涵基本形成，且得到了法律法规的确认。

美国学者凯默尔（Kramer）在分析了非营利组织（NPO）的特点、目标和绩效以后，指出非营利组织（NPO）在现代社会担当了开拓与创新者、改革与倡导者、价值维护者以及服务提供者等多元化角色。④ 基于非营利组织和 "社会组织" 在很大程度上的关联性，这一表述基本也可以作为对社会组织在社会发展中作用和角色的概括。在文化遗产保护活动中，形式灵活多样、介于公共领域（政府）和市场经济领域（企业）之间的社会组织基于其独特的性质、特点和社会功能，有着其他保护主体所不具备的优势：一方面，社会组织的宗旨和目的千差万别，活动内容千姿百态，其组织形

（接上页注）者其他法人，且不以营利为目的（谈志林：《走向公民社会：地方社团发展的制度分析——以北京市、温州市、哈尔滨市社团为例》，北京：中国社会出版社，2010 年，第 14 页）。非政府组织完全地或者部分地依赖政府基金、慈善捐助和志愿服务，是典型的推崇价值观的组织，致力于增进社会中弱势群体的利益、保护环境、提供基本的社会服务及推动某方面社会管理和社会事务的发展。

① 非营利组织（NPO）的概念首先出现在美国 1967 年的税法中。其原义是指 "由私人为实现自己的某种非经济性愿望或目标而发起的各种各样的社会机构或组织。其中不仅包括基金会、慈善筹款协会等公益类中介组织，也包括社交联谊、互助合作、业主和专业协会等互益类组织，还包括私人创设的学校、医院、社会福利机构、艺术团体、博物馆、研究机构等服务类组织"（文军，王世军：《非营利组织与中国社会发展》，贵阳：贵州人民出版社，2004 年，第 2 页）。非营利组织具有非营利性、中立性、自主性、多样性、专业性、灵活性、参与性等特点，以服务大众为宗旨，在提供公共服务、代行某些政府职能以及影响公共决策等方面发挥着重要作用。

② 第三部门（the Third Sector）首先由 T·列维特（Levitt，1973）提出。按照提出者的定义，"第三部门指的是非公非私的、既不是国家机构也不是私营企业的第三类组织，也即对应于第一部门即公共部门（政府）和第二部门即私人部门（市场）之外的各类社会组织的总称"。（谈志林：《走向公民社会：地方社团发展的制度分析——以北京市、温州市、哈尔滨市社团为例》，北京：中国社会出版社，2010 年，第 14 页。）从功能上来看，"第三部门从事那些政府和企业不愿意做、做不了或者做起来没有效率的事情"。按照这一定义，中国的 "第三部门" 组织形式极其丰富，包括人民团体类组织、国家规定的免登记社团、事业单位，地域性组织等，在民政部门登记注册的社会团体、民办非企业单位、基金会，在其他政府部门登记注册的第三部门组织（如业主委员会），海外力量第三部门组织在我分支机构等（参见康晓光等：《依附式发展的第三部门》，北京：社会科学文献出版社，2011 年，第 78 页），其外延与本文中所定义的 "社会组织" 并非完全一致。

③ 张勤：《中国公民社会组织发展研究》，北京：人民出版社，2008 年，第 7 页。

④ 文军，王世军：《非营利组织与中国社会发展》，贵阳：贵州人民出版社，2004 年，第 21～22 页。

态也因目的和活动内容的不同而异。这种灵活多样性使其既具有广泛的覆盖面，可以涉及政府和其他市场主体不能涉及或者不愿意涉及的社会事务；又可以通过其目的和宗旨来限制自身的活动范围和活动形式，并通过其成员在目标领域内的专业性保证活动的专业性。具体到文化遗产保护中，既可以通过一些文化、教育类社会组织以多样化的活动方式倡导和宣传文化遗产保护的先进理念，提高社会公众对文化遗产及文化遗产保护工作的关注；也可以整合公民社会领域有利于文化遗产保护的各种优势资源，聚集一批在文物保护工作中具有专业技能的人才，通过专业性文物保护组织的设立，更高效地负责某些有极强专业性的文化遗产保护具体业务。另一方面，作为介于公共领域（政府）和市场经济领域（企业）之间的"第三力量"的社会组织具有角色中立性的特征，这种中立的角色使得其能上达政府、下接地气，成为联络和沟通公私主体的纽带和缓和官民矛盾的"减压阀"。在文化遗产保护领域，以一定的社会组织的方式组织和开展相关活动是公众或社区参与文化遗产保护的一种重要方式，而社会组织的角色中立性则是其有效整合来自各方最优资源，鼓励和引导公众和社区良性参与文化遗产保护的重要保证。

二、国外社会组织参与文化遗产保护的实例及其作用分析

在公众参与机制较为完善的西方国家，形态各异的社会组织通过自身的活动参与到社会管理和建设的方方面面。许多专门的或者社区的社会组织参与到国家或者地方文化遗产保护实践中。这些社会组织依其性质和宗旨的不同，在文化遗产保护领域开展的具体活动也呈现出多样化特征。总的说来，社会组织在文化遗产保护中的作用主要可归纳以下几个方面：

（一）负责文化遗产保护某一方面专门业务——以"古迹信托"为例

在英、法等社会组织相关法制较为完善的国家，具有专业性和灵活性特征的社会组织常受政府部门的委托代替政府履行某些公共服务职能，通过民间社团组织托管的方式开展文化遗产保护工作即为一例。在英国，"国家名胜古迹信托"早在1895 年由 Octavia Hill（1838 – 1912）、Robert Hunter（1844 – 1913）和 Canon Hardwicke Rawnsley（1851 – 1920）三人创立。协会在成立之初以"永久保护全国具历史价值和自然美的土地与建筑"为目标，早期主要关心如何保护公众土地和若干受到危害的建筑物。该协会在百余年的发展中会员增至三百多万，于 1993 年成为正式注册的组合慈善团体，受到《国家信托法》（National Trust Acts）（1907——71）的约束。作为一个由法律正式授权建立但在正式注册之前早有文化遗产托管实践且性质属于私人慈善团体的社会组织，以该协会及其分布在各地区的会员为依托形成的文化遗产"国家信托"制度，"是公私伙伴合作（Public – Private Partnership，简称

PPP）的一个典范"①。"国家名胜古迹信托"采取董事会的运营模式，有着幅员辽阔的管辖范围，虽完全不接受政府的资助，但其董事会成员由政府所指派，且英国政府颁布法令授予该组织宣布"不能让与的土地"的权利，以防止土地被有企图地出售或抵押而对土地上的文化遗产造成破坏。通过这种方式，"国家名胜古迹信托"被赋予实践政府文化遗产政策的使命，让政府职能得以在各地发挥。法国的古迹托管制度始于1914 年，其最大的古迹托管组织"古迹信托（la caisse nationale des monuments historiques et des sites）"始建于1983 年。该组织自成立以来，不仅较好地完成了国家所赋予的对各类古迹的托管工作，而且通过对文化遗产进行适度的开发利用促进了法国文化遗产保护工作的良性循环，同时使科学的文化遗产保护理念更加深入人心。在具体运作方式上，"国家信托"采取"社区导向保存机制（community‐led conservation）"由该协会遍布在各地的会员加以引导，凭借社区为中心开展文化遗产的保护和保存工作，通过社区参与，加强当地民众对于文化遗产的认同感，让历史真正走进民众生活，使进而激发民众的创造力及想象力，促进文化创意产业的发展。在由政府公共部门制定相关方针、政策以及提供相关保障的基础上，由社会组织发挥其在管理和运营上更具弹性和灵活性的优势，公私主体的巧妙配合使得各自的优势得到最大化发挥，有助于更好地实现文化遗产保护工作的实际社会效果。

（二）作为社会公众的代表在文化遗产保护相关决策中发挥专业咨询作用

文化遗产作为民族文化精华的积淀，具有鲜明的民众色彩，特别是靠特定群体世代相传而传承下来的非物质文化遗产，随着时代的发展，在传承的过程中更具有流变性。"各种民间组织参与历史文化遗产保护工作的同时，通过耳濡目染对当地历史文化遗产的认识理解更为深刻"②；此外，一些区域性或者地方性社会组织还"具有置身于当地文化生态环境之中的地缘优势，更容易获得当地民间艺人和民众的配合与协助"③。因此，国外的民间社会组织作为社会公众的代表，在文物保护相关决策中起着重要作用；部分社会组织甚至直接参与到政府相关决策的具体过程中，成为政府形成决策的专业的咨询机构。在意大利，根据相关法律的规定，"凡涉及已列入保护范围的历史建筑、历史街区的拆迁、重建、修缮等事宜，均须征得有关民间组织的同意"④，这些民间组织则通过定期举行联席会议的方式讨论施工许可证的发放等相关问题，通过会议讨论出具意见书并呈报许可证申请者所在地方政府及文化遗产管理部门，为后者的有关决策提供参考；在法国，很多民间组织被称为"遗产发现者"，这些民间组织致力于通过资料搜集对被政府忽视的文化遗存进行文化遗产的申请、鉴定、管理和保护。这

---

① 郝伟：《国家信托：英国遗产保护的成功经验》，《社会与公益》2012 年第 10 期，第 1 页。
② 杜红艳：《国外民间组织在历史文化遗产保护中的作用与启示》，《探索》2012 年第 2 期，第 2 页。
③ 杜红艳：《国外民间组织在历史文化遗产保护中的作用与启示》，《探索》2012 年第 2 期，第 2 页。
④ 杜红艳：《国外民间组织在历史文化遗产保护中的作用与启示》，载《探索》2012 年第 2 期，第 2 页。

些丰富的信息和资源，为法国文化遗产保护的政府决策提供了宝贵依据，对其决策结果也有重要影响；在英国，"古迹协会（Ancient Monuments Society)"、"不列颠考古委员会（Council for the Protection of Ancient Building)"、"古建筑保护协会（Society for the Protection of Ancient Building)"、"乔治小组（Georgian Group）"及"维多利亚协会（Victorian Society)"等环保部规定的 5 个组织都能在一定程度上介入法律程序，凡涉及被登记在册的古建筑的拆除、重修或者改建，地方规划当局都必须征得他们的意见作为处理问题的依据，且英国政府每年都会因其介入法定程序而给上述 5 个社会组织相当的资助。[1] 西方国家不仅在某项具体的文化遗产保护运动或者某些具体的文化遗产保护案件中倾听并重视作为社会公众之代表的社会组织的声音，而且还通过立法，把社会组织参与文化遗产保护的相关决策确立为一种法律机制，使其表达意见和建议的途径更为畅通，这种法律机制不仅使文化遗产保护中的公众参与得到更好的引导和保障，而且使社会组织在文化遗产决策中的专业咨询作用得到更好的发挥，对我国的文化遗产保护事业具有启示作用。

（三）将市场机制引入文化遗产保护事业——文化遗产旅游开发中"社区团体"的作用

在现代市场经济环境中，文化遗产保护事业能不能市场化、如何市场化、以及如何处理文化遗产开发和保护的矛盾等问题一直是学界热议的论题。而在日本，各地社区组织通过"造乡运动"等多种方式，将市场引入其所在地文化遗产保存和保护实践中，通过对文化遗产进行旅游开发以及在开发过程中的一系列约束机制，以文化遗产旅游业带动社区的发展，从而实现文化遗产开发和保护的良性循环。在日本文化遗产的旅游经营体系中，社区组织的力量和作用尤其值得关注，这种参与权也得到了立法的保障：1971 年制定的《保护妻笼宿居民宪章》就是一个很好的例子。该地居民认为，妻笼宿及其所处的环境是当地重要的财富，如果允许外界资金的进入，则由当地历史及自然环境带来的旅游收益无疑会外流，因此，其在宪章内规定了"不外卖、不外借、不破坏"的文化遗产开发和保护的"三不"原则。"爱护妻笼宿会"这一组织更是从这一原则中发展出一系列观光经营的限制制度，其自身也成为一个经营管理的协调组织。在日本，"妻笼宿的规定并不是个别现象，文化遗产地普遍成立各种形式的社区组织，既承担保护文化遗产和居民利益的任务，也要在一定程度上开展经营活动，以拓展市场，发掘文化遗产的经济价值"[2]。这些社区组织以第三部门[3]、观光协会、遗

---

① 焦怡雪：《英国历史文化遗产保护中的民间团体》，《规划师》2002 年第 5 期，第 80 页。

② 宋振春著：《日本文化遗产旅游发展的制度因素分析》，北京：经济管理出版社，2009 年，第 132 页。

③ 需要指出的是，在日本，第三部门在组织结构上是行政组织和民间组织共同参与，并不是单纯的民间组织，在运营上也有双重目标，是一种大量官民一体化组织的类型，自治运营既要承担社会管理方面的任务，又要有盈利目标。在文化遗产所在地域，文化遗产的发展通常需要各领域的支持，所带来的经济效益也会影响区域社会的整体，因此官民一体的第三部门成为社区经营的常见形式，有的地区也取得了不错的业绩。典型（转下页注）

产保护会、区域振兴会等多样化的形式存在，性质也有营利和非营利之别，但大部分社区组织并不以获取经济利益为其唯一目的。日本还于平成 18 年（2006 年）颁布了《推进观光立国基本法》，该法第 27 条则规定："在实现观光立国方面，国家对于充分发挥民间力量来实现观光立国的相关团体的整备，要采取必要的政策措施。"① 以旅游基本法的形式，为民间力量参与文化遗产旅游开发与保护提供明确的法律依据和制度支持，这不得不说是日本文化遗产保护和开发利用中民间力量活跃且民间运动效果显著的重要原因。

（四）作为联络公私主体的桥梁，组织和引导文化遗产保护中的公众参与或社区参与

　　社会公众参与文化遗产保护的形式多种多样，但若缺乏良好的组织和引导，公众或者社区的群体性、对抗性参与的效果就可能适得其反。而"上达政府、下接地气"的社会组织，因其社会角色的中立性，则可以发挥其连接公私权利桥梁的作用。通过自身的中介作用将公众的诉求传达至政府，促进和帮助社会公众和政府间的沟通，从而将公权力和私权利的"对抗性"控制在一定的程度内，保证社会秩序稳定。此外，社会组织凭借其灵活性和成员构成的多元性，也能充分调动和整合各界的相关最优资源，并实现各种资源的最高效利用，这也使社会组织能够组织和引导文化遗产保护运动中的公众参与或者社区参与达到更好的社会效果。这种作用在美国芝加哥居住在洪堡公园附近的社区居民参与保护一幅波多黎各壁画的案例②中得到充分体现。

　　这幅名为"La Crucifixion de Don Pedro Aleizu Campos"的壁画位于洪堡公园七个街区东部一面长 60 英尺、宽 24 英尺的闲置空地上，于 1971 年由"波多黎各艺术协会"的创始成员创作完成，是芝加哥现存最古老的波多黎各壁画。这副以波多黎各的民族独立运动为主题的壁画有强烈和专门的政治主题，但本案中"波多黎各艺术协会"等其他社会组织对其进行修复却主要是出于该壁画的历史和艺术价值以及其与波多黎各历史和洪堡公园作为一个整体性社区的关联性的考虑。参与本案中壁画保护的社会组织包括"波多黎各艺术协会"③ 和"西北及周边地区邻里网络组织（Near Northwest Neighborhood Network，以下简称 NNNN）"④。1999 年，一个开发商购买了与该壁画所毗

（接上页注）案例如滋贺长浜市的黑壁有限公司。参见宋振春著：《日本文化遗产旅游发展的制度因素分析》，北京：经济管理出版社，2009 年，第 133 页。

　　① 宋振春：《日本文化遗产旅游发展的制度因素分析》，北京：经济管理出版社，2009 年，第 180 页。

　　② See Roz Diane Lasker & John A. Guidry, *Engaging the Community in Decision Making*: *Case Studies Tracking Participation*, *Voice and Influence*, McFarland & Company, Inc. Publishers, 2009, pp. 156 ~ 169.

　　③ "波多黎各艺术协会"是由芝加哥 Malcolm X 大学的学生成立于 1971 年的社团。社团成员包括来自波多黎各的移民。

　　④ 西北及周边地区邻里网络组织（Near Northwest Neighborhood Network，NNNN）成立的最初目的是协调在犯罪预防方面的社区努力，但后来开始将自身的主要兴趣点和关注点转向贫困防治和旧城改造。因其主要关注点的转变，该组织受到越来越多的波多黎各人的欢迎和支持。该组织于 1994 年发起了一个"洪堡公园许可伙伴关系"项目，旨在团结在基层规划协作过程中涉及的所有的区域组织。

邻的 16000 平方英尺的空地，打算在此建造独立产权公寓，此公寓的建设将对该壁画的观瞻造成一定影响，但开发商的这一建设计划直到 2001 年才被长期生活在该社区而对该壁画有着很深的感情的 Eduardo Aracho 所发现。在他即任 NNNN 的经济发展协调人的第一天，就建议 NNNN 为保护该壁画不受破坏而采取一定的行动：在他的协调和安排下，NNNN 邀请壁画专家对该壁画的价值和现状进行评估；① 安排 NNNN 执行主任 Eliud Medina 与该土地所有人展开会议进行协商沟通；② 在进行艰难沟通的同时，Arocho 代表 NNNN 和波多黎各文化中心拟定了一个修复壁画以及在毗邻空地建设社区空间的计划。他利用自己在"家庭教育中心"③ 社区发展课程老师的身份，组织学生对社区居民对该壁画的认可度和理解度展开调查。④ 根据这个调查，NNNN 提出了旨在保存该历史壁画的该社区内一系列发展建议。NNNN 还专门组织了包含了 NNNN、波多黎各文化中心以及 Division 街道事务发展协会等多个组织代表在内的"壁画修复委员会"。但这一系列的磋商谈判以地皮的所有者于 2003 年 4 月 16 日在该壁画下修建一堵煤渣块墙而破裂。在这种情况下，NNNN 又开始组织居民进行抗议行动，在社区中发放宣传单号召社区居民联合起来采取行动保护这幅与其文化息息相关的壁画，并采取了一系列手段多样的宣传方式扩大社区居民抵制破坏壁画运动的社会影响。在 NNNN 的宣传和倡议下，社区居民对壁画的关注和保护该壁画的热情被充分调动起来。在 NNNN 及其组织的居民抗议活动的多次施压下，该土地所有者终于同意重新回到谈判桌上。2003 年 12 月，"壁画修复委员会"又开始制定计划，将壁画划定为"历史遗址"，并且为芝加哥市内所有的波多黎各壁画建立档案。2003~2007 年，针对这幅表现某种政治主题的壁画存废问题的争论一直在继续，期间一些较大规模的群众性游行也时有发生。但是在此过程中，NNNN 以及其聚集起来的许多社会组织却以各种身份协调着开发商、政府与社区居民之间的关系，不仅积极培养社区居民对其文化的认同感，打造一个独立的社区文化空间，鼓励社区居民表达其诉求，还通过组织和引导实现居民表达方式的理性化，使居民与开发商、政府的矛盾保持在可控的范围内；同时，以 NNNN 为主的各相关社会组织还通过游说和影响社区内选举的政府议员，从而借助政府的力量

① NNNN 与 Elmuurst 大学艺术学教授 John Pitman Weber 签订合约，由教授对该壁画的价值和现状进行评估。Weber 在评估报告中充分肯定了该壁画在美国中西部（甚至是美国本土）率先表现波多黎各文化和历史主题的价值以及该壁画在芝加哥 30 多年以来的"地标性"地位，并预测了重新修复该壁画所必须的花销。

② 土地所有人起初提出按照市场价格将其所有区域卖给 NNNN，但是 NNNN 显然没有足够的资金把这片区域购买下来；所有者又提出，可以降低正在建造的独立产权公寓的高度，并且在新建筑的外墙上重新创造与该壁画相同的微缩版壁画，但 NNNN 认为，原始的壁画依然会被遮挡，因此也并不接受这个方案。

③ "家庭教育中心"是由 Juan Antonio Corretjer 波多黎各文化中心成立的 Albizu Campos 特殊高中，此学校帮助这一地区的单身母亲完成其高中教育。

④ 调查结果显示，大多数居民都支持修复该壁画。尽管支持修复该壁画的原因各异，但是一个普遍的潜在认同在于居民们希望留住一些与他们息息相关的文化，害怕其流失。在被调查的居民中，40% 认为该壁画代表了波多黎各历史的某一方面，约 30% 认为该壁画有某种宗教意义，另外，还有 13% 将此壁画归为一件有趣的艺术品。在理解了调查问题的人群中，73% 人的希望看到壁画被修复。

来实现社区居民对独立文化空间的要求；协调文物保护界的一些专业力量开展壁画的价值鉴定及修复等专业性较强的工作……这种协调和整合社会各界最优资源的灵活性，确是社会组织在文化遗产保护这一社会公益事业中最大的优势和特点。通过这种独特的优势和特点的发挥，社会组织成为连接公私主体的桥梁，既是文化遗产保护中公众参与或者社区参与的一种更加行之有效的方式，同时也是鼓励和引导公众和社区参与文化遗产保护的重要力量。

（五）催生文化遗产保护相关立法

社会组织在文化遗产保护领域开展的一系列呼吁、请愿、游说甚至政府决策参与等活动往往可造成极大的社会影响力，甚至能催生文化遗产保护的相关立法。此类事例以民主化程度极高的美国尤为典型。例如，1935年颁行的《历史遗迹与古迹法》是在"美国历史调查组织"和"平民保护组织"的推动下通过的，该法中有关"美国各联邦政府在制定规划与政策时，必须将古迹等人文景观列入文化遗产保护范畴"[1]的规定，是美国历史上第一部有关文物古迹保护的法律条文；直接推动了国家公园司的设立，从而为国家公园、历史遗迹、战场遗址、自然景观以及国家保护区的设立和保护奠定了组织基础和法律依据的1961年《国家公园系统组织法》是在约翰·缪尔和其所在的环保组织"塞拉俱乐部"的推动下产生的。该法律的出台不仅扩大了传统意义上的历史文化遗产的保护范围，而且使得这些遗产周边的景观也得到了整体性保护，在美国文化遗产保护法制的完善中迈出了极其重要的一步。当然，有学者指出，美国民间组织在推动文化遗产立法方面取得的显著成效与美国文化遗产多存在于私人手中有关，且"更重要的还是因为在1966年通过《国家遗址保护法》之前"[2]，但是即使是从这些民间组织促进文化遗产保护法制日益完善的具体案例中，民间社会组织在美国文化遗产保护中的卓越贡献也可见一斑。

三、我国社会组织参与文化遗产保护的实例：北京文化遗产保护中心[3]及其活动

作为拥有丰富文化和自然遗产的文明古国，珍惜文物、保护文物的观念在中国古已有之。但现代意义上具有自治性、独立性和非营利性的"社会组织"作为主体参与到文化遗产保护中则是近年来才出现的新兴现象。在这一方面，北京文化遗产保护中心作为

---

① 顾军，苑利：《文化遗产报告——世界文化遗产保护运动的理论与实践》，北京：社会科学文献出版社，2005年，第69页。

② 郝士艳：《国外文化遗产保护的经验与启示》，《昆明理工大学学报（社会科学版）》第10卷第4期，2010年8月，第105页。

③ 本部分有关北京文化遗产保护中心及其主要活动的信息均参见北京文化遗产保护中心官网：http://www.bjchp.org/。最后访问时间：2013年5月8日。

文化遗产保护领域的一个专门社会组织，成为我国社会组织参与文化遗产保护的典范。

北京文化遗产保护中心（Beijing Cultural Heritage Protection Center，CHP）是 2003 年在北京市民政局正式注册的民间公益组织。在"帮助居民保护自己的文化遗产"的宗旨下，"中心"将其主要工作领域确定为公民社会建设、少数民族文化复兴以及媒体动员三个方面。CHP 秉承"我们每个人都对文化遗产保护负有道义上的责任"、"公众保护意识的提高是确保文化遗产保护工作可持续性的关键"、"文化遗产保护相关法律的教育至为关键"以及"经济发展和文化遗产保护不应该成为一对矛盾"的核心信念，把"在促进当地社区保护他们自身文化遗产，以及在缩小政府政策法规和地方行动之间的差距上起到重要的催化剂的作用"作为自身的目标和功能定位，采用不同的方法针对儿童、大学生、艺术家和建筑师、律师、旅游从业人员、媒体从业人员、社区领导人、政府官员等不同的群体开展文化遗产保护的宣传、教育、法律和政策咨询和研究等方面工作。自成立至今十年来，CHP 围绕其宗旨开展了一系列形式丰富多样的活动，在我国文化遗产保护领域颇有建树。

CHP 开展的项目和活动主要可分为以下几种类型：（一）北京传统文化遗产的调查、整理和相关法律法规、政策的调研。CHP 曾于 2008 年 9 月至 2009 年 8 月开展了为期一年的"文化小径"项目，在老北京城的 25 片历史文化保护区里，选定十条具有文化遗产保护特色的建筑、人物故居、历史事件发生点的文化小径，邀请志愿者对小径上的文化点进行探寻、造访，在此基础上将各"小径"上的文化点进行整理，并以地图折页、网站、书籍等方式清楚标识出各个文化点以及各点简介，以此达到提高社会公众对北京传统文化遗产的认知，增强公众对文化遗产的感情的目的。在该项目取得良好社会效果之后，目前，CHP 又展开了第二期"文化小径"项目，继续对北京的南锣鼓巷、炒豆胡同、板厂胡同等一些历史文化遗存丰富的街巷进行文化遗产的调查和整理。2006 年 9 月，CHP 启动"老北京之友"项目，通过志愿者的实地调查和专家访谈，从宏观政策上探讨北京老城保护的得与失以及一些可行对策，并通过适当方式把这些对策提供给决策者和媒体，以推进对北京老城的保护。通过志愿者的实地调查，对比已颁布的北京旧城相关保护法律法规，考察什刹海等八片历史文化保护区的保护法规执行情况，并根据调查结果及其他相关工作成果撰写成的评价报告，将此报告递交给政府部门。（二）通过协助少数民族地区人民记录和保存自己民俗文化传统的方式促进少数民族文化复兴；以及通过协助社区居民修缮和保存其传统民居的方式促进社区文化遗产的保护，增强社区居民与文化遗产的文化联系。这一方面的活动起始于 2005——2008 年间"中心"在云南省孟连县勐马寨进行的"勐马档案"项目，通过志愿者的实地参与，动员并帮助村民记录自己的尊贵传统，协助勐马人自主完成中、傣双语版书籍《勐马档案》，恢复少数民族的自尊心，复兴勐马传统文化。在"勐马档案"项目取得成功之后，CHP 又先后开展"阿尔村羌文化保护"、"从江档案"项目等一系列类似的活动。在四川汶川县阿尔村，CHP 的志愿者本着"帮助阿尔村村民保护阿尔村的羌文化"这一宗旨，协助村民修复由于汶川地震而损坏的羌雕，发动村民自已动手编制一部记录羌文化的汉文书籍，制作一张与上述书籍配套的用于记录羌文化有声部分的 DVD，录制一张用羌语朗读该书籍的 CD[①]；此外，CHP 还通过项目图片展、项目纪录片等方式强化项目的社会影响，促进阿尔村羌文化的传承。CHP 还以"阿尔村羌文化保护"项目为实例，致力于编制一部组织、实施类似项目的培训手册。目前，受联合国委托，类似的"从江档案"项目也正在贵州省从江县顺利开展。在这些复兴少数民族文化的项目中，CHP 始终强调，当地的少数民族居民是其民族文化的唯一主人，各少数民族传统文化复兴项目各项成果的知识产权属于当地少数民族居民。此外，CHP 还受新西兰国际发展署委托，与美国 Vital Edge 合作开展旨在推动孟连地区独特手工编织技术的"孟连手工编织振兴项目"。在帮助和促进社区居民参与文化遗产保护方面，CHP 开展的"传统四合院修缮培训"项目颇有代表性，项目主要遵循着居民调查——编写传统建筑修缮手册——开展培训的脉络进行，通过该项目活动，让"传统建筑是民族文化的重要组成部分"的观念更加深入人心，从可持续的角度发扬保护传统建筑，保护居民自身的生活方式和文化之源；同时"鼓励社区居民为自己的生活需求积极寻找与外界的协作之路，增强其自主解决居住问题的能力"，使其更好地发挥自己的潜力，表达自己的意见和心声。（三）组织和开展丰富多样公民教育活动，通过放映纪录片、举办项目报告会和主题展览以及其他形式多样的互动性互动，使不同年龄、不同背景的社会公众都能参与其中，通过亲身参与增强对文化遗产的认识，提高文化遗产的保护和传承意识。例如，连续举办两届的"阳光皮影——文化遗产保护教育亲子活动"即让儿童担当皮影戏志愿者，以讲解、表演和互动的形式向现场观众展示和宣传关皮影戏的相关知识，在妙趣横生的活动中宣传文化遗产之美，提高公众对文化遗产保护的热情。（四）媒体培训。CHP 认为，"与文化遗产保护工作的实际需求相比，媒体在总体上依然是非常忽视文化遗产保护的相关报道的"。造成这种现象的原因，一方面是媒体对"文化遗产"概念的理解较为局限，没有充分注意到大量的文化遗产正在快速消失及消失的原因；另一方面则是媒体"对相关的文化遗产保护法律缺乏应有的了解，报道的内容往往没有达到预期的效果，甚至是反作用"。因此，CHP 通过一系列举办记者培训与记者沙龙，以期推动中国媒体在文化遗产保护报道领域的成长。在以上一系列具体的文化遗产保护活动的基础上，2010 年，CHP 还发起一个名为"文化保护网络"（Cultural Action Network）的计划，要求受过培训的志愿者针对所在地的文化遗产保护状况提交详细报告，在文化遗产面临危险时及时向文化遗产保护中心汇报情况。此计划以北京为中心，其文化行动网络会覆盖到全国范围的省市乡镇。"中心"希望通过此网络的建立能够提高人们对传统建筑文化价值的认识，关注记录中国文化遗产保护现状，并且对可能出现的破坏行为起到预警作用。

　　此外，通过各种行政和法律途径对政府做出的有关文化遗产的决策提出意见和建议，在文化遗产保护和传承的理念下表达社会公众对文化遗产命运的关切，是 CHP 工

---

① 参见阿尔村人编著：《阿尔档案》，北京：文物出版社，2011 年。

作中另一个很重要的方面。CHP 通过自主呼吁、与媒体携手合作、邀请专家志愿者为文化遗产保护和开发献计献策以及指导公民根据现行法律法规的规定申请文物认定以及对认定结果进行行政复议等方式，在保护可园、梁思成林徽因故居、喀什老城以及钟鼓楼历史街区等许多有重大社会影响的文物保护案件中持续发出自己的声音，发挥自身的作用，一些案例中已取得阶段性成果。CHP 还开设了专门的法律援助热线，为公众提供文物法律保护咨询和公益诉讼咨询活动。

通过 CHP 组织和开展的形式多样的活动，文化遗产保护的理念在全社会的得到弘扬、社会公众参与文化遗产保护的热情和相关权利和义务意识得到提高，少数民族和社区独特的文化遗产得到传承与复兴，文化遗产保护中公众参与的效果得到改善，政府有关文化遗产保护和开发的决策在社会公众的意见和建议下日益科学化，在此基础上的公民社会建设则日益健全。CHP 的各项互动，不仅为在全社会营造"珍惜文化遗产、保护文化遗产、尊重文化遗产创造群体的正当权利和利益"的文化氛围方面取得了突出成果，还对我国文化遗产保护法制环境的完善发挥了重要作用。是我国社会组织参与文化遗产保护的成功典范。

四、促进社会组织在文化遗产保护中作用的发挥

（一）社会组织的在文化遗产保护中的良性参与所需的法制环境

社会组织在文化遗产保护事业中作用的充分发挥离不开一个良好的法制环境。促进社会组织良性地参与文化遗产保护的法制环境主要包括以下几个方面：

在法治观念上，应当在全社会树立公民意识和公众参与意识。公民意识，就是指公民对自己是一国成员这一法律地位的自我认识，其集中表现在公民自觉地认识到宪法和法律规定的基本权利和义务，认识到自己在国家政治生活和社会生活中的主体地位，并把自己作为国家主人的责任感、使命感和权利义务观融为一体。换句话说，公民意识就是公民个体意识到自己是国家的成员，并能积极行使法律赋予其的正当权利，自觉履行法律规定的义务；从心底对自己所属国家的现实和发展有强烈的责任感和使命感，并在这种责任感和使命感的激励下以法律允许的方式参与到国家和社会各方面建设中，积极以自己的行动影响国家和社会的发展命运。而作为一个政治学术语出现的公众参与同民主政治有着千丝万缕的联系，是公民意识一个重要方面的体现。文化遗产保护是一国社会文化建设事业的重要方面，需要全体社会公民的广泛关注和积极参与。在法治社会中，公民以各种社会组织的形式高效地参与到守护和捍卫本民族文化遗产的事业，这种依法以自己的积极行为影响社会和国家发展的公民意识和社会参与意识是其开展行动的观念前提，而在全社会营造这种公民意识和公众参与意识，则是形式多样的公民社会组织积极、高效地参与文化遗产保护的思想文化保障。

在法律权利上，保证社会组织良性地参与到文化遗产保护中，不仅需要切实保障

公民的结社权和结社自由，还需要确立一种新型的"文化遗产权"的确立。结社"来自于人的群体生活天性，来自于人的自然和社会生活需要"①，"从一开始就是市民社会自我满足、自我管理，自我发展的自治组织形式"②，具有某种天然的合理性，"这一天然合理性与近代权利学说本身所蕴含的不言而喻的正义确有曲径通幽、明通暗合之处"③。结社自由是一种"自然人或法人可以不经事先批准就自愿组织在一起的权利"④，是宪法赋予公民的基本权利之一⑤。我国《宪法》第 35 条和《社会团体登记管理条例》都明确确认了我国公民的结社自由权，此外，我国还签署了一系列包括结社自由在内的国际公约⑥。这些法律权利为我国社会组织的成长与发展提供了权利基础和最基本的法制环境，但是由于相关法律规定过于笼统和相对滞后，宪法意义上的"结社自由"在实践中并没有得到充分的保障。（这一点将在下文对我国社会组织概况及现实困境的分析中详细说明。）如何使宪法文本上的"结社自由"真正落实到现实社会生活中，是我们完善社会组织的法制环境所必须进一步思考的问题。由于文化遗产保护事业具有特殊性，社会组织在文化遗产保护中的良性参与，还需要一个完善的"文化遗产权"体系作为权利基础。目前学界对"文化遗产权"独立性的问题仍颇有争议，但越来越多的学者对不同主体应享有与文化遗产相关的各种形式的正当利益这一观点却基本达成了共识。在笔者看来，文化遗产权是国家、社会组织、个人等权利主体基于对特定的文化遗产的某种利益或者与特定文化遗产的某种联系，在保护优先前提下，可以按照自己的意愿依法对该文化遗产进行享用、收益、处分以及对该文化遗产进行传承和发展的一种复合权利，包括物质形态和精神形态两方面的多种复合性权能在内。其反应和表达主体之间一种对等的法律关系，表达了与文化遗产相关的主体的具体要求和愿望，且得到了"文化人权"、"知识产权"等现行相关法律制度的确认，具备"法律权利"的属性；同时，其具备"人类基于本性而需要的多样性的、丰富心灵和反思历史之诉求"的人性基础，符合现实有限性和文化延续性下的生态正义观和代际公

---

　　① 吴玉章：《民间组织的法理思考》，北京：社会科学文献出版社，2010 年，第 20 页。

　　② 马长山：《法治进程中的"民间治理"——民间社会组织与法治秩序关系的研究》，北京：法律出版社，2006 年，第 16 页。

　　③ 马长山：《法治进程中的"民间治理"——民间社会组织与法治秩序关系的研究》，北京：法律出版社，2006 年，第 16 页。

　　④ 马长山：《法治进程中的"民间治理"——民间社会组织与法治秩序关系的研究》，北京：法律出版社，2006 年，第 24 页。

　　⑤ 有学者认为，公民结社自由的基本依据是宪法的规定和授权，而不是一般的法律或者条例，从这个意义上来讲，结社自由是一种无须事先获得行政机关或者其他机构或个人批准才能行使的权利。结社自由的合理性并不依附当事人之外的机关或组织或个人的意志。有行政机关批准，人们当然可以行使自己的结社权利；即使没有行政机关的批准，人们也应该可以行使这种权利。见吴玉章：《民间组织的法理思考》，北京：社会科学文献出版社，2010 年，第 24 页。

　　⑥ 如我国签署的联合国《公民权利和政治权利国际公约》和《经济、社会和文化权利国际公约》里都有有关结社自由方面的规定。

平观，且是当今市场经济和法治社会环境下通过明确权属和责任而更好地保护文化遗产的现实需要，具有理念上和内容上的正当性，应当被确认为一种明确的法定权利。只有当社会组织被赋予明确的文化遗产权，其在文化遗产保护中的参与活动的每一步才能有明晰的法律依据和切实的法律保障，只有如此，其在文化遗产保护中的积极作用才能得到最充分的发挥。

在法律制度上，社会组织要发挥其在社会事务，尤其是文化遗产保护事业中的积极作用，有赖于一系列具体法律规定和制度对其各方面活动加以规范和明确，主要包括：对社会组织的法律地位的明确规定，对社会组织在社会治理中（此处是文化遗产的保护和管理中）所享有的一定的管理权限的明确规定，对社会组织活动范围和界限的明确规定，科学高效的社会组织管理法律制度以及在具体事件中对不同社会组织参与方式的科学协调和规划等。这些制度相互协调相互配合，才能为文化遗产保护中社会组织作用的最优发挥提供良好的法制环境和坚实的法制保障。

（二）我国社会组织概况及现实困境

随着政治文明的不断发展以及物质和精神文化生活的极大丰富，我国公民的"主人翁"意识日益加强，逐渐以各种方式参与到各方面社会事务的建设和管理中。改革开放以来，社会管理理念的更新为非政府组织在中国的成长提供了有利环境，使我国非政府组织朝着数量大幅增加、种类日益齐全的方向快速发展。截至 2010 年底，在全国 44.6 万个民间组织中，社会团体 24.5 万个，比上年同期增长 2.5%；其中，文化类、生态环境类和职业及行业组织类社会团体数量均有不同程度的增长，占社团总数的比例也有所扩大。① 此外，文化、生态和社会建设方面的公益基金会也呈现增长趋势。2011~2012 年中国社科院"民间组织与公共治理研究"课题组在总结我国民间组织发展时指出，"中国民间组织的发展已经迎来空前的历史机遇，正开始步入全面突破的阶段"②。但与此同时，我国民间组织仍旧面临着某些现实困境和严峻挑战，主要表现在：

在观念定位上，拥有两千年封建统治历史的中国"官本位"观念的残余阻碍着转型社会中社会发展主体由"官"到"民"观念的转变。这种"官—民"转换的难题导致同西方国家相比，我国社会组织的独立性不足。西方国家在其"个人本位"文化的影响下，民间社会组织的发展历史悠久，也"确实构成了一种展现个人自主能力和共同参与精神的民间运营机制"，"国家对其给予大力支持和鼓励，但民间社会组织不依附政府，而是有很强的自由自主精神"③。但在中国，几千年的封建文化传统和新中国

---

① 黄晓勇：《中国民间组织报告（2011~2012）》（即《民间组织蓝皮书》），北京：社会科学文献出版社，2012 年，第 2~4 页。

② 黄晓勇：《中国民间组织报告（2011~2012）》（即《民间组织蓝皮书》），北京：社会科学文献出版社，2012 年，第 1 页。

③ 马长山：《法治进程中的"民间治理"——民间社会组织与法治秩序关系的研究》，北京：法律出版社，2006 年，第 159 页。

成立初期的中央集权体制使得"国家—社会一体化"的发展模式和发展观念长期存在，改革开放短短30多年的时间根本无法彻底摆脱这种观念的残余。另外，"与西方不同的是，我国的民间社会组织不仅是市场经济发展的产物，也是党和政府简政放权的产物。在这种背景之下，民间社会组织始终难以摆脱其行政化倾向"①。从组建方式上来看，民间自发组织的社会组织比重小，政府组建和官民共建的社会组织在我国社会组织总数中占绝大多数；从领导人产生方式上看，由主管部门任命、主管部门提名并由会员大会选举产生、由主管部门任命并由理事会选举产生会长、副会长的社会组织比重较大，而会员或理事提名并由会员大会选举产生、会员大会或理事直接选举产生领导人的社会组织不足五成；从民间社会组织对政府部门的态度认知方面看，倾向于服从政府或者对政府既有服从又有合作的社会组织占社会组织总数的比重也有绝对性优势，认为与政府部门主要是合作的社会组织在当前中国只是凤毛麟角。应该说，独立的"公民社会"文化传统的先天不足和由此带来的集权主义思想观念的残余使得自改革开放以后才大规模快速发展起来的中国社会组织从观念上无法准确认识自己在社会的中的角色和地位，全社会的文化大环境也制约着社会组织独立地位的彰显和其在社会事务中独立作用的发挥，这是我国社会组织发展实践中最大的困境。

在管理制度上，目前我国《社会团体登记管理条例》中规定的社会组织的登记制度和双重管理制度构成阻碍我国社会组织发展的最大制度阻碍。《社会团体登记管理条例》中确立的登记制度规定社会团体的登记注册必须符合四大约束要件：一是有业务主管单位并经过业务主管单位的审批②；二是符合分级登记的规定③；三是合乎非竞争性原则④；四是满足法律规定的基本人数、规范名称、相应的组织机构、固定的住所，与其业务活动相适应的专职工作人员以及合法的资产、经费来源和独立承担民事责任能力等社会团体登记注册的基本要件。可以说，这些要件的设置为社会组织的资格准入设置了非常高的门槛，"采取严格把关的许可主义制度，属于典型的控制型管理模式"⑤。与登记制度相关的是《社会团体登记管理条例》中规定的双重管理制度。这是中国社会组织管理的独有特色，即社会组织除了受注册登记机关的登记注册管理之外，

①　马长山：《法治进程中的"民间治理"——民间社会组织与法治秩序关系的研究》，北京：法律出版社，2006年，第159页。

②　根据《社会团体登记管理条例》第11条有关申请筹备成立社会团体的发起人应当向登记管理机关提交的材料的规定，没有业务主管单位或者未经业务主管单位批准的，登记管理部门不予受理。

③　《社会团地管理条例》第7条规定："全国性的社会团体，由国务院的登记管理机关负责登记管理；地方性的社会团体，由所在地人民政府的登记管理机关负责登记管理；跨行政区域的社会团体，由所跨行政区域的共同上一级人民政府的登记管理机关负责登记管理。"这确立了我国社会团体的分级登记、分级管理制度。

④　根据《社会团体登记管理条例》第13条第（二）项规定，在同一行政区域内已有业务范围相同或者相似的社会团体，没有必要再成立的，登记机关不予批准筹备。此即我国社会组织管理的地区限制原则或非竞争性原则。

⑤　黄晓勇：《中国民间组织报告（2011～2012）》（即《民间组织蓝皮书》），北京：社会科学文献出版社，2012年，第11页。

还必须受到业务主管单位对其日常事务的管理。登记制度和双重管理制度不仅提高了社会组织的资格准入门槛，还提升了公民在社团组织选择中所面临的组织成本，从而增加了公民结社的难度，阻碍了中国社会组织的发展。登记制度和双重管理制度虽广遭诟病，但改革进城一直较为缓慢，直到近年来，才有深圳、北京等较为发达的地方进行"无主管直接登记"的大胆改革和探索①，而具有普遍性的相关法律依旧没有对严格的社团登记和双重管理制度进行修改。

此外，在现实活动中，我国社会组织也面临着严峻的挑战，主要表现在：其一，社会组织活动的专业性不强。一方面，公民意识的培养还存在很多问题，没有在社会上形成相应的气氛，亦无法调动大家的积极性从事志愿服务，难以留住优秀的专职人才，志愿者更是较少；另一方面，由于人员、资金、信息、经验等方面的欠缺，许多社会组织过分依赖政府的扶持，缺少独立性的管理、运作和发展的动力，管理方式上行政色彩浓重，缺乏主动性、创造性和进取精神，导致其活动能力、管理能力、创新能力、扩展能力和可持续发展能力不足。其二，伪公益真营销、假慈善真捞钱，合法与非法民间组织违规敛财现象和腐败事件频发，社会组织，特别是公益慈善组织的公信力受到质疑和挑战，社会公益组织遭遇公信危机。其三，一些没有登记的"草根社会组织"自发性过强，其活动缺乏必要的组织和规划，造成公益低效甚至社会资源的浪费等。

（三）需要解决的问题及反思

在我国社会组织发展现状下促进文化遗产保护中社会组织作用的发挥，需要完善社会组织参与文化遗产保护的法制环境。笔者认为，在具体的法制设计方便，主要是解决以下两方面问题：

在文化遗产保护法制方面，要完善文化遗产保护法律体系中"公众参与"的原则和相关制度。我国《文物保护法》制定于上世纪80年代，受时代背景的影响，该法的行政管理色彩较为浓重。颁行生效多年来虽经数次修改，但至今未将"公众参与"原则明确在立法中，只在第七条笼统地规定"一切机关、组织和个人都有依法保护文物的义务"。2011年颁布的《中华人民共和国非物质文化遗产法》第一次明确规定了在文化遗产保护领域的公众参与制度：其首先在总则中规定："国家鼓励和支持公民、法人和其他组织参与非物质文化遗产保护工作。"② 随后，又在分则中多处列举了公众享

---

① 2008年9月，深圳市出台《关于进一步发展和规范我市社会组织的意见》对社会组织登记管理体制进行了突破性创新，规定"工商经济类、社会福利类、公益慈善类的社会组织申请人均可直接向社会组织登记管理机关申请登记"；深圳还率先取消了行业和协会业务主管单位，率先实现行业协会的民间化。2010年2月，北京颁布的《中关村国家自主创新示范区条例》规定中关村示范区今后民间组织的成立可直接登记，不需要再挂靠，该条例成为国内首个明确民间组织和可以直接登记且限制条件最少的地方性法规。参见黄晓勇：《中国民间组织报告（2011~2012）》（即《民间组织蓝皮书》），北京：社会科学文献出版社，2012年，第28页，第11~12页。

② 《非物质文化遗产法》第9条。

有的相关具体权利。① 但该法律作为"非遗"保护的专门立法，把物质文化遗产排除在外。事实上，我国目前的文化遗产保护法律体系是将物质文化遗产和非物质文化遗产分开立法进行保护的"二元"立法体制，虽顾及到了物质文化遗产和非物质文化遗产在性质和保护方法上的不同特征，但是却产生了物质文化遗产和非物质文化遗产法律规制相互割裂的问题。因此，笔者呼吁将现有的《文物保护法》和《非物质文化遗产法》整合为一部统一的"文化遗产基本法"，以总则的形式规定我国文化遗产保护的基本原则、基本精神，确定统一的文化遗产管理部门；再用分则分别规定物质文化遗产、非物质文化遗产以及整体文化景观保护的具体规范，将文化遗产保护的"二元制"转变为"一元制"。当然，在未来统一的文化遗产立法中，国家、社会组织、社区、个人等各相关主体所享有的"文化遗产权"体系与文化遗产保护的"公众参与"原则应当在总则中得到明确确认。此外，还需要更加完善的政府信息公开制度、听证制度以及文化遗产保护领域的公益诉讼制度等相关配套制度的配合。

在社会组织管理法制的改进和完善方面，首先要改革和简化社会组织登记管理制度。这种改革不应仅限于仅通过个别地方规范性文件来简化现行的"双重管理"制度的探索，更应该把握当前我国社会组织快速发展的机遇期，适时通过修改通行全国的《社会团体登记管理条例》等相关法律规定，从立法上对我国社会组织登记管理制度进行全面改革，用法律规定明确现代法治社会中政府部门和社会组织的关系，减轻政府和公权力对社会组织的控制力度，保障和加强社会组织地位、活动和自我管理的独立性，使其在社会事务中的作用能得到更加充分的发挥；其次要完善社会组织（尤其是公益性社会组织）的约束机制，通过各具体制度加大对公益性社会组织的监督力度，切实防治公益腐败，减少公益低效；再次，应设立有关志愿者保护的专门法律制度，切实规范社会组织中志愿者的行为，保障其应享有的合法权益，以保持和提高公民参与志愿活动的积极性；最后，还要完善和切实执行严格的社会组织问责制。不仅立法上应明确社会组织违反法律所应承担的相应责任，更要在司法中将这些责任的追究落到实处，这样才能保证社会组织的各种行为和各项活动都在法治秩序下进行。

漫长的人类文明发展史上留下的丰富而绚烂的文化遗产不仅是创造该文化遗产的民族和群体的财富，也是全人类共同的财富；同样的，文化遗产保护不仅是国家和政

---

① 如第 14 条规定的公民、法人和其他组织的非物质文化遗产调查权、第 16 条规定的被调查对象的知情同意权、第 23 条规定的非物质文化遗产名录的公示制度以及第 26 条第 1 款规定的在"非遗"城市规划中尊重居民的意愿等。《非物质文化遗产法》第 14 条规定："公民、法人和其他组织可以依法进行非物质文化遗产调查。"第 16 条规定："进行非物质文化遗产调查，应当征得调查对象的同意，尊重其风俗习惯，不得损害其合法权益。"第 23 条规定："国务院文化主管部门应当将拟列入国家级非物质文化遗产代表性项目名录的项目予以公示，征求公众意见。公示时间不得少于二十日。"第 26 条第 1 款规定："对非物质文化遗产代表性项目集中、特色鲜明、形式和内涵保持完整的特定区域，当地文化主管部门可以制定专项保护规划，报经本级人民政府批准后，实行区域性整体保护。确定对非物质文化遗产实行区域性整体保护，应当尊重当地居民的意愿，并保护属于非物质文化遗产组成部分的实物和场所，避免遭受破坏。"

府的职能，更是全社会、甚至每一个地球村村民的职责。不同地区、不同文化背景的人们都有权根据现实情况组成不同的组织或团体并以不同的方式为保护本民族甚至全世界的文化遗产做出自己的贡献。在现代法治精神下，尊重公众在社会生活中主体地位的立法者，更应当不断探索促进文化遗产保护中社会组织作用得到充分发挥的有益法制，只有这样，文化遗产保护才能真正成为公众的事业，成为每一个公民的基本共识；也只有这样，文化遗产保护工作才能在充分利用各种社会资源的基础上取得更好的社会效果。

Le rôle des associations dans la protection du patrimoine

Hu Shanchen

Résumé：Les associations jouent un rôle important dans la protection du patrimoine culturel. Ces associations sont des associations déclarées, associations d'utilité publique et associations habilitées. Les associations interviennent dans tous les domaines, elles sont plus souples et relativement neutres, elles sont aussi un pont jeté entre le gouvernement et le public. Elles jouent un rôle particulier dans la protection du patrimoine culturel. Par exemple, elles exercent des actions de la protection du patrimoine, elles donnent des conseils, elles interviennent en qualité du représentant des habitants, elles introduisent le système du marché libre, elles disposent des ressources nécessaires, elles mobilisent le public, elles facilitent l'élaboration des décisions etc. Le Centre de protection du patrimoine de pékin en tant une association déclarée est très symbolique dans le domaine de la protection du patrimoine. Pour faciliter les actions des associations, il faut que les lois et règlements soient complets. Pourtant, à l'heure actuelle, les associations sont moins développées à cause d'une législation moins complète. Avec les expériences étrangères, il faut renforcer le rôle joué des associations dans la protection du patrimoine culturel. Il faut aussi prendre en considération les relations entre les associations, le gouvernement, et les communautés locales. Enfin, il faut reconnaitre le statut des associations, prévoir la protection des bénévoles, fixer la provenance des ressources financières et le régime de la désignation et résignation des personnels ainsi que le régime de la responsabilité etc.

Mots clés：patrimoine culturel, protection, association, participation du public